GOLDMANN
ARKANA

Buch

Sind Sie erschöpft, oder langweilt Sie Ihr Leben zutiefst? Fühlen Sie sich gefangen in einem Job, der Sie unzufrieden macht? Und fragen Sie sich manchmal, ob Sie für das, was Sie tun, wirklich bestimmt sind?

Wie Millionen von Menschen befand sich Brian Souza am Scheideweg zwischen unbefriedigendem »weiter so« und der Suche nach seiner Berufung. Im Alter von 27 Jahren bereits in einer gehobenen Führungsposition mit sechsstelligem Jahresgehalt, musste er sich irgendwann eingestehen, dass er seinen Job hasste und der Reichtum ihn nicht glücklich machte. Erst als er begann, als »Persönlichkeitscoach« anderen Menschen auf der Suche nach ihrem Weg zu helfen, fand er darin seine eigentliche Berufung.

In diesem Buch zeichnet Souza den Lebensweg bekannter Persönlichkeiten, Sportler, Schauspieler und Politiker – wie Lance Armstrong, Mutter Teresa, Abraham Lincoln oder Sylvester Stallone – nach. Sie alle haben ihr Leben in die Hand genommen und trotz Umwegen und Hindernissen ihren persönlichen Weg und eine Erfüllung gefunden. Souza möchte mit diesen Beispielen Mut machen, nach dem Motto »Wir alle haben irgendeine Begabung in uns, wir müssen sie nur entdecken«.

Durch gezielte Fragen hilft Souza dem Leser, das eigene Talent und die individuelle Lebensaufgabe zu finden.

Autoren

Brian Souza ist Gründer und CEO von GetListed.com, einer Jobbörse im Internet. Außerdem ist er Gesellschafter von Paragon Holdings LLC, einer Organisation, die sich darauf spezialisiert hat, Personal zu schulen. Brian Souza gilt als einer der führenden Experten für Karrieremanagement und Persönlichkeitstraining. Er genießt als Redner, Consultant sowie Trainer weltweites Ansehen.

Brian Souza

Die eigene Bestimmung finden

Wir alle haben Begabungen.
Haben Sie Ihre schon entdeckt?

Aus dem Englischen von
Gisela Kretzschmar

GOLDMANN
ARKANA

Die amerikanische Originalausgabe erschien 2005 unter dem Titel »Become Who You Were Born to Be. We All Have a Gift ... Have You Discovered Yours?« bei Harmony Books, an imprint of the Crown Publishing Group, a division of Random House, Inc., New York.

FSC
Mix
Produktgruppe aus vorbildlich bewirtschafteten Wäldern und anderen kontrollierten Herkünften

Zert.-Nr. SGS-COC-1940
www.fsc.org

Verlagsgruppe Random House FSC-DEU-0100
Das für dieses Buch verwendete
FSC-zertifizierte Papier *München Super*
liefert Mochenwangen Papier.

1. Auflage

Deutsche Erstausgabe August 2008

Umschlaggestaltung: Design Team München
Umschlagfoto: getty-images/Vladimir Godnik
Lektorat: Ralf Lay
SB · Herstellung: CZ
Satz: KompetenzCenter, Mönchengladbach
Druck: GGP Media GmbH, Pößneck
Printed in Germany
ISBN: 978-3-442-21835-6

www.arkana-verlag.de

Für meine Familie

Inhalt

Teil I: Die Begabung entdecken

Teil II: Die Begabung entwickeln

Teil III: Die Begabung schätzen

Teil IV: Die Begabung nutzen

Teil V: Die Begabung verschenken

Finden Sie eine Möglichkeit, Ihre Begabungen und Leidenschaften mit den Bedürfnissen anderer Menschen zu vereinbaren.

Teil I:
Die Begabung entdecken

1. Wie dieses Buch Ihr Leben verändern kann

> *Das Größte und Beste, das du für jemanden tun kannst, ist nicht, deinen Reichtum mit ihm zu teilen, sondern vielmehr, den Reichtum, der bereits in ihm liegt, zu offenbaren.*
>
> Benjamin Disraeli

Die Amerikaner wie auch die meisten anderen Einwohner der westlichen Länder leben in den reichsten Gesellschaften der Weltgeschichte. Aber die Zahl klinischer Depressionen ist beispielsweise in den USA heute zehnmal so hoch, wie sie 1945 war, im letzten Jahr des Zweiten Weltkriegs. Der Lebensstandard ist im letzten Jahrhundert sprunghaft angestiegen, nämlich um das Sechsfache. Gleichwohl nehmen sich heute prozentual mehr Bürger das Leben als 1900. Wir arbeiten zwanzig Wochenstunden weniger als unsere Urgroßeltern und haben dreimal so viel Freizeit wie sie. Aber achtzig Prozent der erwerbstätigen Amerikaner geben an, Stress am Arbeitsplatz sei ein großes Problem für sie.

Im Gegensatz dazu müssen sieben von zehn Nigerianern von weniger als einem Dollar täglich existieren, und die durchschnittliche Lebenserwartung liegt unter zweiundfünfzig Jahren. Trotzdem gibt es prozentual mehr Nigerianer als Amerikaner, die sich für »sehr glücklich« halten. Paradox? Ja. Alarmierend? Absolut. Aber überraschend? Nicht wirklich. Nicht, wenn man sich die Daten genau anschaut und bedenkt, wie weit und wie schnell wir uns als Gesellschaft entwickelt haben.

Das ökonomische Problem

Von der Steinzeit bis zur Industriegesellschaft des neunzehnten Jahrhunderts haben die Versuche, das »ökonomische Problem« zu lösen, dem Leben der Menschen einen Sinn und ein Ziel gegeben. Der ständige Kampf um genügend Nahrung, Kleidung und Obdach war für die Steinzeitmenschen ein Grund, jeden Morgen aufzuwachen und sich einem weiteren schwierigen Tag zu stellen. Der Hauptsinn der menschlichen Existenz bestand damals darin, es entgegen aller Wahrscheinlichkeit zu schaffen und einfach zu überleben. Zum Glück trifft das auf die Mehrheit der heutigen Mitglieder der so genannten industrialisierten Gesellschaften nicht mehr zu.

Zum ersten Mal in der Geschichte besteht die größte Bedrohung der westlichen Welt nicht in den verheerenden Auswirkungen einer großen Hungersnot, im Ausbruch einer entsetzlichen Krankheit oder gar in den Todesopfern eines globalen Krieges. Die größten Bedrohungen, denen sich unsere Generation gegenübersieht, sind die kommerziell erzeugten Werte einer sofortigen Belohnung, manischer Selbstverzehrung und permanenter Unzufriedenheit. Wir wollen, was wir wollen, und wir wollen es sofort. Aber auch wenn wir es bekommen, sind wir nicht glücklich, sondern wollen wahrscheinlich mehr. Pessimisten glauben, dass die besten Tage unseres Landes hinter uns liegen. Sie spekulieren, dass Amerikas enormer Reichtum und seine unersättliche Gier zwangsläufig seinen eigenen Untergang herbeiführen wird, so wie es den alten Griechen, Ägyptern, Römern und Spaniern ergangen ist.

Aber ich glaube an den Charakter der Amerikaner. Ich weiß, unsere besten Tage liegen noch vor uns. Ich glaube daran, dass wir endlich erkennen werden, *dass man das höchste Niveau des Lebens nur erreichen kann, indem man gibt.* Und ich glaube daran, dass wir als Gesellschaft zusammenhalten und unseren enormen Reichtum und Einfluss nutzen werden, um Frieden und Wohlstand herbeizuführen, nicht nur für uns selbst, sondern weltweit für alle Menschen, die ihn brauchen. Der Ökonom John Maynard Keynes hat etwas Richtiges erkannt, als er vorhersagte: »Sobald das ökonomische Problem gelöst ist, werden die Menschen ihres traditionellen Lebenssinnes beraubt sein.« *Vielleicht besteht unser höchstes Bedürfnis als menschliche Wesen aber nicht nur im Überleben, sondern im Streben danach, die uns von Gott geschenkten Gaben bei der Suche nach unserem Lebenssinn zu nutzen.*

Dieser Prozess beginnt mit der Entdeckung unserer einzigartigen Begabungen, Talente oder Fähigkeiten und der Anwendung der anderen Prinzipien, die in diesem Buch vorgestellt werden. *Wenn wir unsere Begabungen entdecken, dann offenbaren wir unsere Leidenschaft. Wenn wir unsere Leidenschaft offenbaren, dann finden wir unse-*

ren Lebenssinn. Wenn wir unseren Lebenssinn finden, dann erfüllen wir unsere Bestimmung.

Meine Geschichte

»Ich war endlich zu der Erkenntnis gelangt, dass Lebenssinn wichtiger war als Geld, Bestimmung wichtiger als Macht und dass es wichtiger war, zu geben, als zu nehmen.«

Haben Sie sich je ausgebrannt gefühlt, völlig fertig oder auch nur endlos gelangweilt von der Monotonie Ihres Alltags und sich gefragt: »Soll *das* denn wirklich alles sein?« Hatten Sie je das Gefühl, in einem stressigen Job gefangen zu sein, in dem Sie unglücklich und unausgefüllt waren? Haben Sie sich je die Frage gestellt, ob Sie wirklich das tun, was Sie tun sollten – um Ihre Bestimmung in diesem Leben zu erfüllen? Wenn ja, dann stehen Sie damit nicht allein. Es waren genau diese Fragen, die mir vor einigen Jahren schwer auf der Seele lagen.

Da stand ich nun vor meinem siebenundzwanzigsten Geburtstag ganz oben auf der sprichwörtlichen Erfolgsleiter. Innerhalb von nur vier Jahren hatte sich der hungerleidende Collegestudent mit einem Jahreseinkommen von neunzehntausend Dollar in einen leitenden Angestellten verwandelt, dessen Gehalt nun im sechsstelligen Bereich lag und der einen 60-Millionen-Dollar-Geschäftszweig einer börsennotierten Aktiengesellschaft leitete.

Von außen betrachtet, hatte ich alles, was ich mir je hätte wünschen können: ein großes, schönes Haus, schicke Autos, Ferien in exotischen Ländern und sämtliche Spielzeuge, die das Herz begehrt. In meinem Inneren lief jedoch ein ganz anderer Film ab. Ich hatte damals noch nicht viel begriffen, aber innerhalb weniger Tage nach der Beförderung, die ich mir so hart erarbeitet hatte, stand meine Welt auf dem Kopf. Auch wenn ich jetzt der typische Yuppie-Twen war, ist mir diese Entwicklung nicht in die Wiege gelegt worden, denn mein Leben begann in einer kleinen, ländlichen Arbeiterstadt mitten in der kalifornischen Kornkammer.

Ich stamme aus einer erstaunlichen Familie mit bescheidenem Hintergrund, geboren als zweites von vier Kindern. Als ich zehn Jahre alt war, gründeten meine Eltern eine Firma zur Vermittlung von Landmaschinen, die visionär und ihrer Zeit voraus war. Dann gerieten die landwirtschaftlichen Märkte in den achtziger Jahren ins Trudeln, und wir erlebten Zeiten, in denen wir froh sein konnten, wenn wir Milch für unsere Cornflakes hatten – ganz zu schweigen von einem silbernen Löffel, um sie zu essen. Aber auch wenn das Geld knapp war, hatte ich doch die reichste Kindheit, die man sich vorstellen kann. Soweit es um die wirklich wichtigen Dinge im Leben geht, waren – und sind – meine Eltern die erfolgreichsten Menschen, die ich kenne. Als ich elf war, begann ich, Gelegenheitsjobs zu übernehmen (Rasen mähen, Zeitungen austragen und Tische abräumen), um mein Taschengeld aufzubessern. Nach der Highschool zog ich in die Bay Area, studierte am Foothill Community College und verdiente meinen Lebensunterhalt damit, dass ich im örtlichen Supermarkt die Lebensmitteleinkäufe der Kunden in Tüten packte und als eine Art Page im Olive Garden den Gästen die Türen öffnete. Innerhalb von zwei Jahren hatte ich genug Geld gespart, um mein Studium an der San Diego State University fortzusetzen. Daneben arbeitete ich als Kellner in einem italienischen Restaurant, bis ich mein Studium der internationalen Betriebswirtschaft abgeschlossen hatte. In dieser Phase meines Lebens bedeutete Erfolg für mich nur eins: Geld, und davon möglichst viel.

Nach dem Examen ergatterte ich einen Job als Handelsvertreter bei einer Technologie-Firma. Ich wechselte mehrmals die Arbeitgeber, und als ich fünfundzwanzig wurde, war ich viermal in zwei Jahren befördert worden und trug die Verantwortung für die Geschäftsentwicklung in ganz Lateinamerika. Mit sechsundzwanzig war ich verantwortlich für den Aufbau und die Leitung eines 60-Millionen-Dollar-Geschäftsbereichs, der ein Drittel der Unternehmenseinkünfte repräsentierte. Ich arbeitete fast siebzig Stunden pro Woche, und mir blieb kaum Zeit für meine Familie und Freunde, ganz zu schweigen von Zeit für mich selbst. Aber das machte mir nichts aus. Ich stieg auf der Karriereleiter nach oben. Je mehr Geld ich verdiente, desto mehr Verantwortung wurde mir übertragen und desto erfolgreicher fühlte ich mich. Mit siebenundzwanzig folgte der Sprung in die Position eines Verkaufsleiters, zuständig für den Aufbau eines neuen strategischen Geschäftsbereichs innerhalb des Konzerns.

Ich hatte den Titel, die Verantwortung, die Steuerklasse und das Prestige, das ich mir immer erträumt hatte. Gemessen an den meisten Standards, war ich erfolgreich. Ich befand mich zweifellos auf der Überholspur, aber war ich auch auf dem richtigen Weg?

Unter den gegebenen Umständen sollte man meinen, ich hätte mich glücklich gefühlt. Aber mit jedem Tag, der verging, wurde die Wahrheit deutlicher. Kurz nach meiner Beförderung in die Position, die ich mir immer gewünscht hatte, verwandelte sich mein Entzücken in Verzweiflung, als sechs Verwandte innerhalb weniger Monate unerwartet starben. Menschen zu verlieren, die einem nahestehen, ist niemals einfach, doch ist es weniger überraschend und etwas leichter zu ertragen, wenn der Verstorbene ein hohes Alter hat. Aber als ich vom Tod meiner sechsunddreißig Jahre alten Cousine erfuhr, die seit jeher unter Diabetes gelitten hatte, war das für mich ein schwerer Schlag. Jetzt wurde mir endlich klar, wie zerbrechlich das Leben ist. Es ist ein Geschenk. Unser Leben wird uns geliehen, und unsere Existenz gründet sich von Tag zu Tag auf geborgter Zeit. Mir wurde klar, dass auch meine Zeit jeden Moment zu Ende sein konnte. Und welche Erinnerungen sollten die Hinterbliebenen letzten Endes an mich haben? Was sollte auf meinem Grabstein stehen? Während ich über meine eigene Sterblichkeit nachdachte, fragte ich mich, warum ich fünfzehn Stunden am Tag in einem Job schuftete, den ich inzwischen hasste, für ein Unternehmen, das mich nicht zu schätzen wusste, in einem Industriezweig, der mir wenig bedeutete. Je mehr ich darüber nachdachte, desto zorniger wurde ich. Leider mussten meine Familie, Freunde und Kollegen den größten Teil meiner Frustration ertragen. Ich verfügte über alle äußeren, oberflächlichen Symbole des

Erfolgs. Aber innerlich fühlte ich mich schuldig, fast so, als würde ich mich selbst betrügen. Wenn ich in den Spiegel blickte, erkannte – oder mochte – ich die Person nicht mehr, die mich daraus anstarrte. Ich war nicht glücklich, ich war nicht ausgefüllt, und es ging schnell mit mir bergab. *Ich war endlich zu der Erkenntnis gelangt, dass Lebenssinn wichtiger war als Geld, Bestimmung wichtiger als Macht und dass es wichtiger war, zu geben, als zu nehmen.* Mir war klar, dass die Person, die ich wurde, nicht die Person war, die ich sein wollte.

Ich hatte meine Belastungsgrenze erreicht. Zwar wusste ich noch nicht, was ich tun sollte, aber ich wusste sehr wohl, dass ich nicht in meinem gegenwärtigen Job bleiben wollte. Kurz nach der Beförderung kündigte ich spontan. Aus einer Laune heraus packten meine Frau und ich die Koffer und starteten zu einer Weltreise, die mir dabei helfen sollte, meine Prioritäten wieder in Ordnung zu bringen und herauszufinden, was ich eigentlich mit meinem Leben anfangen wollte. Die einzigen Termine in unserem Kalender waren ein Flug nach Lissabon und ein Heimflug von Istanbul drei Monate später.

Zum ersten Mal seit Jahren fühlte ich mich *lebendig*. Überflüssig zu sagen, dass alle dachten, wir hätten den Verstand verloren. Niemand konnte nachvollziehen, warum ich meine Karriere einfach hinschmiss, um ... *was zu tun*? Ich hatte nicht die geringste Ahnung!

Aber eins wusste ich mit Sicherheit: Wenn ich Zeit haben wollte, um meine Träume aufzufrischen und mein Leben wieder in die richtige Richtung zu lenken, dann würden wir unseren luxuriösen Lebensstil einschränken müssen.

Statt Urlaub im 5-Sterne-Hotel gab es nun Camping in einem 50-Dollar-Zelt. Wir verkauften unser geräumiges zweistöckiges Haus und zogen in eine Wohnung, die so winzig war, dass es dort nicht einmal Platz für unsere Couch gab.

Ich sehnte mich nach Rat und suchte verzweifelt nach einer Richtung. Das Einzige, was noch schneller dahinschmolz als unser Bankguthaben, war die Geduld meiner Frau. Ich brauchte Hilfe – und zwar schnell! Ich las fast jedes Selbsthilfebuch und nahm an beinah jedem Motivationsseminar teil. Das kostete mich mehrere zehntausend Dollar. Doch aus irgendeinem seltsamen Grund zeigte sich dabei allmählich ein immer wiederkehrendes Muster. Jedes Mal verließ ich die Seminare auf Wolke Nummer sieben, aber nur einige Tage später verschwand meine Begeisterung, und die Realität holte mich wieder ein. In weniger als einer Woche befand ich mich wieder genau da, wo ich angefangen hatte – allerdings um fünftausend Dollar ärmer, die das Seminar gekostet hatte.

Erst als ich von einem weiteren Blabla-Seminar nach Hause flog, dämmerte es mir: *Suchte ich tief in meinem Inneren wirklich nach Motivation? Oder suchte ich nicht eigentlich nach einem legitimen Grund, um motiviert zu sein?*

Seit ihrer Einführung Mitte des zwanzigsten Jahrhunderts hat das Selbstverwirklichungs-Business die These vertreten, Motivation sei der entscheidende Schlüssel zum Erfolg. Aber meine eigene Erfahrung sagte mir etwas anderes. Immerhin hatte ich mir das Beste gegönnt, was diese Branche zu bieten hatte, und sehnte mich doch nach mehr. Noch immer waren viele Fragen unbeantwortet und viele Probleme ungelöst. Das ließ mir nur eine Möglichkeit: Ich musste es selbst herausfinden. Tausende Stunden der Recherche und zahllose Gespräche später entdeckte ich schließlich die Geheimnisse, nach denen ich die ganze Zeit gesucht hatte:

> So wie Musiker musizieren, Dichter schreiben und Maler malen müssen, verfügen wir alle über eine einzigartige Begabung für eine besondere Berufung, die unserem Leben Sinn und Bedeutung gibt. Echte Freude und Glück werden uns versagt bleiben, solange wir diese Begabung nicht nutzen, um der Mensch zu werden, der wir von unserer Geburt an sein sollten.

Aber wo blieb ich mit dieser Entdeckung? Ohne einen Mentor, der mich führte, oder ein System, dem ich folgen konnte, war ich hilflos verloren im Dschungel emotionaler Landminen, endloser Wege und unbegrenzter Möglichkeiten. Ich hüpfte von einer Idee zur nächsten wie eine brünstige Kröte. Nachdem ich beschlossen hatte, mir solche exotischen Ideen wie den Import von türkischem Luffa, den Betrieb einer Crêperie, die Karriere als Immobilienmogul und die Gründung eines Abfallverwertungsunternehmens aus dem Kopf zu schlagen, stellte ich mir eine Frage, die meinen Lebensweg für immer ändern sollte: Wie wäre es, wenn ich meine Begabung – die Fähigkeit, Menschen zu beeinflussen – dazu nutzte, anderen dabei zu helfen, ihr Leben zum Besseren zu wenden? Indem ich ein von mir selbst entwickeltes System anwandte, entdeckte ich, dass der Sinn meines Lebens darin liegt, anderen Menschen dabei zu helfen, den Sinn ihres Lebens zu entdecken. Und voilà! Die Idee zu diesem Buch war geboren.

Das Projekt entfaltet sich

Meine Identitätskrise im Alter von siebenundzwanzig Jahren war der erste Schritt auf einer langen Reise, die schließlich dazu führte, dass ich dieses Buch schrieb. Aber dieses Buch handelt nicht von mir, und es soll auch kein trockenes, eintöniges Selbsthilfebuch sein.

Das hier vorgestellte Programm hat ungeheuer viel Recherche und äußerst sorgfältige Überprüfungen erfordert. In diesem Buch stecken mehr als zehntausend Stunden intensiver Studien und Forschungs- und Entwicklungsarbeiten im Gegenwert von einer Viertelmillion Dollar, um dafür zu sorgen, dass Sie die besten topaktuellen Informationen bekommen, die heute zur Verfügung stehen. Was vor fast fünfzehn Jahren als Hobby begann, hat sich zu einer ausgeprägten Besessenheit entwickelt. Seitdem habe ich mehr als elfhundert Lebensläufe von Leuten untersucht, analysiert und typisiert – von Gandhi und Mutter Teresa bis zu Kid Rock und P. Diddy, von Lincoln und Franklin bis zu Emeril Lagasse und Oprah Winfrey. Ich habe Astronauten, Diplomaten und Profisportler, Konzernmanager, ehemalige Kriegsgefangene und erfolgreiche Unternehmer interviewt. Meine Mission: Ich wollte die allgemeingültigen Geheimnisse des Erfolgs aufdecken und erfahren, wie diese Menschen, die höchste Leistungen erbracht haben, zu ihren Begabungen, Leidenschaften und ihrer Bestimmung fanden – um dieses Wissen mit Ihnen zu teilen.

Aber dieses Buch ist nur der Anfang unserer Reise. Es wird Ihnen ein grundlegendes Verständnis der Ideen und Strategien vermitteln, welche die Basis des von mir entwickelten Systems bilden. Es ist darauf angelegt, das Bewusstsein zu schärfen und Sie zu tiefen Gedanken zu inspirieren. Das Buch allein kann Ihr Leben nicht verändern, aber die Ideen und Informationen, die es enthält, werden genau das tun – solange Sie dafür aufgeschlossen sind, sich den schwierigen Fragen stellen und, was am wichtigsten ist, handeln!

Dies ist eine Reise, die wir nicht allein bewältigen können. Deshalb empfehle ich Ihnen nachdrücklich, das Buch gemeinsam mit Freunden zu lesen. Wenn man in einer Gruppe mit Gedanken und Ideen herumspielen kann, wird der Weg leichter und macht auch mehr Spaß. Dieses Buch enthält viele verschiedene Geschichten über ganz gewöhnliche Leute, die zu Helden wurden, indem sie Schwierigkeiten überwanden und ihre Begabung bis zur Neige ausschöpften. Ich hoffe, dass diese Geschichten mehr als nur unterhaltsam sind. Ich hoffe, dass Sie sich mit den Erfahrungen dieser Menschen verbinden und daraus den Schluss ziehen: Wenn andere es schaffen, aus bescheidenen Anfängen ein erfolgreiches Leben aufzubauen, dann sind Ihre eigenen Lebensumstände wahrscheinlich gar nicht so schlecht. Ich hoffe, diese Storys tragen bei Ihnen zu der Erkenntnis bei, dass auch Sie ein ganz besonderer Mensch mit einer einzigartigen Begabung sind.

Keine Ausreden

In unserem Kulturkreis und in unserer Zeit stehen uns Möglichkeiten offen, wie sie nur wenige Generationen gekannt haben. Dank der enormen Opfer, die unsere Vorfahren gebracht haben, genießen die meisten von uns heute den Luxus, sich nicht mehr um Nahrung, Kleidung und Obdach sorgen zu müssen.

Insofern können wir uns nicht herausreden. Wir sind es uns selber und denen, die uns den Weg bereitet haben, schuldig, unsere Chancen auf ein lebenswertes Leben so gut wie möglich zu nutzen. Ich empfinde es als Ehre und Privileg, Sie auf dieser erstaunlichen Reise führen zu dürfen. Ich garantiere Ihnen: Wenn Sie sich mit derselben Hingabe und Leidenschaft wie ich daranmachen, Ihre Begabung zu entdecken und Ihre Bestimmung zu erkennen, dann kann nichts auf der Welt uns aufhalten. Also lassen wir es geschehen!

Weise Worte

Nichts ist schwerer zu ertragen
als eine Reihe von guten Tagen.
Goethe

Frage zum Nachdenken

Leben Sie wirklich *Ihr Leben?*

2. Das innere Feuer finden

Was hinter uns liegt
und was vor uns liegt,
sind Kleinigkeiten verglichen
mit dem, was in uns liegt.
Ralph Waldo Emerson

Was feuert Sie an? Was lässt Ihr Herz pumpen und bringt Ihr Blut in Wallung? Ist es Erfolg? Geld? Auszeichnungen? Siege? Glück? Muße? Macht? Prestige? Große Häuser, schicke Autos, eindrucksvolle Titel und teurer Schmuck sind zwar etwas Angenehmes, aber sie erzeugen nicht den Supertreibstoff, den wir brauchen, um uns auf den Weg zu einem Leben zu machen, das uns dauerhaften Erfolg und Glück beschert.

Warum stehen Bill Gates und Warren Buffett weiterhin jeden Morgen früh auf und gehen zur Arbeit? Warum kam Michael Jordan nicht nur einmal, sondern zweimal aus dem Ruhestand zurück, nachdem sein Name längst im Buch der Rekorde eingetragen war? Warum verbringt Jane Goodall weiterhin einen Teil ihres Lebens im afrikanischen Dschungel, wo sie doch schon so viel für die dortigen Menschenaffen getan hat?

Der Grund ist überraschend einfach: Lebensglück hat

nichts mit Geld, Ruhm, Anerkennung oder gar Wettbewerb zu tun. *Erfolgreiche Menschen lieben das, was sie tun, und sie fühlen sich verpflichtet, ihr Bestes zu geben. Sie streben nicht danach, besser zu sein als ihre Nachbarn oder Zeitgenossen – sie wollen sich selbst übertreffen.* Ihnen reicht es als Belohnung, ihr »Begabungspotenzial« bis an die Grenzen auszuschöpfen.

Wenn Sie sich wirklich wünschen, so gut wie möglich zu sein, dann müssen Sie das Feuer in Ihrem Inneren finden. Es steckt in Ihnen und muss aus Ihnen herauskommen. Es ist mehr als ein Ziel oder ein Traum; es ist der Ausdruck Ihres wahren Selbst und beweist Ihnen – und allen anderen –, was Sie leisten können. Ich bin wirklich überzeugt davon, dass es auf der ganzen Welt nicht einen einzigen unmotivierten Menschen gibt. Was die meisten Leute »unmotiviert« nennen, das nenne ich *»uninspiriert«*. Was die meisten Leute »faul« nennen, das nenne ich *»gelangweilt«*. Und es gibt immer Hoffnung für diese uninspirierten, gelangweilten Menschen. Doch nur ein einziger Weg führt sie zum Ziel: Sie müssen ihre Begabung entdecken, ihrer Leidenschaft folgen und einen kurzen Blick auf ihr wahres Potenzial werfen können.

Zu den vielen Gaben, mit denen wir gesegnet sind, gehört auch die Gabe der Berufung – zu unserem Lebenswerk. *Wahre Genialität entsteht, wenn wir unsere Begabung entdecken und unsere Leidenschaft in unserem Beruf ausdrücken.* Ich kann mir kein besseres Beispiel zur Verdeutlichung dieser Aussage vorstellen als den Mann, um dessen Leben es in der folgenden Geschichte geht.

Howard Schultz

»Wenn man sein ganzes Herz in seine Arbeit oder irgendein wertvolles Unternehmen legt, dann kann man Träume verwirklichen, die andere für unmöglich halten.«

Stil und Kultiviertheit, die für Howard Schultz heute kennzeichnend sind, waren dort, wo er aufwuchs, eine Seltenheit. Seine fünfköpfige Familie hauste in einer Dreizimmerwohnung in den Bayview Projects von Brooklyn, einer Ansammlung von Hochhäusern, in deren Mietwohnungen arme Arbeiterfamilien lebten, auf die andere Bewohner des Stadtbezirks herabsahen.

Der junge Howard spielte Football, verehrte den Basketballspieler Mickey Mantle und begann schon mit zwölf Jahren, Geld zu verdienen, um das knappe Familienbudget aufzubessern. Sein Vater, ein Veteran des Zweiten Weltkriegs, hatte ein paar Jobs als einfacher Arbeiter, aber »er fand nie zu sich selbst und hatte nie einen Plan für sein Leben«. Howard hatte auch keinen wirklichen Plan, aber er wollte unbedingt dem Existenzkampf entrinnen, der den Alltag seiner Eltern bestimmte: Er *musste* raus aus diesem Armenviertel. Als Quarterback seiner Highschool-Footballmannschaft gewann er zum Glück ein Stipendium für die Northern Michigan University, mehr als anderthalbtausend Kilometer – und Lichtjahre – von Brooklyn entfernt.

Für die Collegemannschaft war er zwar am Ende nicht gut genug, aber er finanzierte sein Studium mit Hilfe von Darlehen und Studentenjobs und konnte vier Jahre später als Erster in seiner Familie einen akademischen Abschluss vorweisen. Er wusste zwar immer noch nicht, welche Richtung er einschlagen wollte, aber die Tatsache, dass er Brooklyn erfolgreich hinter sich gelassen hatte, gab ihm den Mut, weiter zu träumen. Nach dem College blieb er in Michigan und arbeitete in einer Skihütte. Er nahm sich Zeit, über seine Zukunft nachzudenken, aber es kam keine Inspiration. Nach einem Jahr ging er zurück nach New York und ergatterte einen Job als Verkäufer bei Xerox. »Ich habe eine Menge Geräte verkauft und war besser als viele meiner Kollegen«, erinnert er sich. »Aber ich kann nicht sagen, dass ich eine Leidenschaft für Kopierer entwickelt hätte.«

Er wechselte zu Hammarplast, einer schwedischen Haushaltswarenfirma, und wurde dort Chef der US-Verkaufsabteilung. Sechs Jahre nach seinem Collegeabschluss verdiente er gutes Geld, hatte eine Eigentumswohnung in Manhattans Upper East Side und konnte es sich leisten, ein Sommerhaus in den Hamptons zu mieten. »Und so verstand niemand – am wenigsten meine Eltern –, warum ich kribbelig wurde. Aber ich spürte, dass etwas fehlte. Ich wollte selbst die Verantwortung für mein Schicksal übernehmen.«

Im Jahr 1981, als er noch für die schwedische Firma arbeitete, war Howard aufgefallen, dass einer seiner Kunden, ein kleiner Einzelhändler in Seattle, ungewöhnlich hohe Stückzahlen einer bestimmten Kaffeemaschine bezog.

Er flog hin, um die Sache genauer zu untersuchen, und verliebte sich hoffnungslos in das Bild, das sich ihm bot: eine schmale Ladenfront und ein Geiger, der am Eingang Mozart spielte. »In dem Moment, da ich die Tür öffnete, schlug mir ein berauschender Kaffeeduft entgegen und zog mich in den Laden. Ich trat ein, und was ich sah, glich einem Tempel für die Anbetung von Kaffee.« Hinter einer abgenutzten Theke standen Gefäße mit Kaffeebohnen aus Sumatra, Kenia, Costa Rica – aus aller Welt –, »und das zu einer Zeit, als die meisten Leute hier nur löslichen Pulverkaffee aus dem Glas kannten, nicht jedoch geröstete Kaffeebohnen«.

Im selben Moment wusste Schultz, dass dieses Geschäft und diese Stadt sein Mekka war. Hier wollte er sein, und das wollte er tun – für den Rest seines Lebens.

Was dann folgte, ist heute Unternehmensgeschichte – auch wenn der Weg am Anfang nicht einfach war.

Trotz all seiner Begeisterung wollte die Firma Schultz nicht einstellen. Die Eigentümer fürchteten, sein New Yorker Stil und seine großen Pläne würden die Kultur des »Small is beautiful« zerstören, um deren Erhalt sie sich so sehr bemühten. Doch in dieser Situation, die sich später als der Wendepunkt im Leben von Schultz erweisen sollte, war er nicht bereit, ein »Nein« zu akzeptieren.

Obwohl er abgeblitzt war, kehrte er zurück und überredete die Eigentümer schließlich, ihn als Marketing-Direktor einzustellen. »Das Leben besteht aus einer Reihe fast verpasster Chancen«, sinnierte er in seinem Buch *Pour Your Heart into It* (deutsch: *Die Erfolgsstory Starbucks*). »Aber viel von dem, was wir dem Glück zuschreiben, ist eigentlich gar kein Glück. Wir nutzen eine Chance und übernehmen die Verantwortung für unsere Zukunft. Wir sehen, was andere Leute nicht sehen, und folgen dieser Vision, ganz gleich, wer uns sagt, wir sollten es lieber bleiben lassen.«

Also gab er seinen extravaganten New Yorker Lebensstil auf – das üppige Gehalt, Prestige, Firmenwagen und die schicke Wohnung –, um für eine kleine Firma in Seattle zu arbeiten, die vier Cafés betrieb. Als er kurz darauf in Mailand eine Haushaltswarenmesse besuchte, stolperte er über eine Espressobar, und es war erneut um ihn geschehen. Diesmal beeindruckte ihn aber nicht nur der Kaffee oder der Laden als solcher, sondern die familienähnliche Gemeinschaft, die sich dort versammelte und eine Atmosphäre schuf, die vor Energie, Musik und Kameradschaft vibrierte. Sofort war ihm klar: Er würde – er musste – diese Idee italienischer Kaffeehäuser in Amerika einführen. »Es war ein emotionales Erlebnis. Ich war intuitiv überzeugt, dass ich es schaffen konnte. Ich spürte es in meinen Knochen.«

Anfangs weigerten sich die Firmeninhaber, doch schließlich trug Schultz mit seiner Beharrlichkeit den Sieg davon. Sie verkauften ihm das Unternehmen, und daraus wurde – Sie haben es schon erraten – Starbucks mit seinen inzwischen weltweit mehr als zehntausend Filialen und einem Jahresumsatz von über sechs Milliarden Dollar. Unter der Leitung von Schultz ist Starbucks mehr als nur ein phänomenaler Geschäftserfolg geworden. Der Name ist ein Markenzeichen, das für das Gute im amerikanischen Wirtschaftsleben steht – Ehrlichkeit, Integrität und ein tiefes

Mitgefühl für seine Kunden und »Partner« (die Angestellten). »Erfolg sollte man nicht in Dollars messen«, argumentiert Schultz. »Er hängt davon ab, wie man die Reise durchführt und wie groß das eigene Herz am Ende ist.« Als beispielsweise vor einigen Jahren drei Starbucks-Mitarbeiter bei einem gescheiterten Raubüberfall in Washington, D.C., ermordet wurden, charterte Schultz ein Flugzeug und war am nächsten Morgen dort, um mit der Polizei zusammenzuarbeiten, die Familien der Opfer zu trösten und bei den Beerdigungen dabei zu sein. Außerdem erklärte er, alle Gewinne aus diesem Laden würden in Zukunft Organisationen gespendet, die sich für die Rechte von Opfern und den Schutz vor Gewalt engagierten.

Nachdem Schultz, der inzwischen Milliardär und Hauptanteilseigner der Basketballmannschaft Seattle Supersonics sein soll, nun das Armenviertel von Brooklyn hinter sich gelassen hat und eines der angesehensten Unternehmen der Welt leitet, will er andere »Leute inspirieren, ihre Träume zu verwirklichen. Ich stamme aus bescheidenen Verhältnissen, ohne Silberlöffel, ohne Ahnentafel, ohne frühe Mentoren. Ich habe gewagt, mich großen Träumen hinzugeben, und hatte den Willen, sie umzusetzen. Ich bin überzeugt, die meisten Leute können ihre Träume und noch mehr realisieren, wenn sie nur entschlossen sind, es immer wieder zu versuchen.«

Wünsche beim Anblick einer Sternschnuppe bringen Sie nicht sehr weit

Schultz kannte den Unterschied zwischen Hoffen und Wünschen und dem brennenden Verlangen, einen Traum wahr werden zu lassen. Aber wenn man sie nach ihrer Zukunft fragt, antworten die meisten Leute so etwas wie: »Ich hoffe, dass ich früh in den Ruhestand gehen kann.« Oder: »Ich würde mir wünschen, dass ich einen Job finde, der Spaß macht und gut bezahlt wird.« Ihnen ist nicht klar, dass »hoffen« und »wünschen« so vergeblich sind wie ein Traum, für dessen Verwirklichung man nichts tut. Wahrscheinlich sind es dieselben Leute, die ein paar Dollar oder Euro einsetzen und *hoffen*, damit eine Million in der Lotterie zu gewinnen, oder die *gern* ihre Ehe verbessern würden oder sich *wünschen*, schlanker zu sein, aber nichts unternehmen, damit sich dieser Wunsch erfüllt. *Zu hoffen oder zu wünschen bedeutet, etwas zu erwarten, ohne es sich zu verdienen*. Und das funktioniert einfach nicht.

Um einen Traum zu verwirklichen, muss man über das Hoffen und Wünschen hinausgehen und *das Feuer des Verlangens entzünden*. Beginnen Sie damit, Ihre Gedanken zu prüfen. Sind Sie »erfolgsbewusst«? Kognitionspsychologen haben nachgewiesen, dass die »Erwartungen« das »Ergebnis« bestimmen, sodass wir oft das bekommen, worauf wir uns konzentrieren. Wenn wir uns auf negative Ereignisse fokussieren, dann werden sie wahrscheinlich auch eintreten. Wenn wir uns auf positive Entwicklungen konzentrieren, dann werden wir tendenziell auch positive Erfahrungen machen.

Als Franklin D. Roosevelt beispielsweise im Alter von neununddreißig Jahren an Kinderlähmung erkrankte, drängte ihn jeder – auch seine Familie und seine engsten Freunde –, seine politische Karriere aufzugeben. »Niemand wird einen behinderten Politiker wählen«, sagten sie. Zum Glück hat Roosevelt diesen Rat nicht befolgt. Er konzentrierte sich auf das Positive – und nun sehen Sie, wie weit das ihn und sein Land gebracht hat.

Oder nehmen wir Albert Einstein: Im siebten Schuljahr sagte sein Lehrer voraus, der junge Albert würde »es im Leben zu nichts bringen«. Diese Prognose erzeugte in dem Jungen eine brennende Unzufriedenheit und wurde zum Treibstoff für sein inneres Feuer. Obwohl er in der Schule sitzenblieb, gab er nicht auf, und schließlich veränderten seine Ideen die Welt.

Ein brennendes Verlangen (auf etwas *zu*rennen) oder eine brennende Unzufriedenheit (von etwas *weg*rennen) entsteht aus einer Reibung oder Spannung heraus. Diese Spannung kann sich auf alles Mögliche beziehen, von Unzufriedenheit mit dem eigenen Platz im Leben bis zur Lust auf etwas mehr.

Joyce C. Hall war beispielsweise erst sieben Jahre alt, als sein Vater ihn im Stich ließ. Als er acht war, musste er einen Job als Koch und Krankenpflegeassistent übernehmen, um Geld für das Überleben seiner Familie zu verdienen. Mit neun Jahren zog er bereits als Handelsvertreter von Tür zu Tür, um billiges Parfüm zu verkaufen. Seine brennende Unzufriedenheit war der Hass auf sein Leben in Armut, und bei dem Versuch, es zu überwinden, entdeckte er seine Begabung: Er konnte die Leute überreden, ihm seine Waren abzukaufen. Jetzt brauchte er nur noch ein Produkt, für das er sich leidenschaftlich engagieren konnte. Mit achtzehn hatte er es gefunden – und heute werden mit Hallmark-Karten weltweit liebe Grüße versandt, der Umsatz beträgt mehr als vier Milliarden Dollar pro Jahr.

Haben *Sie* ein brennendes Verlangen oder quält Sie eine brennende Unzufriedenheit? Wenn ja, dann wissen Sie wahrscheinlich, dass Ihr Vorhaben gestärkt wird durch Entschlossenheit, den unbedingten Glauben an Ihre Fähigkeiten und den Mut, im Angesicht der Furcht zu handeln.

Um Ihr brennendes Verlangen oder Ihre quälende Unzufriedenheit auf die nächsthöhere Ebene zu befördern, habe ich hier einige Vorschläge für Sie:

- *Machen Sie es präzise.* Sagen Sie klar und deutlich, wovor Sie fliehen oder wohin Sie gelangen wollen.
- *Lassen Sie es in Ihrer Vorstellung lebendig werden.* Visualisieren Sie. Sehen Sie sich selbst – farbig und in allen Einzelheiten – das gewünschte Ergebnis erreichen.
- *Machen Sie es eindringlich.* Je lebhafter Sie Ihre Vorstellung ausgestalten, desto stärker wird Ihr Verlangen werden. Und je stärker Ihr Verlangen oder Ihre Unzufriedenheit ist, desto mehr wächst Ihre Entschlossenheit.

- *Machen Sie es unausweichlich.* Lassen Sie sich selbst keine Hintertür offen – es gibt keinen Plan B. Versagen darf keine Option sein.
- *Lassen Sie es geschehen.* Jetzt, da Sie genau wissen, was Sie wollen, und es lebhaft vor sich sehen können, nehmen Sie es in Angriff!

Lassen Sie Ihre Träume lebendig werden

Viele Leute fürchten sich davor, ihre Träume lebendig werden zu lassen. Vielleicht haben sie deshalb Angst, weil alles, was lebt, auch sterben kann. Und wenn ihre Träume sterben, dann stirbt auch die Hoffnung. Weil sie den Tod der Hoffnung nicht ertragen können, schrecken sie davor zurück, ihre tiefsten Sehnsüchte in Worte zu fassen. Und sie sprechen auch weder mit ihren Freunden noch mit ihren Angehörigen darüber, weil sie nicht ausgelacht werden wollen.

Träume, die man nicht offen erklärt, sind eigentlich gar keine. Verkünden Sie allen und jedem Ihre Träume und machen Sie sich auf den Weg, sie zu realisieren. Seien Sie direkt, tapfer und beharrlich – aber auch geduldig. Wie Howard Schultz sagte: »Ich habe Jahre gebraucht, um meine Leidenschaft im Leben zu finden. Jeder Schritt, den ich nach dieser Entdeckung gemacht habe, war ein Quantensprung ins Unbekannte, jede Bewegung riskanter als die vorherige.«

Weise Worte

Die größte Tragödie des Lebens ist nicht der Tod, sondern das, was in unserem Inneren stirbt, während wir noch leben.

Norman Cousins

Inspiration zur Erinnerung

Howard Schultz

Frage zum Nachdenken

Wenn Sie dafür bezahlt würden, irgendetwas zu tun, das Sie lieben, was wäre das?

3. Halten Ihre Lebensmuster Sie gefangen?

Wir sind das, was wir immer wieder tun. Herausragend zu sein ist deshalb keine einzelne Handlung, sondern eine Haltung.
Aristoteles

Bürger, wer soll euer Präsident sein?«, fragt der südamerikanische Diktator die Menschenmenge, die unter dem Balkon seines Palastes steht.

»Wir wollen *dich*! Wir wollen *dich*!«, skandieren sie einstimmig.

»Und wie lange soll ich Präsident bleiben?«

»Präsident auf Lebenszeit! Präsident auf Lebenszeit!«, brüllen sie.

»Und wie hoch soll mein Gehalt sein?«, fragt er lächelnd.

»*Alles*, was wir haben! *Alles*, was wir haben!«, brüllen sie noch lauter.

»Mein Volk«, sagt der Diktator. »Ich bin tief bewegt von eurem Vertrauen in meine Führerschaft. Ich nehme eure Wahl zum Präsidenten unserer großen Nation an. Jeder, der für mich gestimmt hat, kann jetzt die Hände senken und sich von der Wand entfernen.«

Was für eine Demokratie ist das? Zu viele Leute tappen

in die Falle, ihr Leben so zu führen, als sei ein Gewehr auf ihren Kopf gerichtet. Ironischerweise halten gewöhnlich wir selbst diese Schusswaffe in Anschlag! Ohne es zu merken, setzen wir oft unsere Lebensfreude und unseren Seelenfrieden aufs Spiel, indem wir uns unbewusst für Lebensmuster entscheiden, die ihrer Natur nach fehlerhaft sind.

An irgendeinem Punkt unseres Lebens – vielleicht gerade jetzt – sind wir unsere eigenen Geiseln mit unseren beruflichen Ambitionen, unserem Bedürfnis, auf Kosten anderer glücklich zu sein, gut auszusehen und das Neueste und Beste zu haben, einfach weil es das Neueste und Beste ist. Wir sind unsere eigenen Gefangenen mit unserem Bedürfnis, zu gewinnen – ob im Beruf, im Spiel oder auch nur im Gespräch – und immer und überall beliebt zu sein.

Definitionsgemäß sind Geiseln nicht frei und ganz gewiss nicht glücklich. Warum tun wir das also? Warum entscheiden wir uns für Lebensmuster, die uns garantiert »unfrei« und letztlich unglücklich machen? Wir tun es hauptsächlich deshalb, weil wir unser klarblickendes inneres Selbst nicht gefestigt haben, das zu unterscheiden vermag, was wirklich wichtig ist und was nicht. Also übernehmen wir unsere Werte zufällig aus unserer Umgebung, von nahestehenden Menschen oder unserer Kultur. Und meist sind dies dieselben Werte, die indirekt so viel Schmerz und Unzufriedenheit in unser Leben bringen.

Die eigene Geschichte schreiben

Wir alle sind dabei, unsere eigene Geschichte zu schreiben. Sie ist mit Hunderten von Charakteren sowie zahllosen Handlungen und Nebenschauplätzen unglaublich komplex. Jeden Tag schreiben wir eine weitere Seite, und manchmal bemerken wir kaum, was wir da verfasst haben. Wir schreiben immer weiter – ohne die geringste Ahnung, zu welchem Ende wir unsere Story führen wollen. Wie wird sie wirklich enden – als Triumph oder Tragödie? Wird sie im letzten Kapitel oder auf der letzten Seite eine seltsame Wendung nehmen? Tatsache ist, dass wir unbewusst schon einen großen Teil vom Ende skizziert haben und sich auf jeder Seite Hinweise darauf finden. Wenn Sie sorgfältig zwischen den Zeilen lesen, sagen Ihnen die Muster, wie Ihre Geschichte ausgehen wird. Wie reagieren Sie beispielsweise gewöhnlich auf Stresssituationen? Oder wie verhalten Sie sich in glücklichen Zeiten? Werden Sie im Allgemeinen schnell zornig? Brauchen Sie lange, um zu vergeben? Verhalten Sie sich defensiv? Wie viel geben Sie von sich preis und wie viel halten Sie zurück? Wie – und mit wem – verbringen Sie Ihre Freizeit? Was beherrscht Ihre Gedanken? Die Muster sind eindeutig vorhanden, und sie lügen nicht. Eheprobleme, Kinder, die mit dem Gesetz in Konflikt kommen, eine Insolvenz, Übergewicht und andere Fehlentwicklungen tauchen nicht einfach vor unserer Tür auf. Sie sind sorgfältig im Drehbuch unseres Daseins verzeichnet, Seite für Seite, und *wir selbst* sind diejenigen, die am meisten darin schreiben! Und trotzdem sehen wir oft immer noch nicht, in welche Richtung sich unser Plot bewegt.

Die Freiheit und die Möglichkeit, unser Leben selbst zu gestalten, ist ein Glück, das in früheren Generationen nur wenigen Menschen zuteil wurde. Die Macht, unsere eigene Geschichte zu schreiben, kann zugleich furchterregend und überwältigend sein. Aber sie sollte auch eine Quelle enormer Hoffnung für uns bedeuten, weil wir das letzte Kapitel tatsächlich zu ändern vermögen. Wir können das Ende der Geschichte positiv beeinflussen, indem wir das zum Besseren wenden, was wir heute schreiben – Wort für Wort.

Franklin Chang-Diaz

**»Viele Leute haben mir gesagt,
das sei ein unerfüllbarer Traum.«**

Wie viele siebenjährige Jungen hatte Franklin Chang-Diaz große Träume. Er und seine Spielgefährten bauten sich ein Raumschiff aus einem langen Karton, statteten das Steuerpult mit elektronischen Geräten vom Schrottplatz aus und verwandelten ein paar ausgemusterte Stühle als Pilotensitze. Der Countdown begann, dann starteten sie und landeten schließlich auf einem entfernten Planeten. Für seine Freunde war das nur ein Spiel, aber für Chang-Diaz der Ausdruck einer Vision, an deren Verwirklichung er sich eines Tages wagen würde.

Er wurde in eine costa-ricanische Familie aus der Mittelschicht hineingeboren, und die Wahrscheinlichkeit, dass seine Vorstellungen realisiert werden könnten, schien so entfernt wie der Weltraum selbst; denn sein Land hatte kein Raumfahrtprogramm. Aber nachdem die Sowjets 1957 mit dem Sputnik als Erste einen Satelliten in die Umlaufbahn geschossen hatten, gewann sein Traum neues Leben.

In unserem Interview berichtete Chang-Diaz: »Viele Leute haben mir gesagt, das sei ein unerfüllbarer Wunsch und Leute aus Costa Rica würden keine Astronauten werden. Das sei nur etwas für Amerikaner oder Sowjets.« Sie rieten ihm, er solle sich einen vernünftigen Job suchen und etwas Produktiveres mit seinem Leben anfangen. »Aber ich schätze mal, dass mich überhaupt nicht interessierte, was sie sagten.«

Als er zum Teenager herangewachsen war, begann sich einiges zu ändern. Erstens verschwand seine »Crew«. Die meisten hatten begriffen, dass es nicht sehr realistisch war, die Vision von der Raumfahrt am Leben zu erhalten. Aber zu diesem Zeitpunkt wusste Chang-Diaz schon, dass die Erkundung des Weltalls für ihn mehr war als nur ein Kindertraum – sie war seine Bestimmung. Er hatte über dieses Thema alles gelesen, was er in die Hände bekommen konnte, seine Wände waren mit Bildern von Raumfahrzeugen bedeckt, und er träumte sich in imaginäre Raumschiffe. Als er fünfzehn war, leuchteten seine Augen auf, als er eine NASA-Broschüre mit dem Titel *So You Want to be a Rocket Scientist* entdeckte. Er sah seine Chance und wusste, dass er handeln musste. In einem Brief an den

Leiter der Luft- und Raumfahrtbehörde berichtete er von seiner Begeisterung, die dann freilich durch die Antwort aus Houston vorübergehend gedämpft wurde: Eine Karriere bei der NASA stand nur Bürgern der Vereinigten Staaten offen.

Doch Chang-Diaz ließ sich nicht abschrecken und verlor sein Ziel nicht aus den Augen. Er war keineswegs dazu bereit, die Einschränkungen eines Lebensmusters zu akzeptieren, das ihn in Costa Rica halten würde. Wenn eine Karriere bei der NASA nur Bürgern der Vereinigten Staaten offenstand, dann würde er halt einer werden.

Nachdem er die Highschool in Costa Rica abgeschlossen hatte, arbeitete er neun Monate als Kassierer bei einer Bank und sparte fünfzig Dollar. Dann überredete er seinen Vater, ihm das Ticket für einen Hinflug in die USA zu kaufen. Sein Vater sagte ihm: »Wenn du wirklich in Schwierigkeiten steckst, dann gib mir Bescheid, und ich werde versuchen, dir ein Ticket für den Rückflug zu besorgen.«

»Mach dir keine Sorgen, das wird nicht nötig sein«, antwortete der Achtzehnjährige. Die erste Etappe seiner Reise begann in Connecticut. Alles, was er besaß, waren fünfzig Dollar und ein alter Koffer mit etwas Unterwäsche zum Wechseln. Er konnte bei entfernten Verwandten leben, bis er sich an das fremde Land gewöhnt hatte. »Zeitweise hatte ich gewaltige Zweifel«, erinnert er sich. »In den paar Monaten fühlt man sich stark, als könnte man alles schaffen – aber nach einer Weile wird einem dann klar, dass man wirklich weit weg ist von zu Hause, die Sprache nicht beherrscht und kein Geld hat. Oft war es extrem hart, besonders in den ersten Wintern. Zur Weihnachtszeit treffen einen alle Selbstzweifel auf einen Schlag. Da gab es dann Momente, in denen ich fast gesagt hätte: ›Ich schaff das nicht, ich muss zurück.‹«

Aber er hielt durch und ließ sich nicht in alte Muster zurückfallen. Er hatte sich hundertprozentig seinem Ziel verschrieben, und es war zu spät für eine Umkehr. Obwohl es manchmal so aussah, als stünde sein Traum kurz vor dem Ende, gelang es ihm dennoch, ihn am Leben zu erhalten. Als ich ihn fragte, wie er die schwierigen Zeiten überstanden habe, antwortete er: »Ich war zu stolz, meinem Vater zu sagen, ich hätte aufgegeben.«

Bei seiner Ankunft in den USA hatte er kein einziges Wort Englisch gesprochen, und ihm war klar, dass dies einen gewaltigen Nachteil für ihn bedeutete. Also vertiefte er sich in die Sprache, während er die Abschlussklasse der Highschool besuchte. Innerhalb eines Jahres schaffte er es vom Klassenschlechtesten zum Primus, und er war überglücklich, als er ein vierjähriges Stipendium für die University of Connecticut gewann.

Alles schien nun auf einem guten Weg zu sein, aber dann kam der Rückschlag. Er erfuhr, dass sein Stipendium ein Versehen gewesen war. Die Universität hatte angenommen, er sei ein US-Bürger aus Puerto Rico und nicht ein Ausländer aus Costa Rica. Als solcher konnte er gar nicht dafür ausgewählt werden.

Die Entschlossenheit Chang-Diaz', das College zu besuchen, beeindruckte die Universitätsverwaltung aber so sehr, dass sie sich bei den staatlichen Behörden für ihn einsetzte, bis man dort bereit war, eine Ausnahme für ihn zu machen. Der einzige Haken bei der Sache: Er würde das

Stipendium nicht für vier Jahre, sondern nur für ein einziges Jahr erhalten. Chang-Diaz akzeptierte dies jedoch glücklich, bekam einen Job im Physiklabor und finanzierte sich so sein Studium selbst.

Am 21. Juli 1969 setzte Neil Armstrong seinen Fuß auf den Mond und sprach von einem »großen Schritt für die Menschheit«. Nur drei Jahre später machte Chang-Diaz seinen eigenen »großen Schritt« in Richtung seines Lebenstraums und schloss sein Studium als Maschinenbauingenieur ab. Für einen armen Immigranten aus Lateinamerika, der erst einige Jahre zuvor mit nichts in die Vereinigten Staaten gekommen war, bedeutete das allein schon eine erstaunliche Leistung.

Aber er war noch nicht fertig.

Er schrieb sich für ein Aufbaustudium am MIT ein, um das Neueste über alternative Energiequellen wie Kernfusion, Plasmaphysik und Atomenergie zu lernen. Ungefähr zur selben Zeit, als er seine Doktorarbeit beendete, wurde das amerikanische Space-Shuttle-Programm reformiert, und Chang-Diaz fand Arbeit als Fusionsphysiker im Draper Laboratory in Cambridge, Massachusetts, wo die Leit- und Navigationssysteme für die Apollo-Missionen gebaut wurden. Gelegentlich sah er sogar Astronauten auf dem Gelände und dachte: »Ich bin nah dran!«

1977 verwirklichte Chang-Diaz einen seiner Lebensträume: Er wurde amerikanischer Staatsbürger – und von diesem Moment an ging alles sehr schnell. Die NASA verkündete, sie wolle ein weiteres Team von Shuttle-Astronauten zusammenstellen, und er bewarb sich. 1980 wurde er an seinem Arbeitsplatz angerufen: »Dr. Chang-Diaz«, fragte die Stimme am anderen Ende der Leitung. »Sie sind für die Ausbildung zum Shuttle-Astronauten ausgewählt worden. Wollen Sie den Job?«

Mit diesem einen Anruf war seine neunundzwanzigjährige Odyssee am Ziel angelangt. Er war gerade der erste Lateinamerikaner geworden, den man zum Astronauten erwählt hatte. Bis heute ist Chang-Diaz bei sieben Shuttle-Missionen mitgeflogen, hat dreimal an Außenbordtätigkeiten teilgenommen und leitet jetzt das Advanced Space Propulsion Lab am Johnson Space Center in Houston. Für die Amerikaner ist er ein Held und in Costa Rica eine Legende. Seine Verwegenheit, sein Mut und seine Bereitschaft, konventionelle Lebensmuster in Frage zu stellen und seinen Lebenstraum zu verwirklichen, haben Millionen anderer inspiriert, an ihren eigenen Lebenstraum zu glauben.

Untersuchen Sie Ihre Muster

Wie Franklin Chang-Diaz erkannt hat, schreiben das Schicksal und die äußeren Umstände das Buch unseres Lebens nicht ohne unser Zutun. Wer wir auch sein mögen, wir alle erhalten ein Buch mit unbeschriebenen Seiten. Wir können auch in die Gewohnheit verfallen, die schon abgeschlossenen Kapitel zu korrigieren, statt auf das zu achten, was wir heute schreiben. Aber indem wir aus unseren Fehlern lernen, schlechte Gewohnheiten ändern und unsere fehlerhaften Lebensmuster für jetzt und die Zukunft korrigieren, können wir das letzte Kapitel unserer Geschichte ändern und unsere Chancen auf einen sehr viel glücklicheren Schluss verbessern. Doch dafür reicht es nicht aus, für uns eine generell gute Richtung auszumachen und dann den Autopiloten einzuschalten. Wenn wir unser Ziel nicht genau angeben können, dann wird es schwierig – wenn nicht unmöglich –, dorthin zu kommen. Einer der besten Wege, um festzustellen, wohin wir wollen, ist, zu wissen, wo wir waren und was es bedeutete, dort zu sein.

Wenn wir unsere Geschichte erzählen, dann klingt der äußerliche Teil unseres Lebens in der Regel problemlos. Man wird etwa sagen: »Ich bin zur Schule gegangen, habe geheiratet, fünfundzwanzig Jahre für die Firma XY in der Stadt Z gearbeitet, währenddessen drei Kinder großgezogen, und dann bin ich in den Ruhestand gegangen.« Aber was ist mit dem anderen Teil? Wer sind wir im Verlauf all dieser Jahre in unserem *Inneren* geworden? Wissen wir das überhaupt? Wahrscheinlich nicht, obwohl ich wetten möchte, dass unsere Angehörigen und Freunde es uns sagen könnten.

Warum wissen wir es nicht? Ich vermute, der Grund ist nicht, dass wir es verbergen, sondern dass wir nie gelernt haben, so tief in uns hineinzuschauen. Wir haben nicht dasselbe gesehen wie die Menschen in unserem Umfeld – die Muster, die offenbaren, was wirklich mit uns los ist. So kommen wir nie dazu, das zu reparieren, was in uns zerbrochen ist, und das zu feiern, was großartig an uns ist. Wir kommen nie dazu, auch nur die Hälfte unserer Begabungen zu nähren und zu pflegen, einfach deshalb, weil wir nicht sehen, was in unserem innersten Kern steckt. Unsere Lebensmuster repräsentieren nicht, wer wir sind, aber sie bestimmen den Weg, den wir gehen.

Sehen Sie sich die Rhythmen Ihres Lebens an

Sicher haben Sie schon einmal darüber nachgedacht, dass die meisten Tage uns nicht mit einem größeren Wendepunkt unseres Lebens konfrontieren, an dem wir bewusst eine Entscheidung mit weitreichenden Konsequenzen treffen. In Wirklichkeit nehmen unsere unbewussten Gewohnheiten und täglichen Routinehandlungen etwa neunzig Prozent unserer Zeit ein. Ihre schiere Wiederholung kann uns fertigmachen, ausbrennen und für alle möglichen dummen Entscheidungen anfällig machen. Täglich treffen wir Hunderte Entschlüsse, die, jeder für sich genommen, harmlos und bedeutungslos erscheinen mögen. Aber wenn wir beginnen, sie zusammenzusetzen, einen Schritt zurück machen und sie ehrlich analysieren, dann tritt langsam ein Bild zutage.

Nehmen wir beispielsweise an, dass Sie es heute Morgen eilig haben. Die Zeit reicht nicht, um in Ruhe zu frühstücken, und so greifen Sie stattdessen nach einem Teilchen. Das ist eine »kleine Entscheidung« – keine große Sache. Das Wetter ist unfreundlich, und deshalb verzichten Sie auf das morgendliche Joggen. Auch das ist keine große Sache. Sie gehen ins Büro, wo sich die Arbeit stapelt. Statt zu Mittag zu essen, holen Sie sich einen Snack aus dem Automaten und spülen ihn mit einer großen Cola runter, um die Mittagspause durchzuarbeiten. Noch immer stapelt sich die Arbeit, und Sie machen mehrere kurze Pausen, in denen Sie jeweils eine Zigarette rauchen. Das alles sind belanglose Entscheidungen – wie könnten sie von Bedeutung sein? Abends sind Sie viel zu müde, um ans Kochen auch nur zu denken, und so essen Sie eine Portion Fast Food, das Kalorien ohne Ende hat und voller Konservierungsstoffe steckt. Eine kleine Mahlzeit – keine Affäre. Anschließend trinken Sie »ein« Bier, um den Stress des Tages hinter sich zu lassen. Und bevor Sie zu Bett gehen, nehmen Sie noch eine Schlaftablette.

So könnte ein Durchschnittstag aussehen, sogar für eine so genannte normale, verantwortungsbewusste Person. Sie haben nicht eine einzige große, bewusste Entscheidung im Hinblick auf Ihre Gesundheit oder Ihre Zukunft getroffen, sondern nur viele kleine Entschlüsse, über die Sie nicht groß nachdenken. Aber im Laufe der Zeit summieren sich solche Entscheidungen und bilden ein Muster: Sie verschwenden kostbare Zeit und bereiten sich auf einen frühen Tod vor.

Bei genauerem Hinsehen erkennen wir Parallelen in anderen Bereichen unseres Lebens. Entscheiden sich Paare bewusst dafür, ihre Ehe zerbrechen zu lassen? Kinder zu haben, die außer Kontrolle geraten? Sich bis zur Halskrause zu verschulden? Natürlich nicht. Aber dahin können uns Tausende kleiner alltäglicher Entscheidungen führen, wenn wir nicht aufpassen. Das Übergewicht wählt nicht uns, sondern wir wählen es mit den kleinen Entschlüssen über unsere tägliche Ernährung. Die Pleite hat nicht uns zum Ziel erkoren, wir selbst machen uns zum

Ziel, wenn wir unsere Ausgaben nicht unter Kontrolle haben.

Von unserem geschäftigen Leben bedrängt und getrieben, könnten die meisten von uns als Schlafwandler enden, so wie wir mit gesenktem Kopf und geschlossenen Augen durch unsere Alltagsroutine trotten. Solche Leute sind nicht zwangsläufig »schlecht«; sie sind nur im Hamsterrädchen eingeschlafen, und wenn sie schließlich aufwachen, sind sie schockiert über das, was sie sehen. »Wie konnte ich nur in diese Situation geraten?«, fragen sie. Oder sie sagen: »Das ist einfach mein Schicksal«, weil sie meinen, ausgerechnet sie würden vom Pech verfolgt werden.

Bewusst oder unbewusst sind wir alle vom Tag unserer Geburt an dabei, uns selbst in Form zu meißeln. Stunde um Stunde, Tag für Tag, ob wir daran denken oder nicht, entscheiden wir, wer wir sein wollen und wohin unser Leben uns führen soll. Und mit jedem kleinen Entschluss haben wir ein weiteres kleines Stück der Person geschaffen, die wir sein werden.

Um zu dem Menschen zu werden, der wir unserer Bestimmung nach sein sollten, müssen wir alte Denkweisen und Ansichten aufgeben. Wir müssen aus unseren gewohnten Routinehandlungen ausbrechen und neue entwickeln, die sich zu etwas Großem und Dauerhaftem summieren können. Wir dürfen nicht vergessen, wie bedeutsam jede winzige Entscheidung im großen Muster des Lebens ist. Bedenken Sie: Gute Gewohnheiten sind genau so schwer zu durchbrechen wie schlechte. Es ist nur etwas schwerer, sie zu entwickeln.

Weise Worte

Wir säen unsere Gedanken, und wir ernten unsere Taten;
wir säen unsere Taten, und wir ernten unsere Gewohnheiten;
wir säen unsere Gewohnheiten, und wir ernten unseren Charakter;
wir säen unseren Charakter, und wir ernten unser Schicksal.
Charles E. Hall

Inspiration zur Erinnerung

Franklin Chang-Diaz

Frage zum Nachdenken

Was sagen Ihnen Ihre Lebensmuster?
Helfen sie Ihnen oder verletzen sie Sie?

4. Dem Leben Sinn und ein Ziel geben

Große Seelen haben Ziele,
kleine haben Wünsche.
Washington Irving

Als ich kürzlich meine Ferien in Italien an der majestätischen Amalfiküste verbrachte, stolperte ich über eine interessante Geschichte, die ich Ihnen hier erzählen möchte.

Sie handelt von Ernest William Beckett, einem englischen Lord aus dem achtzehnten Jahrhundert. Ihm fehlte ein Lebensziel, und dieser Mangel trieb ihn in eine schwere Depression, die er dadurch zu heilen versuchte, dass er dreimal um die Welt reiste. Er jagte Tiger auf Borneo, besuchte die Indianer im amerikanischen Westen und verbrachte in Japan sogar Zeit mit Geishas. Aber *nichts* half ihm, sein Elend zu überwinden, außer Ravello, einem kleinen mittelalterlichen Dorf, das über dreihundert Meter oberhalb des Tyrrhenischen Meeres lag.

Rasch verliebte er sich in die sonnenüberfluteten Berge, die steil zum tiefblauen Meer abfielen. Aber es war nicht nur die äußere Schönheit, die ihn beeindruckte. Er hatte seine Suche endlich lange genug unterbrochen, um die Schönheit *in seinem eigenen Inneren* zu entdecken. Ironischerweise stellte sich heraus, dass er die ganze Zeit in der Welt herumgereist war, um nach etwas zu suchen, was immer schon in ihm selbst gelegen hatte. »Ich werde hier nie wieder weggehen«, soll Beckett zu den Dorfbewohnern gesagt haben. Er kaufte und restaurierte die Villa Cimbrone, ein Anwesen, dessen eindrucksvolle Aussicht, üppige Gärten, Springbrunnen, Höhlen und Kunstwerke es zu einem der größten Schätze in der Gegend machten.

Wie Beckett verschwenden auch viele andere Menschen kostbare Jahre, indem sie überall nach dem Glück suchen, nur nicht in ihrem eigenen Inneren. Wir können unser Lebensziel auf der ganzen Welt suchen, aber erst wenn wir tief in uns selbst hineinschauen, werden wir es tatsächlich entdecken. Die Arbeit an der Entdeckung und Erfüllung Ihres Lebensziels wird Ihnen eine der tiefsten und reichsten Arten von Glück vermitteln, die ein Mensch je erleben kann. Wenn Sie sich wirklich von der Suche nach Ihrem Lebensziel inspirieren lassen, dann werden schlummernde Kräfte in Ihnen erwachen und Sie in Höhen tragen, die Sie im Traum nicht für möglich gehalten hätten.

Wie wird man sich an Sie erinnern?

Werden Sie in der Erinnerung anderer ein Mensch sein, der gegeben oder der genommen hat? Werden Sie jemand sein, der das Spiel des Lebens mit vollem Einsatz mitgespielt hat, oder jemand, der beobachtend am Rand saß? Haben Sie stets auf Sicherheit gesetzt oder einen großen Traum gewagt und alles getan, damit er Wirklichkeit wurde?

Wenn wir uns die Zeit nehmen, über unsere eigene Sterblichkeit nachzudenken, stellt sich ein Gefühl der Dringlichkeit ein, die kostbare Zeit zu genießen, die uns noch bleibt. Die Uhr tickt. Die Zeit läuft. Zeit ist immerhin das Kostbarste, was wir haben. Nicht einmal die genialsten Wissenschaftler der Welt können mehr davon erzeugen – oder herausfinden, wie man sie »sparen« könnte. Das Einzige, was wir tun können, ist, unsere Zeit klug zu investieren.

Ob uns das nun bewusst ist oder nicht, wir alle haben ein bestimmtes Ziel – einen bestimmten Auftrag – im Leben. Wo Sie nach Ihrer Begabung suchen, werden Sie wahrscheinlich Ihr Lebensziel entdecken. *Denn so, wie ein Athlet mit einer sportlichen Begabung und einem Sinn für Wettbewerb geboren wurde, so wie ein Künstler mit einem kreativen Geist und der nötigen Geduld auf die Welt kam, so wurden auch Sie mit einer Begabung geboren, die der Schlüssel zu dem Schatzkästchen ist, das Ihr Lebensziel enthält.*

Dem eigenen Lebensziel treu bleiben

Haben Sie sich einmal gefragt: »Wozu soll all das Drängeln, Streben und Kämpfen gut sein und sind die Angelegenheiten, die mir Sorgen bereiten, den Schmerz wirklich wert?« Wenn Sie sich von Zeit zu Zeit gründlich verwirrt fühlen und von falschen Hoffnungen und Ängsten erfüllt sind, dann stehen Sie damit nicht allein. Zuverlässige Ernährer, verantwortliche Eltern, aufmerksame Partner, respektable Hauseigentümer und gute Nachbarn sein zu wollen – und zwar alles gleichzeitig –, das kann einen manchmal schon völlig verrückt machen.

Es ist so leicht, sich in den alltäglichen Trivialitäten zu verfangen, die nicht wirklich wichtig oder bedeutsam sind. Wir sind mit dermaßen vielen Aufgaben beschäftigt, dass wir kaum die Zeit finden, alles zu erledigen, ganz zu schweigen von der Zeit, über so schwierige Fragen nachzudenken. Aber wenn wir nicht aufpassen, können wir leicht in die Falle tappen, alle unsere Energien auf die Erfüllung alltäglicher Aufgaben statt auf die Erfüllung unserer tiefsten Herzenswünsche zu richten.

Alex Spanos

»Das Einzige, was mich von einer Million anderer völlig mittelloser Bäcker unterschied, war die Sehnsucht.«

Alex Spanos stand dem Schicksal Auge in Auge gegenüber, und er weigerte sich, den Blick zu senken. Der entscheidende Moment kam 1951. Er brauchte zweihundertzehn Dollar für die Entbindung des zweiten Kindes, das er und seine Frau erwarteten. Zu diesem Zeitpunkt arbeitete er fünfzehn Stunden am Tag für seinen Vater in der Familienbäckerei und bekam dafür lumpige vierzig Dollar pro Woche. Nachdem er das Gespräch über Monate geprobt hatte, nahm er seinen ganzen Mut zusammen und bat um eine Lohnerhöhung. Sein Vater, ein strenger griechischer

Einwanderer mit einem vulkanischen Temperament, verweigerte jede Diskussion darüber. Also tat Alex das Undenkbare: Er kündigte dem Familienunternehmen.

»Ich verwettete das Einzige, was ich besaß: Ich verwettete mein Leben darauf, dass ich Erfolg haben würde«, schrieb er später in seinem Buch *Sharing the Wealth*. Spanos hatte keine Ahnung, was er jetzt anfangen sollte. Er war siebenundzwanzig Jahre alt, arbeitslos, ohne Collegeabschluss, bald Vater eines zweiten Kindes, er hatte kein Geld, keine Beziehungen, und es bestanden keine Aussichten, dass sich daran etwas ändern würde.

Aber tief in seinem Herzen wusste er, dass er ein wichtiges Lebensziel hatte: »Ich stand an der Grenze zwischen Bedeutungslosigkeit und Erfolg, und diese beiden Extreme wurden nur durch eine schmale Holztür getrennt. Bedeutungslosigkeit herrschte auf der Seite, wo ich stand. Dort befand sich die winzige Bäckerei meines griechischen Immigrantenvaters, wo ich für vierzig Dollar die Woche hart an den Öfen gearbeitet hatte, fünfzehn Stunden am Tag, sieben Tage in der Woche. Das war eine Welt, in der ich sicher war – und langsam starb. Auf der anderen Seite der Tür, wo ich schließlich den Erfolg finden würde, hatte niemand einen roten Teppich für mich ausgelegt. Es war ein dunkler, unsicherer, verbotener Ort, der für einen mittellosen siebenundzwanzigjährigen Bäcker mit Frau und Kind und einem zweiten Baby unterwegs sehr viel furchterregender war als die Aussicht, weiterhin an die kleine Familienbäckerei gefesselt zu bleiben. Es gab nicht die geringste Garantie, dass es mich irgendwohin führen würde, die Bäckerei zu verlassen. Aber ich entdeckte schnell, dass der entscheidende Schritt mich in eine Welt brachte, in der Erfolg durch harte Arbeit zumindest möglich war. Eins war jedenfalls gewiss: Wenn ich dort im Untergeschoss der Bäckerei geblieben wäre, dann hätte ich mich und meine Familie zu einem absolut gewöhnlichen Leben verurteilt. Arbeit, Kampf, Ruhestand, Tod. Einfach noch irgendjemand, der unter einem Grabstein voller Entschuldigungen beerdigt wurde.«

Als Erstes bat Spanos einen Freund, für einen Bankkredit von zweihundert Dollar zu bürgen. Dann entwickelte er alle möglichen Ideen, wie er seine wachsende Familie ernähren konnte. Er begann mit einem Lieferdienst, der die mexikanischen Landarbeiter auf den Feldern rund um seine Heimatstadt Stockton in Kalifornien mit Sandwiches versorgte. Das führte dazu, dass er bald auch Unterkünfte für die Wanderarbeiter zur Verfügung stellte. Nach nur wenigen Monaten versorgte er mehr als 1500 *braceros* (mexikanische Landarbeiter) mit Nahrung und Obdach und verdiente damit mehr Geld als in zwanzig Jahren Arbeit in der Bäckerei. Er wurde so wohlhabend, dass ihm sein Steuerberater schließlich sogar empfahl, einen Teil seiner Einkünfte in Immobilien zu investieren. Er folgte dem Rat, und es dauerte nicht lange, da baute er ein Apartmenthaus.

»Ich hatte keine Ahnung vom Baugeschäft, aber ich fürchtete mich auch nicht davor, die Gelegenheit zum Lernen zu ergreifen«, erklärt Spanos. Hingebungsvoll lernte er alles über den Bau von Apartments, vom einfachsten bis zum kompliziertesten Detail. »Es war ein Geschäft, in dem ich mich so schnell wie irgend möglich auskennen wollte.«

»Letztlich«, so sagt er, »kommt alles darauf an, dass man an sich selbst glaubt. Daraus schöpft man die Energie, durchzuhalten und Neues zu versuchen. Hätte ich nicht an mich geglaubt, dann hätte ich nie die Bäckerei meines Vaters verlassen und den Sandwich-Lieferdienst aufgebaut. Hätte ich nicht an mich geglaubt, dann hätte ich nie das Selbstvertrauen gehabt, mich ins Baugeschäft zu wagen, wo ich am Ende mein Vermögen gemacht habe. An sich selbst zu glauben (mit Selbstvertrauen zu sagen: ›Ich werde es versuchen‹ und ›Ich werde es lernen‹ statt ›Das kann ich nicht‹), das ist wesentlich für jede Erfolgsgeschichte.«

Heute ist der ehemals mittellose, ungebildete Bäcker einer der reichsten Männer in den Vereinigten Staaten. Er ist Eigentümer zahlreicher Multi-Millionen-Dollar-Unternehmen, einschließlich der Footballmannschaft San Diego Chargers und der größten US-Baufirma, die Apartmenthäuser errichtet. Aber seine erstaunlichen finanziellen Erfolge verblassen im Vergleich zu seiner größten Leistung: Er hat seine Lebensaufgabe erfüllt, ist ein loyaler Familienvater, ein zuverlässiger Freund und einer der größten Philanthropen unserer Zeit geworden.

Die Macht des Lebensziels verstehen

Vielleicht geht es Ihnen wie mir, und Sie haben sich schon einmal gefragt, ob es »normal« ist, lange über den Zweck des eigenen Lebens nachzugrübeln. Und wenn es normal ist, warum stolpern manche Leute dann anscheinend über ihre Begabung und finden schon in jungen Jahren zu ihrer Bestimmung? Ich habe festgestellt, dass es in dieser Hinsicht drei verschiedene Gruppen von Menschen gibt:

- *Das glückliche Dutzend:* Hierzu gehören nur wenige, die nicht allzu viele Hindernisse überwinden mussten, bevor sie den für sie vorgesehenen Weg fanden. Sie hatten das Glück, ihre Begabung sehr früh zu entdecken, und das führte sie zu ihrer Leidenschaft und ihrem Lebenssinn.
- *Die hoffnungslosen Versprengten:* Die Leute in dieser Gruppe sind so weit vom Kurs abgekommen, dass sie die einfache Lösung wählen und sich in ihrem Elend zu suhlen scheinen, statt ihr Leben wieder in die richtige Richtung zu lenken. Sie haben es aufgegeben, nach ihrer Begabung, ihrer Leidenschaft und ihrem Lebenssinn zu suchen – im Grunde haben sie es aufgegeben, überhaupt zu leben.
- *Die hoffnungsvollen Entdecker:* Wir (ich sage: »Wir«, weil ich glaube, dass Sie und ich wahrscheinlich in diese Gruppe gehören) erkennen, dass unser Leben vom Kurs abgekommen ist, aber wir glauben, dass es ein Ziel hat – eine Bestimmung. Wir erkennen, dass es etwas gibt, was unser »Auftrag« ist; wir wissen nur noch nicht, was das sein soll.

Haben Sie ein Ziel, oder überleben Sie nur?

Gleich, wie alt wir sind, es gibt immer wertvolle Arbeit für uns. Nichts irritiert mich mehr, als mit Menschen in ihrem fünften, sechsten oder siebten Jahrzehnt zu sprechen, die keine Ziele mehr haben. In einer Studie aus dem Jahr 1996 über das Streben nach Glück und Zufriedenheit im höheren Lebensalter (Titel: *In Pursuit of Happiness and Satisfaction in Later Life*) wurde festgestellt, dass zu den wichtigsten Einflussfaktoren im Hinblick auf ein erfülltes Leben für ältere Menschen die Frage zählt, ob ihr Dasein ein Ziel hat. Ohne eine klar definierte Ausrichtung fühlten sich siebzig Prozent der Befragten unzufrieden. Aber von denen, die ein Ziel *hatten*, bezeichneten sich ebenso fast siebzig Prozent als zufrieden. Unser kalendarisches Alter spielt dabei nicht die geringste Rolle. Was wirklich zählt, ist unser biologisches Alter.

Für den Fall, dass Sie das bezweifeln, möchte ich Ihnen die Geschichte von Cliff Young erzählen, dem australischen Kartoffelbauern, der mit einundsechzig Jahren am Westfield Ultra Marathon von Sydney nach Melbourne teilgenommen hat. Das ist ein Rennen von etwa neunhundert Kilometern, das zu den aufreibendsten sportlichen Ereignissen auf diesem Planeten gehört.

In einer frühen Phase des Marathons weckte ein Teammitglied Young aus Versehen um ein Uhr nachts statt wie gewöhnlich um fünf Uhr morgens. Young sagte, das mache ihm nichts aus. Und er genoss es tatsächlich, in der Dunkelheit zu laufen, solange alles noch ruhig war. Während seine Konkurrenten schliefen, zog Young an einem nach dem anderen vorbei. Er verblüffte die Läuferwelt, als er in Arbeitshosen und Gummistiefeln – sein Markenzeichen – über die Ziellinie schlurfte, ohne dass der nächste Konkurrent auch nur in Sicht gewesen wäre.

Nicht genug damit, beschloss Young später auch noch, seinen Lebenstraum zu verwirklichen und einen neuen Rekord für die Umrundung Australiens aufzustellen – im Alter von sechsundsiebzig Jahren! Er schaffte fast sechseinhalbtausend Kilometer, bevor ihn eine Krankheit traf, die später als Prostatakrebs diagnostiziert wurde. Leider hat er sein Ziel nicht erreicht. Aber er war bei einem sehr viel wichtigeren Unternehmen erfolgreich: Er hat nicht zugelassen, dass sein Alter ihm seine Leidenschaft für große Träume zerstörte und ihm den Mut raubte, sie umzusetzen.

Weise Worte

Lieber würde ich bei etwas versagen, das ich gern tue, als bei etwas erfolgreich sein, das ich hasse.

George Burns

Inspiration zur Erinnerung

Alex Spanos

Frage zum Nachdenken

Was ist *Ihr* Lebensziel?

5. Haben Sie auf die Stimme gehört?

Wenn dir eine innere Stimme sagt:
»Du kannst nicht malen«,
dann male unbedingt,
und die Stimme wird schweigen.
Vincent van Gogh

Ein bis über beide Ohren verliebter junger Mann unternahm mit seinem Mädchen an einem wunderbaren Frühlingstag einen Ausflug. Sie genossen ein köstliches Picknick, und nach einigen liebenswürdigen Worten fragte er sie: »Mary, ich liebe dich mehr als das Leben selbst. Ich bin sicher, dass ich dich glücklich machen kann, und ich möchte, dass du mich heiratest. Ich weiß, dass ich nicht reich bin. Ich habe keinen Rolls-Royce, kein herrschaftliches Haus und keine große Yacht wie Johnny Green, aber ich liebe dich von ganzem Herzen. Bitte heirate mich jetzt!«

Mary dachte einen Moment nach und antwortete dann: »Bill, ich liebe dich auch … aber könntest du mir ein bisschen mehr über diesen Johnny Green erzählen?«

Bill hatte seine Botschaft ausgesandt, aber sie war nicht empfangen worden. Manchmal verpassen wir alles, was das Leben uns sagt. Zuhören zu können und die Gegenwart »lesen« zu lernen ist eine wichtige Fähigkeit, die viele von uns nie entwickeln, weil wir uns entweder zu weit draußen in der Zukunft oder zu weit in der Vergangenheit befinden. »Das Leben ist das, was geschieht, während wir gerade damit beschäftigt sind, andere Pläne zu machen«, hat John Lennon bemerkt. Charlie Brown hatte den entgegengesetzten Kurs eingeschlagen, als er klagte: »Ich hoffe immer noch darauf, dass das Gestern besser wird.« Jedenfalls verpassen wir die besten Momente des gegenwärtigen Tages, wenn wir es versäumen, unsere ungeteilte Aufmerksamkeit auf die Gegenwart zu richten.

Haben Sie zugehört?

Allzu oft hören wir nicht richtig hin, wenn uns das Leben seine Einladungen schickt. Wir nehmen die Schnellstraße und halten selten lange genug an, um die Aussicht zu würdigen oder die Landschaft zu genießen. Wir hören nicht die Stimmen, die uns sagen, wo unsere Begabungen am meisten benötigt werden. So verschwenden wir unsere Stunden mit bedeutungslosen Aktivitäten, durch die am Ende niemand bereichert wird. Wir töten lediglich die Zeit, bevor sie uns tötet. Ob man es nun als »Intuition«, »Bauchgefühl«, »Unterbewusstsein« oder »Gott« bezeichnet, wir sind gesegnet mit einem »eingebauten Navigationssystem«, dessen Stimme uns wie ein geduldiger Lehrer oder eine liebevolle Mutter, die täglich mit uns spricht, dorthin führt, wo unsere Begabungen gebraucht werden, und unseren Weg ausleuchtet.

Slavomir Rawicz

»Ich krächzte den anderen zu, sie sollten aufstehen
und weitergehen. ›Hier ist nichts‹, sagte ich.
›Weiter vorn muss etwas sein.
Dort muss irgendetwas sein.‹«

Slavomir Rawicz, ein fünfundzwanzigjähriger polnischer Kavallerieleutnant, wurde 1939 von den Russen festgenommen, inhaftiert, ausgehungert und gefoltert. Dennoch weigerte er sich, ein Scheingeständnis zu unterzeichnen, er habe sich als Spion betätigt. Aber sein Leidensweg begann damit gerade erst. Wegen »antisowjetischer Aktivitäten« verurteilt, wurde er mit anderen in Viehwagen zusammengepfercht auf eine fast fünftausend Kilometer lange Reise nach Sibirien geschickt, und von dort mussten die Gefangenen anderthalb Monate zum Lager 303 knapp unterhalb des Polarkreises marschieren. Die Alten, Kranken und Schwachen erlagen bald den harten Bedingungen. Anfangs hatte Rawicz nur das Ziel, zu überleben. Doch er dachte an die fünfundzwanzig Jahre Arbeitslager, zu denen er verurteilt war – und er wusste, dass er trotz der entsetzlichen Isolation des Lagers in eisiger Umgebung die Flucht wagen musste. Aber wohin? Das einzige sichere Ziel – Britisch-Indien – war mehr als sechseinhalbtausend Kilometer entfernt, und der Weg dorthin führte streckenweise durch Gebiete, die zu den tückischsten der Welt gehören.

Rawicz und sechs weitere Männer planten ihre Flucht. Nachdem sie mit bloßen Händen einen Tunnel durch den Schnee unter dem Stacheldraht hindurch gegraben, vier Meter hohe Zäune überwunden und Wachen und Hunde getäuscht hatten, waren sie aus dem Lager heraus. Aber ohne Landkarten, mit wenig Nahrung, schlechtem Schuhwerk und ohne Wasserbehälter standen ihre Chancen ziemlich schlecht.

Sie orientierten sich am Stand der schwachen sibirischen Sonne und trotteten vorwärts, ständig erschöpft und hungrig. Oft hatten sie eine ganze Woche oder länger nichts zu essen und zu trinken. Und doch zogen sie stetig weiter, dreißig oder vierzig Kilometer am Tag, sie waren zehn Stunden lang unterwegs, gingen, taumelten und krochen durch eine erbarmungslose Landschaft, die sich weiter erstreckte als der kontinentale Teil der Vereinigten Staaten. Auf ihrem Weg durch die Wüste Gobi litten sie unter so großem Durst, dass sie die Feuchtigkeit aus dem Schlamm saugten, um zu überleben. Zwei der sieben gaben dort auf und starben. Und nach der Wüste türmte sich vor ihnen der Himalaja auf, die höchste Bergkette der Welt, wo sie einen weiteren Kameraden verloren, er fiel in eine Felsspalte.

»Auf sich allein gestellt, hätte jeder von uns dankbar aufgegeben, sich nur zu gern irgendwo hingelegt und die Augen geschlossen, um in den Tod zu gleiten«, schrieb Rawicz später in seinem Buch *The Long Walk* (deutsch: *Der lange Weg*). »Aber irgendjemand kroch immer weiter, und so blieben wir alle in Bewegung.«

Sie blieben in Bewegung, bis sie ihr Ziel erreichten: die Freiheit. Schließlich – ein Jahr nach dem Ausbruch – taumelten vier fast verhungerte Männer, dem Delirium nahe, aus den Bergen herunter über die Grenze nach Indien. Sie waren angekommen. »Wir sind sehr froh, Sie zu sehen«, erklärten sie in heldenhafter Untertreibung einer britischen Patrouille, die vorbeikam.

Rawicz hat unverkennbar auf seine innere Stimme gehört, aber tun wir das auch? Oder sind wir so beschäftigt, dass wir keine Zeit haben, ihr zuzuhören? Was für eine Stimme ist das?

Es ist wahrscheinlich genau das, was Galileo ermutigte – zu einer Zeit, als er ein schlechtbezahlter fünfundvierzigjähriger Mathematiklehrer war –, eine Untersuchung zu veröffentlichen, die Papst Urban VIII. herausforderte und die Theorie von Kopernikus stützte, der behauptet hatte, die Erde sei nur einer von vielen Planeten, die um die Sonne kreisen. Es ist wahrscheinlich dieselbe Stimme, die zu der amerikanischen Flugpionierin und Frauenrechtlerin Amelia Earhart (1897–1937) sprach, als sie gerade dreiundzwanzig Jahre alt war, und sie ermutigte, während einer regionalen Luftfahrtshow zehn Dollar für einen Rundflug zu bezahlen – eine Entscheidung, die dazu beigetragen hat, ihr Lebensziel wie auch die Entwicklung der Luftfahrtgeschichte zu verändern. Es ist wahrscheinlich dieselbe Stimme, welche die US-Bürgerrechtlerin Elizabeth Cady Stanton (1815–1902) veranlasste, sich zu Wort zu melden und ihr Leben der Aufgabe zu widmen, sich als eine der führenden Pionierinnen an die Spitze der Frauenbewegung zu stellen. Und es ist dieselbe Stimme, die in jedem von uns spricht und versucht, uns auf den uns zugedachten Weg zur Erfüllung unserer Bestimmung zu führen.

Achten Sie genau auf die Hinweise

Unsere Emotionen – besonders die negativen – geben uns wunderbare Hinweise, auf die wir hören müssen. Wir sollten uns stets fragen, welche Botschaft sie uns zu vermitteln versuchen.

Ein konkretes Beispiel: Nach seinem Studienabschluss als Master of Business Administration wusste John Pepper nicht so recht, was er mit seinem Leben anfangen sollte. Er entschied sich für den traditionellen Weg und fand einen Job bei einer großen Investmentbank. »Ich wollte das Geld, aber der Job war mir absolut zuwider«, berichtete er. Er sagte sich selbst immer wieder: »Verdien genug Geld, und dann kannst du tun, wozu du Lust hast.«

Aber nachdem er sechs Monate »beim Aufwachen mit Entsetzen daran gedacht hatte«, dass er zur Arbeit musste, konnte er die Situation nicht mehr ertragen und kündigte. Eine innere Stimme sagte ihm immer wieder, er solle den Job aufgeben und eine Idee in die Tat umsetzen, die ihm nicht aus dem Kopf ging. Trotz aller »freundlichen Ratschläge«, die ihn davor warnten, er solle »seine Ausbildung und eine Gelegenheit, viel Geld zu verdienen, nicht einfach in den Wind schreiben«, folgte Pepper seiner inneren Stimme. Heute leitet er »The Wrap«, eine sehr erfolgreiche Restaurantkette im Gebiet um Boston.

In unserem Umfeld finden wir so viel Positives. Jeden Tag flüstert es uns zu – manchmal ruft es sogar laut –, dass das Leben schön ist, dass wir nicht allein sind, dass wir geliebt werden und dafür bestimmt sind, erstaunliche Leistungen zu vollbringen. Wenn wir darauf achten, dann haben wir das wahrscheinlich schon oft gehört. Aber es gibt noch eine andere Stimme, die mit den Verletzungen und Fehlschlägen flüstert, die ja ebenfalls ein Teil unseres Alltags sind. Diese Stimme sagt: »Vielleicht ist das Leben nicht so gut, vielleicht gibt es ›dort draußen‹ niemanden, und du bist ganz allein, und sämtliche Kämpfe und all deine Bestrebungen enden einfach in der Sackgasse des Grabes. Möglicherweise liegen die besten Tage schon hinter dir.« Wenn wir das hören, werden wir unsicher und ängstlich. Welcher Stimme sollen wir trauen? Der Stimme des Lebens oder der Stimme des Todes?

Kommt nur die halbe Botschaft bei Ihnen an?

Warum nehmen wir so wenig wahr von der Weisheit und Führung, die uns zur Verfügung stehen? Wahrscheinlich hat es damit zu tun, dass wir viel zu oft mit unserem Verstand entscheiden, statt auf unser Herz zu hören. Unser Denken führt uns über einen konventionellen Weg, der sich nach gesellschaftlichen Vorgaben richtet. Unser Herz führt uns auf eine Reise über den Weg, der für uns vorgesehen ist.

Vielleicht haben Sie Kevin Costner als Ray Kinsalla in dem Film »Feld der Träume« gesehen. Es war irrational für einen Farmer aus Iowa, von der Errichtung eines Baseballstadions auf seinem Maisfeld zu träumen. Aber eine leise, mystische Stimme sagte ihm: »Wenn du es baust, kommt er zurück.« Er baute es, und »er« (Rays Vater im jugendlichen Alter) und andere kamen …

Wann immer Sie das Gefühl haben, dass Sie mit Ihrem wahren Ich verbunden sind, sollten Sie die Botschaft, die es Ihnen sendet, nicht in Frage stellen oder anzweifeln. Seien Sie geduldig und hören Sie zu. Die Botschaft wird Ihnen nicht über einen Lautsprecher verkündet und kommt auch nicht als E-Mail, die als »dringend« markiert ist. Sie kleidet sich in einen zufälligen Gedanken, eine Idee, eine Ahnung oder einfach ein »Bauchgefühl«, das Sie auffordert, etwas anderes zu versuchen – wahrscheinlich etwas, das Ihnen vollkommen neu ist und vielleicht sogar seltsam erscheint.

Bill Gates und Paul Allen entdeckten es, als sie noch auf dem College waren und über den Harvard Square schlenderten. Zufällig warfen sie einen Blick auf eine Überschrift im Magazin *Popular Electronics*, die lautete: »World's First Minicomputer Kit – Altair 8800«. Charles Darwin entdeckte es an Bord der »HMS Beagle« auf seiner fünfjährigen Reise als Naturforscher. Muhammad Ali entdeckte es im Alter von zwölf Jahren, als er so wütend über den Diebstahl seines Fahrrads war, dass er einem Polizisten sagte, er würde den Dieb finden und ihn zu Brei schlagen. Der Polizist antwortete ihm: »Wenn du jemanden zusammenschlagen willst, dann solltest du lieber Boxen lernen.« Wer immer wir sind und wo immer wir uns aufhalten mögen, die Stimme versucht, zu uns zu sprechen.

Wenn wir nicht zuhören, dann veräppeln wir uns manchmal selbst, indem wir uns einreden, echte Veränderungen seien im Gange. Dies ist oft dann das Thema, wenn es um unsere Shoppingtouren, neuen Frisuren, Schönheitsoperationen, Reisen und sogar Liebesaffären geht. Sie vermitteln uns für einen Moment das Gefühl einer Veränderung – als würden wir aus der Schablone ausbrechen, in der wir stecken –, aber gewöhnlich handelt es sich dabei nur um Rauchschwaden, hinter denen unsere eintönigen alten Muster weiterbestehen. Am Ende sagen wir dann doch wieder: »Ich steck hier fest und komm nicht raus«, und erneut macht sich Traurigkeit breit.

Stecken wir wirklich fest? Ja, wenn wir versuchen, unsere Aufgabe allein zu lösen. Doch wenn wir erkennen, dass wir nicht allein sind, und wenn wir verstehen, dass unsere Begabung auf uns wartet, dann gibt es immer Hoffnung. Falls wir ruhelos, unzufrieden und traurig sind, dann sagt uns unser Herz, dass wir unser Leben für etwas hingeben, das viel zu klein ist. Solange wir auf unsere innere Stimme hören, wird sie uns zu unserer Bestimmung führen.

Weise Worte

Wer ein Warum im Leben kennt, erträgt fast jedes Wie.

Friedrich Nietzsche

Inspiration zur Erinnerung

Slavomir Rawicz

Frage zum Nachdenken

Was versucht Ihre innere Stimme Ihnen zu sagen?

---

6. Entdecken Sie Ihr unbekanntes wahres Selbst

Viele Menschen angeln ihr Leben lang,
ohne zu wissen, dass sie eigentlich
gar keine Fische fangen wollen.
Henry David Thoreau

Stellen Sie sich einen Moment lang einmal vor, ein Team von Geheimdienstagenten hätte den Auftrag, Sie Tag und Nacht zu beobachten. Ohne es zu wissen, wären Sie überall von versteckten Kameras und Abhörgeräten umgeben. Die Agenten würden Ihren Müll untersuchen, Ihre Kontoauszüge prüfen, Ihre Gespräche mithören und sogar beobachten, welche Fernsehsendungen Sie einschalten. Binnen kürzester Zeit wüssten sie alles, bis hin zu den Verdauungsproblemen, die Sie gestern Abend hatten, und auch, ob Sie heute Morgen frische Socken angezogen haben. Schließlich können sie ihren Bericht erstellen – und die wichtigen Fragen der CIA beantworten: Wer sind Sie? Worum geht es in Ihrem Leben? Der Bericht beginnt so: »Die Person ist attraktiv und freundlich und scheint im Wesentlichen normal zu sein. Finanziell solide, akzeptable Golferin, gute Kartenspielerin, etwas übergewichtig, reagiert allergisch auf Brokkoli.« Weiter heißt es dann: »Aber auch nach sechs Wochen engster Beobachtung können wir noch nicht feststellen, was sie eigentlich antreibt – was ihr wirklich wichtig ist. Sie sagt, das Wichtigste für sie seien ihre Familie, ihr Land, die Nachbarn und Gott. Aber einen weitaus größeren Teil ihrer Zeit verbringt sie mit anderem: kaufen, beschaffen, besitzen und sich um das eigene Wohlergehen sorgen. Schlussfolgerung: Die Person ist labil und nicht fest in einem guten Boden verwurzelt. Sie ist wahrscheinlich eine Kandidatin für Probleme in der Zukunft. Sie sollte genau überwacht werden.«

Bis zu einem gewissen Grad könnte ein Bericht wie dieser über jeden von uns geschrieben werden, denn wir alle haben geteilte Herzen – geteilt, wenn auch nicht in zwei gleiche Hälften, zwischen dem, was wirklich wichtig ist, und dem, was banal ist. Zwischen dem, was wir *sagen*, und dem, was wir *tun*. Und weil unser Herz geteilt ist, widmen wir selten unser ganzes Selbst – unser bestes Selbst – den Bereichen des Lebens, die am wichtigsten sind.

Wenn wir glücklich sein wollen, dann müssen wir uns für das entscheiden, was uns dauerhaftes Glück gewährt: Wir müssen unsere Begabungen lieben und entwickeln und sie dann mit der Welt teilen. Wir müssen uns für sie entscheiden und sie dann mit aller uns zur Verfügung stehenden Kraft und Intensität, allem Einfallsreichtum und aller Zielstrebigkeit verfolgen.

Bereiten Sie sich auf eine lange, kurvenreiche Straße vor

Hatten Sie auch schon einmal das Gefühl, Sie würden sich eifrig einen Weg ins Nichts bahnen? Die meisten von uns landen auf ihrer langen Reise manchmal abseits der Straße und treiben auf den Abgrund zu. Ob wir jung oder alt sind, wir alle entscheiden uns bisweilen für die falsche Richtung, verirren uns oder bleiben im Schlamm stecken. Manchmal geht uns das Benzin aus, oder die Härten des anstrengenden Wegs entmutigen uns. Aber die Reise geht weiter, Jahr für Jahr; manche Tage sind faszinierend und erheiternd, andere ganz in Ordnung und manche einfach furchtbar. Dabei nimmt die Straße immer wieder eine Wendung, und wir entdecken etwas Neues, was wir noch nie zuvor gesehen haben. Wenn wir nur genau genug hinschauen, finden wir immer wieder etwas Spannendes. Während wir uns den Verwirrungen und Verrücktheiten des Lebens stellen, haben wir zwei Möglichkeiten: Wir können uns abschotten – aufgeben und in die Sicherheit eines mittelmäßigen Lebens zurückkehren –, oder wir können mit neuer Energie voranschreiten, um nach den reichhaltigen Möglichkeiten und endlosen Chancen zu suchen, die vielleicht hinter der nächsten Kurve auf uns warten. Alles, was wir brauchen, liegt innerhalb unserer Reichweite. Aber vergessen Sie nicht, dass Sie sich ein bisschen strecken müssen, um es zu bekommen …

Nancy und Dennis Freeze beispielsweise wurden immer unzufriedener mit ihren Jobs. Sie beschlossen, es sei Zeit, etwas mehr darüber zu lernen, wer sie waren und was sie vom Leben wollten. Sie dachten viel über ihre Prioritäten nach und waren sich über einige der wichtigsten Themen einig: Sie wollten mit Menschen arbeiten, an einem wunderschönen Ort leben und ihren Lebensunterhalt damit verdienen, dass sie andere bewirteten.

Um diese Ziele zu erreichen, mussten sie sich erheblich »strecken«: Erstens waren sie beide Ingenieure und hatten nur sehr bescheidene Erfahrungen im Umgang mit Menschen. Zweitens lebten sie im Zentrum einer großen Stadt und nicht in einer Gegend voller Gärten. Und drittens hatten sie so hart gearbeitet, dass ihnen wirklich nicht viel Zeit für die Bewirtung anderer Leute geblieben war. Wenn sie diesen Traum verwirklichen wollten, dann würden einige *größere* Veränderungen nötig sein.

Nachdem sie den in diesem Buch beschriebenen Strategien gefolgt waren und einiges an Brainstorming geleistet hatten, beschlossen Nancy und Dennis, ein Hotel garni an der kalifornischen Küste zu eröffnen. Gemeinsam mit ihrem Finanzberater stellten sie einen Fünfjahresplan zur Verwirklichung ihrer Träume auf. Nach viel Planung und Vorbereitung gaben sie die Sicherheit ihres festen Arbeitsplatzes und des städtischen Lebens auf und wagten den Sprung ins Ungewisse. Heute betreiben sie als Eigentümer das Agate Cove, ein sehr hübsches Hotel garni an der schönen Küste von Mendocino in Nordkalifornien.

Worum geht es im Kern bei dieser Geschichte? Wir können nicht zu unserem besten Selbst finden, solange wir nicht entdecken, wer wir wirklich sind – tief in unserem Inneren. Wenn Sie sich ein lebenswertes Leben wünschen, dann müssen Sie in dieses Leben investieren. Nichts bringt

Ihnen eine höhere Dividende als eine Investition in sich selbst.

Madame C.J. Walker

»Ich bin nicht erfolgreich geworden, indem ich einen Weg beschritten habe, der mit Rosen bestreut war. Ich habe große Opfer gebracht, immer wieder Rückschläge erlitten, und ich musste hart kämpfen, um meine Ideen umzusetzen.«

Das Leben hat es Madame C.J. Walker nicht leicht gemacht, Freude zu finden. Sie wurde 1867 als Kind befreiter Sklaven und Farmpächter im ländlichen Louisiana geboren. Mit sieben Jahren war sie Waise. Als Analphabetin blieb ihr nichts weiter übrig, als sechs Tage in der Woche Baumwolle zu pflücken und in den Häusern der Weißen zu kochen und zu putzen. Mit vierzehn war sie verheiratet, mit sechzehn Mutter und mit zwanzig Witwe – das Leben von Madame C.J. begann nicht gerade vielversprechend.

Aber trotz dieser Widrigkeiten wurde sie die erste Millionärin in den USA, die es schaffte, ihr Vermögen aus eigener Kraft zu erwirtschaften. Wie? Indem sie nach innen schaute, um zu entdecken, wer sie wirklich war, und indem sie beschloss, dass sie ihre Wurzeln überwinden konnte und würde, um ihre Träume zu verwirklichen. Kurz gesagt, indem sie ebenjene Kräfte anzapfte, die genau in diesem Moment auch in ihrem Inneren ruhten.

Nachdem ihr Mann gestorben war, begab sie sich auf der Suche nach Bildungs- und besseren Lebensmöglichkeiten zunächst einmal mit ihrer Tochter nach St. Louis, Missouri. Die erste Zeit als Wäscherin war ziemlich hart, aber dann erlebte sie einen Moment tiefer Einsicht. Wie sie es später in der *New York Times* beschrieb, war sie eine fünfunddreißig Jahre alte alleinerziehende Mutter und stand eines Morgens vor ihren »Waschwannen und einem Berg schmutziger Wäsche. Als ich mich über das Waschbrett bückte und auf meine Arme in der Seifenlauge blickte, sagte ich zu mir selbst: ›Was machst du, wenn du älter wirst und dein Rücken steif wird?‹ Aber so angestrengt ich auch überlegte, mir fiel kein Ausweg ein, mit dem ich arme Waschfrau meine Lage verbessern könnte.«

Doch sie blieb beharrlich. Es gab kein Zurück. Wie alle erfolgreichen Menschen nutzte sie eine Chance und setzte auf sich selbst. 1905 zog sie – mit nur einem Dollar und fünfzig Cent in der Tasche – nach Denver, wo sie damit begann, ein Produkt herzustellen und zu verkaufen, das die Haare afroamerikanischer Frauen stärkte und verschönerte. Aus diesen Anfängen baute sie schließlich eine nationale Verkaufsorganisation mit mehreren tausend Mitarbeitern auf. Erst als sie eine Chance nutzte, entdeckte sie, dass ihre Begabung nicht darin bestand, Wäsche zu waschen, sondern dass sie die Fähigkeit besaß, Frauen zu inspirieren, stolz auf sich selbst zu sein und sich einem Leben in den stereotypen Einschränkungen der damaligen Zeit zu verweigern.

Vor hundert Jahren gab es nur wenige Frauen – ganz zu schweigen von Frauen afroamerikanischer Abstammung –, die es wagten, allein zu reisen. Aber Madame C. J. war fast ständig unterwegs, um ihre Produkte überall im Land bekannt zu machen. Anfangs verkaufte sie ihre Waren an der Haustür, später verschickte sie die Mittel per Post, und schließlich wurden sie in Drogerien angeboten. Sie kümmerte sich unablässig um die Vermarktung.

Beharrlich verfolgte sie ihr Ziel – und immer wieder suchte sie nach neuen Möglichkeiten, ihr Geschäft zu optimieren. Ihr war klar: Wenn sie etwas aus sich machen wollte, dann musste sie sich schulen. Zwar verfügte sie über keine formale Bildung, aber das hielt sie nicht davon ab, Privatlehrer zu engagieren, mit deren Hilfe sie ihren Wortschatz und ihre Ausdrucksweise verbesserte und ihren Horizont erweiterte.

Gleichzeitig schuf sie Arbeitsplätze für Tausende schwarzer Verkäuferinnen, die sie nicht nur angemessen bezahlte, sondern denen sie auch dabei half, sich zu bilden. Zu diesem Zweck gründete sie philanthropische Organisationen und Stiftungen. Kurzum: Sie errichtete und betrieb ein Kosmetikimperium, das auf den höchsten Prinzipien basierte – eine Leistung, die niemand von ihr erwartet hätte, als sie eine kleine Waise war, die nicht einmal Schuhe besaß und in Louisiana Baumwolle pflückte. Ihre Reise von der Armut zum Reichtum, von der Unbekanntheit zum Ruhm und von der niedrigsten Tätigkeit zu einer führenden Kämpferin für Frauenrechte und ökonomische Freiheit war – gelinde gesagt – bemerkenswert.

»Beharrlichkeit ist mein Motto«, erklärte sie in einem Interview. »Beharrlichkeit verlegte das atlantische Kabel und sorgte dafür, dass wir telegrafieren, telefonieren und schließlich auch drahtlos kommunizieren können. Sie schenkte der Welt einen Abraham Lincoln und der schwarzen Rasse die Freiheit.«

In ihrer Entschlossenheit, ihren Traum zu verwirklichen, hat sie zahllose Hindernisse überwunden. Als sie 1919 starb, war sie, wie ihre Biographin Beverly Lowry bemerkte, »eine Ikone, eine Legende und ein Vorbild« geworden.

Auf der Suche nach der Wahrheit über uns selbst

Manchmal ist es schwierig, die Wahrheit über uns selbst zu erkennen, und noch schwerer, sie anzuerkennen. Allzu oft schließen wir die Augen und sehen nicht, womit wir gesegnet sind. Sehen wir beispielsweise die Ehefrau, die ihrem kranken Mann jahrzehntelang treu ist und ihn versorgt? Sehen wir die Eltern, die schuften, damit ihr Kind es einmal besser haben kann? Oder den Teenager, der sich bemüht, stark zu bleiben, auch wenn er in Versuchung gerät? Solche Heldentaten werden Stück für Stück und Tag für Tag vollbracht, sodass sie fast unbemerkt bleiben. »Mut äußert sich nicht immer in einem Brüllen«, schrieb Mary Anne R. Hershey. »Mut ist manchmal die leise Stimme, die am Ende eines Tages sagt: ›Ich werde es morgen wieder versuchen.‹«

Wir alle tragen in unserem Inneren eine Menge unerledigter Geschäfte wie irrationale Ängste, ungelöste Konflikte und offene Wunden mit uns herum. Deshalb stehen wir vor einer schwierigen, aber nicht unlösbaren Aufgabe: Wir müssen das finden, was das Beste in uns vergiftet, es laut beim Namen nennen, uns dazu bekennen und uns dann entscheiden, einen Weg des Lebens, Denkens und Handelns zu gehen, der uns wieder zu unserer Bestimmung führt.

Die Blindverkostung

Nur die ganze Wahrheit kann uns befreien. Aber wie entdecken wir die ganze Wahrheit? Wie finden wir heraus, welche Art von Person wir im Inneren unseres Kopfes und unseres Herzens aus uns gemacht haben?

Die meisten von uns könnten einen Zitrusbaum nicht vom anderen unterscheiden. Um den Unterschied zu erkennen, müssen wir einen Blick auf die Früchte werfen, und das gilt für Menschen genauso. Wie sieht *unsere* Frucht aus? Wie sehen die Muster der Worte und Taten aus, die tief aus unserem Inneren kommen – aus unserem inneren Selbst, an dem wir so viele Jahre gebaut haben?

Die Antwort finden wir nur, wenn wir unseren Worten sorgfältig zuhören und unsere Taten genau beobachten, damit wir lernen können, wer wir sind und was uns wirklich wichtig ist. So wie ein Zitronenbaum nicht so tun kann, als sei er ein Orangenbaum, können auch wir nicht verbergen, wer wir wirklich sind.

Ein gutes Glas Wein gehört zu meinen großen Leidenschaften. Von Zeit zu Zeit veranstalten meine Frau und ich Weinproben. Wir verdecken die Etiketten der Flaschen, gießen den Wein in nicht gekennzeichnete Gläser, lassen die Leute probieren und dann raten: welche Traubensorte, welche Region, welches Jahr und andere Eigenschaften. Ich frage mich oft, wie viele von uns in der Lage wären, sich selbst bei einer solchen Blindverkostung zu erkennen.

Von vielem wissen nur wenige Leute, warum sie tun, was sie gerade tun. Es ist so, als würden wir mit Höchstgeschwindigkeit und ohne Bremsen über die Autobahn des Lebens rasen. Straßenschilder und Gebäude fliegen vorbei, aber wir sehen nur wenig von der schönen Landschaft. Und auch wenn es uns gelingt, diese Autobahn zu verlassen, fällt nur wenigen Leuten gleich auf, dass viele Straßen, denen wir folgen, letztlich Sackgassen sind.

Wir verfangen uns in unserer geschäftigen Alltagsroutine und erkennen nicht, was wirklich wichtig ist. Nicht einmal wenn wir in die falsche Richtung fahren, bemerken wir, dass wir von unserem Weg abgekommen sind.

Nehmen Sie sich Zeit zum Zuhören

Was sollen wir also tun? Zunächst einmal können wir den Fernseher und die Stereoanlage, den Computer und das Handy ausschalten und uns einen ruhigen, friedlichen Platz suchen, an dem wir uns entspannen und einfach zuhören,

- was die Muster unseres Lebens uns sagen,
- was unsere Verletzungen und Ängste uns mitzuteilen versuchen,

- was unsere Sehnsüchte uns verraten,
- was die Stimme tief im Inneren unseres Herzens uns sagt.

Wenn wir bewusst und friedlich lauschen, dann wird jeder Moment wertvoll sein, weil wir jedem Augenblick unsere volle Aufmerksamkeit schenken. Das kann uns von unseren Ängsten und unserer Einsamkeit, unserer Orientierungslosigkeit, unserer inneren Verkümmerung und unserer Selbsttäuschung befreien.

Offenbarung Stufe für Stufe

Was manche Motivationsgurus Ihnen auch sagen mögen, es ist nicht möglich, sich dem »wahren Ich« in ein paar Minuten oder auch an einem Nachmittag zu stellen. Um ein klares Bild zu erhalten, brauchen wir Hingabe, Zeit, Konzentration und hinreichend Geduld. Wie ein spannendes Geheimnis offenbart sich die Wahrheit stufenweise. Manche brauchen dafür einige Wochen, andere Monate oder sogar Jahre.

Wenn wir Erfolg haben wollen, müssen wir fragen: Wohin versucht mich mein Herz – nicht mein Kopf – zu führen? Diese Frage lässt sich nicht leicht beantworten, weil die Arbeit unseres »Herzens« unsichtbar ist. Aber es hinterlässt eine verräterische Spur. Diese zeigt sich in Mustern – den Mustern unserer Entscheidungen: Wie reagieren wir auf Risiken, auf Herausforderungen, auf einen Konflikt? Wie gehen wir mit anderen Menschen um? Sind wir

Gebende oder Nehmende oder eine gesunde Mischung aus beidem? Bleiben wir auf unserem Weg oder weichen wir immer wieder davon ab? Bestehen wir darauf, allein zu gehen, oder versuchen wir, andere mitzunehmen?

Wie schon gesagt wurde, brauchen wir Mut und Zeit, um uns diese großen Muster anzuschauen, denn einige von ihnen sind nicht besonders schön. Manche rufen: »Vorsicht! Du solltest dich lieber ändern!« Diese Muster halten auch gute Nachrichten bereit, aber die schönen Seiten unserer selbst zu sehen und anzunehmen bereitet uns genauso viele Probleme, wie die hässlichen wahrzunehmen.

Im Laufe der Jahre verändert sich unsere Aufgabe oder Mission zwangsläufig, manchmal sogar drastisch. Aber auch wenn sich unser Lebenswerk wieder und wieder modifiziert, besteht es doch immer aus zweierlei: dem Inneren und dem Äußeren – uns selbst und der Welt in unserem äußeren Umfeld.

Ist Ihnen bewusst, worin Ihre Aufgabe an diesem Punkt Ihres Lebens besteht? Erfüllen Sie diese Aufgabe? Bereiten Sie sich auf die Gelegenheiten vor, die Ihnen begegnen werden? Haben Sie Ihre Begabung entdeckt? Nutzen Sie dieses Talent, um Ihre Leidenschaft und Mission im Leben zu verfolgen? Natürlich sind diese Fragen sehr schwer zu beantworten. Aber ihre Bedeutung kann kaum überschätzt werden, und deshalb müssen wir uns Zeit nehmen, um darüber nachzudenken.

Die Ernte, die Gott jedem von uns verspricht, ist reich und üppig. Wir sollen jetzt ein glückliches Leben führen, nicht später. Damit das geschehen kann, müssen wir einige Veränderungen vornehmen. Aber welche das sein sollen, werden wir nie erfahren, wenn wir nicht wissen, wer wir wirklich sind. Und die einzige Möglichkeit, das zu entdecken, besteht darin, dass wir uns von außen betrachten und sorgfältig zuhören.

Weise Worte

Das Ohr ist die Straße zum Herzen.

Voltaire

Inspiration zur Erinnerung

Madame C. J. Walker

Frage zum Nachdenken

In welche Richtung will Ihr Herz – nicht Ihr Kopf – Sie führen?

7. Was ein Facelifting nicht verbergen kann

Ein Leben ohne Selbstprüfung
ist nicht lebenswert.
Plato

Ich weiß, dass du das gern willst«, sagte ein Mann ernst in sein Handy, während er zwischen vielen anderen Leuten über den Gehweg schlenderte. »Aber ich finde Tattoos nicht gut. Dasselbe gilt auch für Piercings. Und ich denke, solange du die Füße unter meinen Tisch stellst, solltest du meine Wünsche respektieren.«

Die Passanten lächelten und nickten einander zu, während sie stillschweigend der Standhaftigkeit des Mannes Beifall spendeten. Doch dann schockierte er sie mit folgendem Schluss: »Du brauchst kein Tattoo. Und außerdem bist du mit siebenundfünfzig viel zu alt dafür, *Mutter*!«

Welch eine Identitätskrise!

Haben wir das nicht alle schon erlebt? Haben wir uns nicht alle schon einmal verwirrt gefragt, wer wir sind und wohin wir gehen? Im Grunde erleben wir alle Identitätskrisen – wenn sich unsere Situation verändert, aber unsere Wahrnehmung hinterherhinkt –, ohne es überhaupt zu bemerken.

Bei Kindern spricht man von Entwicklungsphasen, aber

in Wirklichkeit handelt es sich um Identitätskrisen. Ihre erste haben Sie erlebt, als Sie vom Baby zum Kleinkind heranwuchsen. Was man Ihnen früher durchgehen ließ, zog jetzt nicht mehr. Mit jedem weiteren Monat veränderte sich Ihre Welt, während Sie sich weiterentwickelten. Das waren keine bequemen Übergänge, aber Sie haben es geschafft.

Ihre zweite Identitätskrise trat wahrscheinlich auf, als Sie zum ersten Mal für eine längere Zeit von Ihren Eltern getrennt waren. Vielleicht gab es auch eine beim Schulwechsel, als Sie gezwungen waren, neue Freundschaften zu schließen. Das alte soziale Umfeld, das Ihnen eine Identität verliehen hatte, war verschwunden. Und wer waren Sie jetzt?

Dann folgte der Schulabschluss und Ihr Eintritt in die »wirkliche Welt« – schließlich die Ehe, Kinder, der Verlust eines geliebten Menschen, das Zerbrechen einer Beziehung, der vierzigste Geburtstag! Und so geht die Liste immer weiter …

Irgendwann, so die Konvention, sind wir mit dem Erwachsenwerden am Ende des Weges angekommen und wachsen nicht mehr weiter. Unsere Evolution ist angeblich vollendet. Es sei sinnlos, wenn wir danach noch versuchten, unser Image zu ändern, eine Karriere abzubrechen, die uns nicht mehr verlockend erscheint, neue Freundschaften zu schließen oder neue Erfahrungen zu machen.

Lassen Sie sich das nicht einreden. Solange wir leben, müssen wir wachsen, uns verändern, neue Erfahrungen machen und uns persönlich weiterentwickeln. Genau das macht das Leben so reich und erfüllend!

Identitätskrisen sollten gefeiert werden

Identitätskrisen sollten keine Zeit der Verzweiflung sein, sondern ein Grund zum Feiern. Eine Identitätskrise durchzumachen bedeutet, dass Sie – Ihr wahres Selbst – es leid sind, eine Lüge zu leben, und Ihr Leben wieder in die richtige Richtung lenken wollen, zurück auf den Weg, auf dem Sie Ihre wahre Bestimmung entdecken können. Es bedeutet, dass ein Kapitel Ihres Lebens vor dem Ende steht, während ein anderes Kapitel – ein sehr viel größeres und besseres – gerade beginnt.

Sie sind mit zwanzig Jahren nicht dieselbe Person, die Sie mit zehn waren oder mit dreißig sein werden. Warum sollten Sie also mit vierzig, fünfzig oder sechzig derselbe Mensch bleiben? Für alle Lebewesen gibt es nur zwei natürliche Zustände: wachsen oder sterben. Dieses Naturgesetz gilt für Menschen genauso wie für Pflanzen und Tiere.

Wenn viele von uns offenbar unter einer permanenten Identitätskrise leiden, dann hat das unter anderem damit zu tun, dass wir uns nicht die Zeit genommen haben, zu entdecken, wer wir *wirklich* sind. Wir halten nie lange genug inne, um darüber nachzudenken, was wir tatsächlich vom Leben wollen. Wir definieren nie, was ein »erfolgreiches« Dasein für uns bedeutet.

Wohl kaum jemand würde in einem Wettrennen starten, ohne zu wissen, wo sich die Ziellinie befindet. Aber die meisten rennen im dichten Nebel durchs Leben ohne die geringste Ahnung, wohin ihr Weg sie führt.

Amy Tan

»Schreiben ist ein außerordentliches Privileg, aber es ist auch ein Geschenk. Es ist ein Geschenk für einen selbst, und es ist ein Geschenk, wenn man jemandem eine Geschichte erzählt.«

An die Schriftstellerin Amy Tan *(Töchter des Himmels)* wurden immer hohe Erwartungen gestellt. Manchmal gehorchte sie den Vorschriften anderer, zuweilen wehrte sie sich dagegen. Aber erst als sie entdeckt hatte, wer sie wirklich war, ereignete sich Großes.

Ihre Eltern waren strenge chinesische Immigranten, die von der Tochter schon im Kindergarten immer nur Höchstleistungen erwartet hatten. Der Druck, überall die Beste sein – und gehorchen – zu müssen, war enorm. Die Eltern sagten Amy, sie würde Ärztin werden und in ihrer Freizeit eine Konzertpianistin sein. Tief in ihrem Inneren hatte sie sich jedoch immer gewünscht, Künstlerin zu werden. Leider hatte man ihr beigebracht, Kunst mit Spielen gleichzusetzen, und Spielen war für ihre Eltern nicht akzeptabel. Abgesehen davon bezweifelte sie, dass ein Künstler genug Geld verdienen konnte, um nach den Standards ihrer Eltern als »erfolgreich« zu gelten.

Während der Grade-School-Zeit durfte Amy Tan ein ganzes Jahr ihren eigenen Interessen nachgehen, weil sie ihre Lektionen schneller als die anderen Schüler gelernt hatte. Während dieses Jahres ließ ihr Lehrer sie Stunde um

Stunde Bilder malen. »Das war eine wunderbare Zeit. Ich bin zwar keine Künstlerin geworden, aber man ließ mich etwas tun, was ich wirklich gern machte. Was für ein Vergnügen!«

Als sie sechzehn war, starben ihr Vater und ihr Bruder plötzlich, und Amy Tan rebellierte gegen ihre kontrollierende Mutter. »Ich explodierte zu einem wilden Geschöpf«, erinnerte sie sich in einem Fernsehinterview. »Ich kürzte meine Röcke. Ich schminkte mich. Ich hing mit Hippies rum.«

Aus dem Mädchen, das jeden Tag in die Kirche gegangen war, wurde eines, das rauchte, trank und in der Drogenszene herumhing. Sie wurde verhaftet, und zum besonderen Leidwesen ihrer Mutter ließ sie sich mit einem sehr viel älteren Mann ein, der einen schlechten Ruf hatte. In dieser Phase ihres Lebens schämte sie sich ihrer chinesischen Herkunft. Rückblickend sagte sie: »Das war ein Augenblick, in dem ich überzeugt war, mein Leben sei vorbei. Ich glaube, ich verstehe Kinder, die ein paar Fehler gemacht haben. Sie zimmern sich ihr Selbstbild aus dem, was alle anderen über sie sagen.«

Die Konflikte mit ihrer Mutter eskalierten so weit, dass Amy Tan ihr Leben buchstäblich zum Erbrechen fand. Sie hatte Anfälle, bei denen sie trocken würgte, und die Schmerzen waren so schlimm, dass sie dachte, sie müsse sterben. Es war eine turbulente Zeit. Sie durchlebte eine ernsthafte Identitätskrise.

Abrupt verließ sie das Baptisten-College, das ihre Mutter für sie ausgewählt hatte, und weigerte sich, weiter die Vorbereitungskurse für das Medizinstudium zu besuchen, wie ihre Mutter es verlangt hatte. Stattdessen schrieb sie sich an der San Jose State University ein, legte das Bachelor-Examen in Englisch und Linguistik ab und schloss ein Promotionsstudium an. Sie wurde Mitbegründerin einer PR-Firma und erstellte Werbematerial für verschiedene Unternehmen. Sie arbeitete an dicken Wälzern, die man im Grunde vergessen kann, beispielsweise *Telecommunications and You*, ein Buch, das sie unter einem nicht chinesisch klingenden Pseudonym schrieb.

Nach einem Streit mit ihrem Geschäftspartner stellte sie sich als freie Autorin auf eigene Füße, und damit begann eine neue Phase ihrer Entwicklung. Aber neunzig Stunden Arbeit pro Woche ließen sie bald an ihre Grenzen stoßen. »Ich hatte keine Zeit zu schlafen. Ich hatte kein Leben … Und ich konnte nicht verstehen, wieso ich trotz aller wunderbarer Klienten und trotz des vielen Geldes, das ich verdiente, nicht glücklich war und mich nicht erfolgreich fühlte.«

Mit dreiunddreißig Jahren begann sie – ausschließlich als Hobby –, Belletristik zu schreiben. Das sollte sich später als weitere entscheidende Wende erweisen bei ihrer Suche danach, wer sie *wirklich* war. Sie unternahm mit ihrer Mutter eine Reise nach China, auf der ihr chinesisches Erbe für sie zum ersten Mal real wurde. »Diese Reise war ungeheuer wichtig«, sagte sie, weil »plötzlich die Landschaft, die Geographie und die Geschichte eine Bedeutung für mich hatten. Ich hätte die *Töchter des Himmels* nicht schreiben können, ohne dort gewesen zu sein, ohne dieses spirituelle Gefühl für die Geographie empfunden zu haben.« Sie lernte auch, sich selbst und ihrer Mutter zu vergeben.

Es war nicht so, dass nach dieser Reise alles glattgegangen wäre. Ihren zweiten Roman begann sie siebenmal und warf jede Fassung wieder weg. Sie musste sehr tief graben, um Antworten auf die quälenden Fragen zu finden: Was ist wichtig? Warum bin ich Schriftstellerin? Was habe ich gelernt?

Sie musste definieren, was für sie die größte Bedeutung hatte. »Es begann mit der Familie. Es begann damit, dass ich mich selbst kennenlernte, dass ich wusste, was ich als dauerhafte Werte in meinem Leben haben wollte: Vertrauen, Liebe, Freundlichkeit, ein Gefühl der Wertschätzung, Dankbarkeit.«

Inzwischen hat sie einige weitere sehr erfolgreiche Romane, aber auch viele Artikel in Zeitungen und Magazinen sowie zwei Kinderbücher geschrieben. Und als ob das noch nicht reichen würde, tritt sie sogar als Leadsängerin mit einer Rockband auf, die sich »Rock Bottom Remainders« nennt.

Wenn Amy Tan heute auf ihr Leben zurückschaut, dann erkennt sie, wie wichtig es war, ihre eigene Philosophie zu entwickeln. »Niemand kann einem sagen, was das ist. Es ist ganz und gar individuell, und man legt die Dinge in den Korb, die man will: die Fragen, die einen bewegen, und das, was einem wichtig ist, die Werte, Ideen und Emotionen. Von Zeit zu Zeit schaut man sich den Korb an, um zu sehen, ob alles gleich geblieben ist oder ob sich etwas verändert. Das ist eine wunderbare Art, das Leben zu beobachten, weil sich so vieles nicht einfach schrittweise vollzieht, sondern damit zusammenhängt, was man über sich selbst und die Menschen in seinem Umfeld und die Beziehungen zu ihnen entdeckt.«

Sich der eigenen Blindheit stellen

Wie Amy Tan entdeckt hat, sind wir oft blind gegenüber offensichtlichen Fakten und leugnen, dass irgendetwas in unserem Inneren zerbrochen ist oder sich auch nur verschoben hat. Das bringt uns in erhebliche Schwierigkeiten. Es vergräbt unsere wahre Identität und unsere Begabung unter einem Haufen von altem Müll. Es zwingt uns weg von unserer Bestimmung und hindert uns daran, das zu erfahren, was das Leben zu bieten hat.

Warum sind wir vielem gegenüber so blind? Zum Teil hat es mit Furcht zu tun. Es gibt kein Laster, keine Sünde und keinen Fehler, dessen ursprüngliche Quelle nicht Furcht ist. Die Furcht verleitet uns dazu, uns selbst zu zerstören, während wir uns einreden, wir würden uns selbst retten. Sie macht uns blind für die Wahrheit.

Ein Teil unseres Problems hängt jedoch auch mit unserem gesellschaftlichen Hintergrund zusammen. Man vermittelt uns, es sei zwecklos, dass wir uns jeden Tag Zeit dafür nehmen, uns daran zu erinnern, wer wir sind – uns selbst und das Leben, das wir uns geschaffen haben, zu betrachten –, was gut und was weniger gut daran ist. »Verschwende nicht deine Zeit«, scheint unsere Kultur zu sagen. Also bleiben wir blind und stets beschäftigt und fragen uns, warum das Leben nie besser wird.

Aber als Folge ebendieser Blindheit

- versäumen wir es, auf unsere innere Stimme zu hören, und weigern uns, zur Kenntnis zu nehmen, dass unser Leben die Richtung verloren hat,
- leiden wir unter nicht verheilten und oft nicht benannten Wunden, denen wir keine Aufmerksamkeit geschenkt haben,
- werden wir innerlich leer und finden unser Leben langweilig, weil wir damit aufgehört haben, zu träumen, uns Herausforderungen zu stellen und zu wachsen.

Es ist wichtig, dass wir zuhören, was unsere Probleme uns sagen wollen. Wir müssen uns die Zeit nehmen, tief in unser Inneres zu schauen, die Wunden zu sehen, die dort vielleicht seit unserer Kindheit schwären, sie laut beim Namen zu nennen, sie als unsere eigenen anzunehmen und uns dann mutig mit ihnen auseinanderzusetzen.

Unser wahres Ich kennen

Die meisten Menschen leiden, weil sie sich selbst darauf trainiert haben, nach Dingen zu suchen, die ihnen *fehlen* – statt nach all den wunderbaren Gaben, die sie schon *besitzen*. Indem wir uns die falsche Frage stellen – »Was könnte ich kaufen, um mich vollständig zu fühlen?« –, konzentrieren wir uns auf das, was in unserem Leben fehlt, und das versetzt uns in einen permanenten Zustand des Mangels.

»Leider/Gott sei Dank« gibt es keine Abkürzung zur Ganzheit, keine einfache Formel, nach der sich ein lebenswertes Leben aufbauen ließe. Aber wenn Sie anfangen, klar zu sehen – mit Kopf und Herz –, dann wird sich Ihr wahres Ich langsam offenbaren. Sie werden die fehlenden Stücke finden, von denen Sie nie wussten, dass sie überhaupt existieren. Sie entdecken neue Leidenschaften, Interessen, Reize und neue Energie.

Weise Worte

Selbsterkenntnis ist der erste Schritt zur Besserung.

Sprichwort

Inspiration zur Erinnerung

Amy Tan

Frage zum Nachdenken

Wenn es Ihnen gleichgültig wäre, was andere von Ihnen denken, wer wären Sie dann? Was würden Sie tun? Wo arbeiten? Wo leben? Wen lieben …?

8. Entdecken Sie Ihre Begabung

Gestern ist Geschichte.
Morgen ist ein Geheimnis.
Die Gegenwart, das Heute,
ist ein Präsent – sie wird ja
auch als »Präsens« bezeichnet …
Anonym

Eines Nachts träumte einer Frau, sie würde in einen neuen Laden gehen und zu ihrer großen Überraschung feststellen, dass Gott hinter der Theke stand. Sie fragte ihn: »Was verkaufst du hier?«

»Alles, was dein Herz begehrt«, antwortete Gott.

»Wow!«, dachte sie. »Das ist unglaublich. Gott sagt mir, ich kann alles haben, was ich will.« Rasch antwortete sie: »Ich möchte inneren Frieden, Liebe und Glück. Ich möchte eine hübsche Figur. Und ich möchte reich sein!« Und um nicht lieblos zu wirken, fügte sie hinzu: »Und nicht nur für mich, sondern für *alle Menschen.*«

Gott lächelte und antwortete: »Ich glaube, du hast mich missverstanden, meine Liebe. Wir verkaufen hier nicht die *Früchte*, sondern nur die *Samen.*«

Aha! Es gibt doch bei jeder Sache einen Haken, oder?

Wir sind gesegnet mit guten Anlagen für ein ganzes

Leben, in denen das Potenzial für Außergewöhnliches liegt. Das Problem ist, dass einige von uns keine Samen wollen. Wir möchten einen voll ausgewachsenen Baum mit reifen Früchten, denn wir haben keine Lust, auf die Ernte zu warten – wir wollen sie *jetzt*! Also machen sich einige von uns auf den Weg und kaufen einen ausgewachsenen Baum. Sie pflanzen ihn in schlechte, unfruchtbare Erde und geben ihm nicht genug Wasser oder Sonnenlicht. Anschließend wundern wir uns, warum wir nur selten Gelegenheit haben, seine Früchte zu genießen, und schon gar nicht dazu kommen, sie mit unseren Freunden zu teilen.

Andere streuen nur einige wenige Samen aus und lassen den Rest fest verschlossen in der kleinen Tüte. Schlimmer noch, wenn ihre Reise eine unerwartete Wendung nimmt, wie es oft geschieht, stehen sie unversehens auf der Verliererseite, weil sie nur einen Teil ihrer selbst entwickelt und lediglich einen kleinen Teil ihrer Samen gepflegt haben.

Wenn Sie das bezweifeln, dann fragen Sie Leute, die vor kurzer Zeit in den Ruhestand gegangen sind, ihren Lebenspartner verloren oder als Mütter erlebt haben, wie ihr jüngstes Kind das Haus verließ. Fragen Sie fast jeden Abiturienten oder Universitätsabgänger. Fragen Sie den brillanten Rechtsanwalt, dessen Ehe gerade zerbrochen ist, oder den genialen Musiker, dessen Kinder »missraten« sind. Das Muster ist immer dasselbe: Einige ihrer Begabungen wurden gut entwickelt, aber der Rest blieb »in der Packung«, ungesehen und unberührt. Und die Folgen sind Traurigkeit, Schmerz und ein eingeschränktes Leben voller Bedauern.

Vielleicht sind einige von uns wie der kleine Adler, der aus dem Nest fiel und mit einer Schar Küken aufgezogen wurde. Er hat nie gelernt, wer er wirklich war und zu welchen Leistungen er fähig gewesen wäre; folglich konnte er nie seine Begabungen entdecken. Er verbrachte den Rest seines Lebens hoffnungslos in der Falle, wo er in einem schmutzigen Käfig zwischen einer Hühnerschar herumhüpfte, statt mit den Adlern seine Kreise am wilden blauen Himmel zu ziehen.

Wie der Adler erkennen auch wir vielleicht nicht unser ungenutztes Potenzial. Statt uns die Zeit für die Entdeckung unserer Begabungen zu nehmen, unterwerfen wir uns dem äußeren Druck, »etwas zu tun« – uns für ein Hauptfach, eine Karriere oder einen Partner zu entscheiden. Wir schließen die Augen, kämpfen uns voran, und einige unserer besten Gaben bleiben weiter in der Verpackung zurück.

Uns allen sind reichlich Begabungen für jede Phase unseres Lebens mitgegeben worden. Es ist unsere Aufgabe, uns gegenseitig beim Erkennen, bei der Entwicklung und Umsetzung dieser Anlagen zu helfen.

Einige Leute entdecken ihre Begabungen früher, andere später, und manche entdecken sie nie. Aber jeder Mensch wird mit mindestens *einer* Begabung geboren. Für die Glücklichen unter uns liegt sie zu ihren Füßen wie ein Glückspfennig, den man nur aufheben muss. Für die große Mehrheit ist es jedoch nicht so einfach, ihre Begabung zu finden. Wir müssen sie suchen, danach graben und darum kämpfen, sie zu finden.

Die Uhr tickt

Ein Frosch fühlte sich ziemlich niedergeschlagen, und so begab er sich zu einem Artgenossen, der die Zukunft vorhersagen konnte, und hoffte auf gute Neuigkeiten.

»Fröschlein«, erklärte der Wahrsager, »du wirst bald eine wunderschöne junge Frau treffen, die alles über dich wissen will.«

»Das ist großartig!«, rief der Frosch aus. »Wo werde ich sie treffen – auf einer Party, in einer Bar oder unten am Teich?«

»Im Biologieunterricht«, antwortete der Wahrsager.

Hoppla! Die Uhr tickt für diesen kleinen Frosch. Aber im Grunde tickt sie für alle von uns. Weil unsere Begabungen immer vorhanden waren, betrachten wir sie oft als selbstverständlich und halten sie für unser Eigentum, statt sie als Leihgabe zu sehen. Das führt zu einer fatalen Illusion: Wir denken, wir hätten unbegrenzt Zeit und könnten es uns leisten, herumzutrödeln und unsere Begabungen brachliegen zu lassen.

Aber die Zeit, sie zu entdecken, ist jetzt. Die Tatsache, wer wir sind und zu welchen Leistungen wir fähig sind, entgeht uns viel zu oft. Unsere Begabungen dümpeln vor sich hin, und uns selbst scheint es genauso zu gehen. Aber wenn wir sie nicht entdecken, ist es unmöglich, die höchste Ebene des Lebens zu erfahren.

Lance Armstrong

»Ich war entschlossen, etwas zu finden,
was ich gut konnte.«

Wer ist Lance Armstrong? Viele Leute wissen, dass er ein in Texas geborener Radrennfahrer ist, der gegen den Krebs kämpfte und ihn besiegte – und der siebenmal die Tour de France gewann, das wohl anstrengendste Sportereignis der Welt. Als Weltmeister, zweifacher Olympiasieger, Philanthrop und Vorbild ist Armstrong einer der am meisten gefeierten und charismatischsten Sportler in den USA.

Aber nur wenige wissen, wie hart er daran arbeiten musste, seine Nische zu finden. Als Junge im footballverrückten texanischen Plano entdeckte Armstrong schnell, dass er bei diesem Spiel miserabel war. »Immer wenn es darauf ankam, mich von einer Seite zur anderen zu bewegen oder Hände und Augen zu koordinieren – eigentlich immer dann, wenn ich mit einem Ball umgehen sollte –, war ich nicht gut«, schrieb er in seinem Buch *It's Not About the Bike* (deutsch: *Tour des Lebens*).

Doch der Zwölfjährige war entschlossen, *irgendetwas* zu finden, womit er erfolgreich sein konnte. Er versuchte es mit Schwimmen, aber nachdem der Trainer beobachtet hatte, wie Armstrong im Wasser herumpaddelte und einige Male fast ertrunken wäre, musste er ihn notgedrungen in eine Gruppe von Siebenjährigen stecken. Das war dem Jungen zwar peinlich, aber er gab nicht auf. Kopfüber stürzte er sich ins Wasser und drosch wild um sich. Am Ende seines ersten Jahres war er Vierter der texanischen Meisterschaften über fünfzehnhundert Meter Freistil.

Immer extrem wettbewerbsorientiert, begann er, mit dem Fahrrad zehn Meilen zur Schule zu fahren, um an einem frühen Schwimmtraining teilnehmen zu können, und nach dem Unterricht blieb er für eine weitere Trainingseinheit. Er legte täglich neun Kilometer im Wasser und über dreißig Kilometer auf dem Fahrrad zurück. Mit dreizehn sah er ein Flugblatt für ein Junior-Triathlon – Schwimmen, Radfahren, Laufen –, das ihm damals nicht sonderlich bedeutsam erschien. Er hatte keine Ahnung, dass dieses Flugblatt sich als unglaublich wichtiger Hinweis auf seine Zukunft erweisen und ihn letztlich zu seiner Begabung, seiner Leidenschaft und seiner Bestimmung führen würde. Er hatte noch nie zuvor etwas von Triathlon gehört, aber er wusste, dass er gut schwimmen und Rad fahren konnte, und so meldete er sich an – und gewann den Wettbewerb zur Überraschung aller!

»Obwohl ich als Schwimmer einer der führenden Junioren war«, so erinnerte er sich, »war ich doch nie der absolut Beste gewesen. Aber im Triathlon war ich besser als jeder andere Jugendliche in Plano – ja, sogar in ganz Texas. Ich genoss dieses Gefühl.« Er hatte seine Mission noch nicht entdeckt, aber er war ihr definitiv nahe gekommen.

Mit sechzehn Jahren wurde er ein professioneller Triathlet. Zu diesem Zeitpunkt besuchte er die Oberstufe der

Highschool, sein Adressbuch war gefüllt mit potenziellen Sponsoren, die ihn als Radrennfahrer unterstützen würden, und er stand am Beginn einer Karriere, die rasch alles andere in seinem Leben ersetzen würde.

Armstrong bleibt dabei, dass er der »geborene Radrennfahrer« ist. Das stimmt ohne jeden Zweifel. Aber hätte er zugelassen, dass seine Misserfolge beim Football ihn entmutigten, und hätte er nicht so intensiv als Schwimmer trainiert, dann wäre er nie zum Triathlon gekommen, er hätte nie seine Begabung entdeckt und wäre nicht *der* weltweit beste Radrennfahrer aller Zeiten geworden!

Dass er trotz seiner Rückschläge beim Sport blieb, sorgte dafür, dass er sich stets seiner Leidenschaft für herausragende athletische Leistungen bewusst war. Nach viel harter Arbeit und zahlreichen Opfern gelang ihm von jener Position aus der Weg zur Spitze.

Wie Sie Ihre Begabung entdecken

In diesem Kapitel finden Sie verschiedene Strategien, mit denen Sie Ihre Begabung entdecken können. Sie werden sehen, dass ich Ihnen nicht zu einer radikalen Veränderung Ihres Lebens rate. Um Ihre Begabung zu finden, brauchen Sie Ihrem Chef nicht zu sagen, dass er Ihnen den Buckel runterrutschen soll, Sie brauchen sich nicht scheiden zu lassen oder Ihren gesamten Besitz zu verkaufen, Sie müssen sich weder den Kopf rasieren noch irgendeiner Sekte beitreten. In dieser Phase will ich Sie lediglich ermutigen, Ihre Lebensmuster zu analysieren, auf Ihre innere Stimme zu hören und einige kleinere Kurskorrekturen auf dem Weg vorzunehmen.

Was nun folgt, ist eine Einführung in ein umfassendes System, das ich entwickelt habe. Es wird Ihnen helfen, Ihre Begabung, Ihre Leidenschaft und Ihr Lebensziel zu entdecken. (Weitere Informationen finden Sie unter www.borntobe.com [auf Englisch].) Solange Sie sich hundertprozentig einsetzen und dabei bleiben, garantiere ich Ihnen, dass Sie die Ergebnisse finden werden, nach denen Sie suchen:

- *Erzeugen Sie eine Hebelwirkung.* Entwickeln Sie entweder ein *brennendes Verlangen* oder eine *quälende Unzufriedenheit.*
- *Werden Sie neugierig.* Setzen Sie Ihre Vorstellungskraft ein, um interessante Ideen zu entwickeln.
- *Begeben Sie sich in das Umfeld.* Setzen Sie sich neuen Erfahrungen aus und entwickeln Sie neue Interessen.
- *Machen Sie sich auf den Weg.* Praktizieren Sie, bleiben Sie beharrlich und üben Sie sich in Geduld.

Erzeugen Sie eine Hebelwirkung

Um unsere begrenzenden Lebensmuster zu verändern und unsere Begabungen zu entdecken, müssen wir erst einmal eine starke Hebelwirkung erzeugen, damit wir das schwere Gewicht anheben können. Wir erzeugen eine Hebelwirkung, indem wir ein brennendes Verlangen entwickeln, etwas Erstrebenswertes zu erreichen, beziehungsweise indem wir eine quälende Unzufriedenheit spüren und etwas Schlimmes vermeiden wollen. Oder wie Thomas Edison es sagte: »Ratlosigkeit und Unzufriedenheit sind die ersten Vorbedingungen des Fortschritts.«

Wenn wir einfach nur »per Autopilot« durchs Leben treiben und unsere Situation nicht so besonders gut, aber auch nicht so besonders schlecht ist, dann stecken wir hilflos im neutralen Bereich fest und sind unfähig, uns wirklich zu bewegen. Solange wir in unserer »Komfortzone« dahindümpeln, wird sich nichts verändern, gleich, wie sehr wir uns eine solche Veränderung herbeiwünschen. Beim Training für professionelle Verkäufer lehre ich als einen der ersten Grundsätze: Wenn der potenzielle Käufer sich nicht in einem »Schmerzzustand« (Unzufriedenheit) oder in einem Zustand der »Begehrlichkeit« (Verlangen) befindet, dann wird er einfach nichts kaufen, wie überzeugend das Angebot auch sein mag. Dasselbe gilt für uns und unsere Lebensziele. Auf die Gefahr hin, dass ich mich wiederhole: Wir müssen entweder voller Energie, Begeisterung und Erregung auf etwas *zu*- oder mit derselben Kraft vor etwas *weg*laufen.

Um eine Hebelkraft zu erzeugen, müssen Sie von dem, was Sie wollen, vierundzwanzig Stunden am Tag und sieben Tage in der Woche träumen, bis Ihre Vision allmählich Form annimmt. Sobald Sie entdeckt haben, dass der Ort, an dem Sie sich befinden, nicht der Ort ist, an dem Sie sein wollen, wird eine Veränderung die einzige Option sein.

Werden Sie neugierig

Was wollen Sie *wirklich* vom Leben? Ich rede nicht von mehr oder weniger Belanglosem, was Sie gern hätten. Ich meine dieses tief im Inneren brennende Verlangen. Es ist offensichtlich: Um das zu bekommen, was wir vom Leben wollen, müssen wir erst einmal wissen, was es überhaupt ist. Aber neun von zehn Leuten haben nicht die geringste Vorstellung davon, wonach sie suchen. Einige können es vielleicht grob und vage beschreiben, aber das ist dann auch schon alles. Und weil sie nie wirklich wissen, wonach sie suchen, scheinen sie es auch nie zu finden. Hmm ... ein merkwürdiger Zusammenhang, nicht wahr?

Auf die Frage, warum sie nicht wissen, was sie wollen, antworten die meisten Menschen: »Ich habe einfach zu viel zu tun.« *Hallo?* Wir reden hier nicht über irgendeine Nebensächlichkeit, sondern über unser Leben! Und egal, wie beschäftigt wir sind, in Wirklichkeit haben wir *immer* genug freie Zeit. Es heißt, »Otto Normalverbraucher« habe jährlich etwa dreitausend Stunden zur freien Verfügung. Warum widmen wir davon nicht dreißig Minuten am Tag einer Gedankenübung und erstellen eine Liste mit spannenden Ideen, über die es sich nachzudenken lohnt? Wenn Sie täglich nur eine neue Idee haben, dann sind das schon dreißig pro Monat. Listen Sie sie in der Reihenfolge ihrer Attraktivität auf und werden Sie aktiv! Wovon träumen Sie? Wollen Sie in einem anderen Land leben? Wollen Sie sich beruflich selbständig machen? Ein Buch schreiben? Um die Welt reisen? Eine Familie gründen? Es gibt so viele Möglichkeiten. Sobald Sie angefangen haben, wird die wichtigste Herausforderung darin bestehen, herauszufinden, welche dieser Möglichkeiten Sie verfolgen wollen.

Wir alle können etwas vom großen Leonardo da Vinci lernen. Auch er wurde nicht mit einem neugierigen Geist geboren – so wie Sie und ich musste er seine Vorstellungskraft erst kultivieren. Da Vinci war Maler, Bildhauer, Ingenieur, Musiker, Architekt, Erfinder, Botaniker, Schriftsteller und Wissenschaftler. Er war schließlich doch viel zu neugierig, um sich auf eine Disziplin zu beschränken.

Alle seine Erfolge haben als Idee begonnen. Unsere Herausforderung besteht darin, unsere Kreativität zu nutzen, um eigene Ideen zu entwickeln.

Begeben Sie sich in das Umfeld

Sie haben sicher auch schon festgestellt, dass einigen unglaublich talentierten Zeitgenossen die Orientierung fehlt, sodass sie im Leben kein Ziel erreichen, während andere mit nicht annähernd so viel Talent oder Fähigkeiten anscheinend sehr viel weiter kommen. Das hängt damit zusammen, dass die weniger Begabten sich zumindest für eine Richtung entschieden und sich um ihr Fortkommen gekümmert haben.

Sie verfügen über eine einzigartige Begabung, welche die Berufung in Ihrem Leben bestimmen kann – Ihr Lebenswerk. Sie müssen lediglich herausfinden, was es ist, und dann mit Leidenschaft daran arbeiten.

Hier ist das Geheimnis: *Sie müssen Ihr Ziel nicht auf der Stelle finden – nur allgemein »in seine Nähe, in sein Umfeld kommen«*. Diese Strategie klingt vielleicht nicht revolutionär, aber es hat mich viele Sackgassen, Jahre der Frustration und einen Haufen Geld gekostet, sie zu entdecken.

Oprah Winfrey hat nicht als weltberühmte Medienfrau begonnen, sie startete als siebzehnjährige Rundfunkmoderatorin bei WVOL-Radio in Nashville, Tennessee. Neil Armstrong hat sich nicht einfach für den Job beworben, der erste Mann auf dem Mond zu werden, er begann als Pilot in der U.S. Navy. Arnold Schwarzenegger wurde nicht als Bodybuilder geboren, er entdeckte das Krafttraining, als er fünfzehn war und sein Fußballtrainer meinte, es sei jetzt Zeit, die Beinmuskulatur zu stärken. »Und da lag es vor mir«, sagte Schwarzenegger. »Mein Leben, die Antwort, nach der ich gesucht hatte.«

Der gemeinsame Nenner bei vielen unglaublich erfolgreichen Menschen ist der, dass sie herausgefunden haben, was ihre Leidenschaft war, und dann anfingen, sich in diese allgemeine Richtung zu bewegen.

Eine der besten Möglichkeiten, auf seiner Reise voranzukommen, besteht darin, dass man neue Hobbys und Interessen entwickelt. John Grisham, der berühmte Thrillerautor, hatte beispielsweise nie davon geträumt, Schriftsteller zu werden. Anfang der achtziger Jahre arbeitete er als Rechtsanwalt und beschloss, sich am Schreiben einer Geschichte zu versuchen. Daraus wurde sein erstes Buch *A Time to Kill.* »Ich habe drei Jahre daran geschrieben. Ich war sehr diszipliniert bei der Sache. Es war eine Art Hobby für mich. Und als das Manuskript fertig war, hatte ich schon eine gewisse Routine des täglichen Schreibens entwickelt.« Er hatte seine Begabung entdeckt, indem er ein neues Hobby ausprobierte.

Sheryl Leach war Hausfrau und Mutter im texanischen Plano, als sie 1987 eines Tages in einem Verkehrsstau stand und darüber nachdachte, auf welche Weise sie ihren wilden anderthalbjährigen Sohn unterhalten könnte. Sie dachte: »Ich hab's. Ich werde ein Video drehen!« Aus ihrem harmlosen kleinen Hobby entwickelte sich ein purpurfarbener Dinosaurier namens Barney.

Wenn Sie sich in die »allgemeine Nähe« Ihrer Leidenschaften und Interessen begeben und dabei lediglich die Absicht haben, sich zu vergnügen, dann könnte es gut sein, dass Sie Erfolg haben werden!

Machen Sie sich auf den Weg

Einstein sagte, nichts geschehe, bis sich irgendetwas bewege. Also machen Sie sich auf! So wie Lance Armstrong sich mit etwas völlig Neuem auseinandersetzen musste, als er mit dem Schwimmen begann, müssen auch Sie Ihre alten Routinen durchbrechen und das Leben aus einer neuen Perspektive sehen.

Das ist der Teil, der Spaß macht! Hier können Sie wieder zum Kind werden. Belegen Sie einen Kurs an der Volkshochschule. Lernen Sie eine neue Sportart. Werden Sie Mitglied in einem Verein. Machen Sie einen Kochkurs. Gönnen Sie sich den Urlaub, von dem Sie immer geträumt haben. Wirbeln Sie alles durcheinander und durchbrechen Sie die alten Muster! Versuchen Sie etwas völlig Neues, vielleicht sogar etwas Merkwürdiges!

Nehmen Sie Ihre Liste schrulliger Ideen und prüfen Sie eine nach der anderen. Bald werden Sie sich immer stärker auf einige wenige konzentrieren und alle aussondern, die Ihnen nicht so gut zu sein scheinen, wie sie Ihnen ursprünglich vorgekommen waren. In meinem Fall bedeutete das, Hunderte von Büchern über das Wirtschaftsleben und Unternehmertum zu lesen – von professionellen Verkaufsstrategien, Aktienmärkten und Immobiliengeschäften über den Betrieb eines Restaurants, das Verlagswesen, Lizenzvergaben bis zum Import und Export. Ich habe Monate damit verbracht, mit vielen Leuten aus den unterschiedlichsten Wirtschaftszweigen zu reden. Ich habe sogar Geschäftspläne für drei völlig verschiedene Unternehmen entwickelt, von denen ich keines realisieren wollte und will (jedenfalls vorerst noch nicht). Im Grunde ging es darum, dass ich durch den Prozess der Elimination der Entdeckung meiner Begabung und meiner Bestimmung im Leben Schritt für Schritt näher kam. Und voilà – so ist es geschehen!

Unsere Begabungen sind oft wie ungeschliffene Diamanten. Sie sind rau, roh und scheinen nichts Besonderes zu sein. Aber durch unser ständiges Bemühen können wir sie polieren, bis sie in vollem Glanz erstrahlen.

Winston Churchill war einer der größten Redner der neueren Geschichte. Doch war ihm dies keineswegs in die Wiege gelegt worden, vielmehr hatte er zu Beginn seines Lebens eine Sprachbehinderung und Probleme, die Buchstaben S und W auszusprechen. Als er eines Tages eine Rede hielt und einem Publikum von mehreren tausend Menschen seine Erfahrungen in Südafrika beschrieb, blieb er hängen und wusste nicht mehr, was er als Nächstes sagen wollte. Von da an bereitete er sich akribisch auf seine öffentlichen Reden vor. Sogar während des Zweiten Weltkriegs übte er eine Stunde für jede geplante Minute Redezeit – und seine Reden dauerten oft länger als eine Stunde!

Erfolgreiche »begabte« Menschen haben ihr Können nicht auf dem Silbertablett präsentiert bekommen. Tagein, tagaus haben sie daran gearbeitet, es geschliffen, poliert und verfeinert, sodass etwas Wertvolles daraus entstehen konnte. Sie haben ihre Fähigkeiten in Form gebracht, bis sie für einen sinnvollen Zweck eingesetzt werden konnten. Wenn wir uns weniger darauf konzentrieren, wo wir am Ende ankommen wollen, und uns stattdessen mehr den Fertigkeiten widmen, die wir auf dem Weg entwickeln können, dann eröffnet sich uns eine Welt voller Möglichkeiten.

Empfinden Sie Leidenschaft für das, was Sie tun, werden Sie es öfter tun wollen. Je häufiger Sie daran arbeiten, desto geschickter werden Sie. Und je besser Sie werden, desto mehr werden Sie genießen, was Sie tun.

Wenn Sie Leute treffen, die auf ihrem Gebiet Spitzenleistungen erbringen, dann sehen Sie die Leidenschaft in ihren Augen, beispielsweise wenn Sie beobachten, wie Carlos Santana vor Tausenden begeisterter Anhänger seine Gitarre lebendig werden lässt. Sie sehen es auch, wenn Sie beobachten, wie Susan Butcher ihre Hunde beim Schlittenrennen durch die eisige Winterlandschaft von Alaska treibt, wie Tiger Woods einen Chip aus hundertzehn Yards Entfernung versenkt oder Oprah Winfrey Kontakt mit ihrem Publikum aufnimmt. Und wir werden feststellen, dass dieselbe Leidenschaft in Ihren Augen funkelt, wenn Sie das entdecken, wozu Sie geboren wurden.

Weise Worte

Ich höre, und ich vergesse. Ich sehe, und ich erinnere mich.
Ich tue etwas, und ich verstehe.
Konfuzius

Inspiration zur Erinnerung

Lance Armstrong

Frage zum Nachdenken

Welchen Ideen, Hobbys oder Interessen wollten Sie sich immer schon widmen?

Teil II:
Die Begabung entwickeln

9. Wodurch sich Gewinner und Verlierer wirklich unterscheiden

Was soll das heißen – die Umstände?
Ich bestimme, welche Umstände herrschen.
Napoleon

Eine wunderschön gekleidete, perfekt frisierte Dame von zweiundneunzig Jahren fuhr mit dem Taxi am Pflegeheim vor. Hinfällig und auf einen Rollator angewiesen, war sie hierhergekommen, weil sie nach dem Tod ihres Mannes, mit dem sie siebzig Jahre verheiratet gewesen war, nicht mehr allein leben konnte.

Obwohl sie zwei Stunden in der Lobby gewartet hatte, lächelte sie immer noch, als die Altenpflegerin kam, um sie abzuholen. Während sie durch einen Flur geführt wurde und dabei etwas über das winzige Zimmer erfuhr, in dem sie zukünftig wohnen würde, erklärte die alte Dame mit der Begeisterung eines Schulmädchens: »Das finde ich ganz toll!«

»Aber Mrs. Jones, Sie haben den Raum ja noch gar nicht gesehen«, wandte die Pflegerin ein.

»Das spielt keine Rolle. Ob ich glücklich bin, entscheide ich immer im Voraus. Ob mir das Zimmer gefällt oder nicht, hängt nicht davon ab, wie die Möbel dort aufgestellt sind, sondern von meiner persönlichen Einstellung dazu.«

Und es ist tatsächlich unsere persönliche Haltung, die darüber entscheidet, wie glücklich oder erfolgreich wir werden. Wir brauchen eine positive Einstellung für den Erfolg genauso wie den Sauerstoff fürs Leben. Erstaunlicherweise ist es jedoch vielen Menschen nicht klar, wie sehr *sie selbst* – nicht irgendjemand anders, nicht das Glück oder das Schicksal, noch nicht einmal die schlimmen Ereignisse des Lebens – ihre Einstellung bestimmen.

»Niemand kann dich ohne dein Einverständnis demütigen«, hat Eleanor Roosevelt festgestellt. Und genauso könnte man sagen, dass uns niemand ohne unser stilles Einverständnis unglücklich oder erfolglos machen kann. Wenn Menschen zulassen, dass äußere Ereignisse sie formen, dann verlieren sie die Kontrolle über ihre Bestimmung.

Die Sichtweise wählen

In welcher Stimmung sind Sie, wenn Sie morgens aufwachen? Hin und wieder steht jeder von uns mit dem falschen Fuß auf, aber ich habe den Eindruck, dass die meisten ihren Tag in einer »neutralen« Stimmung beginnen. Und wenn wir dann nicht gleich anfangen, unser Bewusstsein gezielt mit positiven Gedanken zu programmieren, dann können negative Erfahrungen uns nur zu leicht beeinflussen.

Ist Ihnen schon einmal aufgefallen, dass manche Zeitgenossen durch ihren Alltag stolpern und dabei immer nur *reagieren*, statt zu *agieren*? Wenn jemand sie unfreundlich anspricht, dann bekommt er von ihnen auch eine unfreundliche Antwort. Wenn jemand ihnen auf der Straße die Vorfahrt nimmt, dann lassen sie den nächsten Autofahrer nicht in ihre Spur einscheren. Wenn ihr Chef sie anbrüllt, dann brüllen sie später ihre Partnerin an. Und sogar wenn am Ende des Tages etwas passiert, was ein wenig Liebe in ihr Leben bringt, dann werden sie wahrscheinlich immer noch um sich schlagen, weil sie ihrem Herzen und ihren Gedanken erlaubt haben, sich mit nichts als Negativität zu füllen.

Stunde um Stunde, Tag für Tag wirken sich diese unbedeutenden Entscheidungen, mit denen wir uns unbewusst auf das Gute oder das Schlechte konzentrieren, auf unseren Charakter aus und bestimmen unseren Lebensweg.

Nach einem anstrengenden Tag im Büro kommen wir vielleicht nach Hause und konzentrieren uns auf die schreienden Kinder, die gereizte Partnerin, den verstopften Abfluss und den wachsenden Stapel unbezahlter Rechnungen. Aber wir könnten uns genauso gut darauf fokussieren, wie gesund unsere schreienden Kinder sind, wie hart unsere müde Partnerin arbeitet, dass der verstopfte Abfluss sich in einem Haus befindet, in dem es sich ansonsten sehr gut leben lässt, und dass wir diese ärgerlichen Rechnungen problemlos bezahlen können, weil wir im Gegensatz zu vielen anderen Leuten einen sicheren Arbeitsplatz haben.

Wäre das Leben nicht sehr viel angenehmer, wenn es uns gelänge, uns auf das Gute zu konzentrieren – sogar in einer scheinbar misslichen Situation? Wir alle sind in der Lage, unsere Denkfähigkeit und folglich auch unsere Gedanken zu kontrollieren. Das Ausmaß, in dem wir diese Kraft üben, wird letztlich darüber entscheiden, wie glücklich und erfolgreich wir sind. Es ist interessant, dass die Loser im Leben meist denken, die Leute an der Spitze hätten eine großartige Einstellung, weil sie Erfolg haben. Aber die Gewinner wissen, dass ihre Einstellung die *Ursache* für ihren Erfolg ist.

In der heutigen Zeit – besonders in den so genannten entwickelten Ländern – hat jeder von uns täglich mehr Chancen, als wir in einem ganzen Leben nutzen könnten. Wenn es uns nicht gelingt, bewusst gute Samen in unsere Gedanken zu pflanzen, dann werden schlechte Keime unvermeidlich die Oberhand gewinnen. Aus schlechten Samen gehen negative Einstellungen hervor, die Herz und Kopf vergiften und uns daran hindern, die Chancen, den Reichtum und den Überfluss zu erkennen, die uns zur Verfügung stehen. *Ändern Sie Ihre Sichtweise, und Ihre Einstellung wird sich ändern. Ändern Sie Ihre Einstellung, und Ihre Gewohnheiten werden sich ändern. Ändern Sie Ihre Gewohnheiten, und Ihr Leben wird sich ändern.*

Wir alle, mich eingeschlossen, tappen immer wieder in die Falle, in unserer Wachsamkeit nachzulassen, sodass sich negative Gedanken in unser Bewusstsein schleichen können. Man wird weder mit positiven noch mit negativen Einstellungen geboren. Beides lässt sich lernen und verlernen.

Wenn Sie einmal »die beste Woche Ihres Lebens« haben wollen, schlage ich Ihnen Folgendes vor: Tun Sie sieben

Tage lang so, als hätten Sie unglaublich gute Laune. Versuchen Sie, sich nur auf das Positive zu konzentrieren. Grüßen Sie Freunde und Fremde gleichermaßen mit einem warmen, einladenden Lächeln. Verteilen Sie reichlich Komplimente. Werden Sie nicht so schnell ärgerlich, aber vergeben Sie umso schneller. Lassen Sie jemanden vor, der sich an der Supermarktkasse in die Schlange drängeln will. Reagieren Sie mit Wärme auf Gleichgültigkeit und mit Mitgefühl auf gestresste Zeitgenossen. Bringen Sie sich selbst bei, in jeder negativen Situation nach dem Guten zu spähen. Wenn Sie lange genug suchen, bestehen gute Aussichten, es zu finden.

Das Positive vorhersagen

Im Jahr 1186 prophezeite ein Astronom, eine Katastrophe würde die Erde zerstören. In ganz Europa gerieten die Leute in Panik, und in Konstantinopel ließ der Kaiser die Fenster seines Palastes mit Brettern zunageln. Aber das Ende der Welt traf nicht ein. Im Jahr 1524 sagten deutsche Astrologen vorher, die Welt würde am 20. Februar in einer massiven Flut untergehen. Der Graf von Iggelheim soll darauf mit dem Bau einer dreistöckigen Arche für seine Familie reagiert haben. Als es an dem betreffenden Tag zu regnen begann, trampelte die in Panik geratene Menge den Grafen zu Tode, als er versuchte, auf seine Arche zu gelangen. Der Graf »ging unter«, nicht jedoch die Welt. Und 1806 behauptete Mary Bateman aus dem englischen Leeds, das Ende der Welt sei nah, weil ihre Henne Eier legte, auf denen die Worte standen: »Jesus kommt.« Für jeweils einen Shilling verkaufte sie Eintrittskarten in den Himmel, bis sie verhaftet, verurteilt und gehängt wurde. Mary Bateman hauchte ihr Leben aus, aber die Welt existierte weiter.

Es wird immer Pessimisten geben, die das Schlimmste vorhersagen – und folglich auch erwarten. Viele Leute führen ihre eigenen täglichen Kämpfe. Aber durch Tragödien, Misserfolge und immer neue Rückschläge hindurch arbeiten die Besten weiter daran, unabhängig von den äußeren Ereignissen eine gute Einstellung zu kultivieren.

Harry Bane

»Bemitleide dich nicht selbst.
Aus Selbstmitleid kann nichts Gutes entstehen.«

Im Jahr 1990 vergnügte sich der vierjährige Harry eines Tages auf dem Spielplatz, sprang von einem Karussell und stieß dabei mit dem Bein gegen eine Schaukel. Anschließend zeigte sich an seinem Bein eine dicke Beule, und so gingen seine Eltern kurz darauf mit ihm zum Arzt. Der überwies den Patienten an einen Spezialisten, der ihn wiederum an andere Spezialisten überwies, die alle so ziemlich dasselbe sagten: »Sollte eigentlich nichts Ernstes sein.« Doch ein Doktor zögerte und fügte hinzu: »Es ist extrem unwahrscheinlich, aber ...«

Und tatsächlich – obwohl es noch unwahrscheinlicher war, als der Arzt angenommen hatte – litt Harry an einem Adamantinom, einer überaus seltenen Form von Krebs, die seinen rechten Schienbeinknochen zerfraß. Damals waren weltweit überhaupt nur zweihundertfünfzig Fälle dieser Krankheit dokumentiert.

Harry musste mehrere Operationen über sich ergehen lassen – und wer weiß, was sonst noch. Aber er hatte dabei zwei enorme Vorteile: eine unglaublich positiv eingestellte Mutter und einen Vater, dessen Optimismus und Entschlossenheit wenig Zweifel aufkommen ließen, dass er überleben würde. Als ich die Familie in ihrem Haus am Stadtrand von Boston besuchte, erinnerte sich Rich, Harrys Vater: »Ich habe nie gedacht: ›O mein Gott, mein Kind hat Krebs!‹« Stattdessen haben er und seine Frau Tami früh beschlossen, Harry gegenüber keine Ängstlichkeit zu zeigen, obwohl ihnen klar war, dass die Krankheit ihn sein Bein – und vielleicht sogar sein Leben – kosten konnte.

Sie konzentrierten sich auf ein klares, pragmatisches, positives Denken nach der Devise: »Okay, das ist die Situation. Welche Möglichkeiten haben wir jetzt?« Sie glaubten im Innersten ihres Herzens daran, dass alles in Ordnung kommen würde. Und als der Arzt ihnen ein paar Jahre später sagte, Harry müsse seine Leidenschaft für Sport aufgeben und vielleicht besser Violine oder Schach spielen, konterte der Vater: »Dieses Kind wird Sport treiben und Ihr Vorzeigekind sein.«

Und so war es tatsächlich. Trotz einer langen und erschütternden Reihe von Rückschlägen und Operationen glänzte Harry – der mittlerweile aufs College geht – mit seinen Leistungen in der Jugendliga, war ein angriffslustiger Aufbauspieler im Basketball, spielt meisterhaft Golf und ist aktiv als Läufer und Schwimmer. »Ich wollte einfach nicht hinnehmen, dass mein Bein mich vom Sport abhält«, sagte er. »Ich wollte das einfach nicht zulassen.«

Aber die Entschlossenheit des jungen Harry wurde immer wieder auf die Probe gestellt. Im Alter von sieben Jahren musste er die erste Operation über sich ergehen lassen, bei der die Ärzte fast zwölf Zentimeter Knochen aus seinem Schienbein entfernten und durch eine Metallplatte ersetzten. Drei Jahre später tauschten sie das Wadenbein, den kleineren der beiden Unterschenkelknochen, gegen eine Metallplatte aus. Stück für Stück verlor der kleine Harry sein Bein. In zwei weiteren Operationen wurden Knochenstücke aus der Hüfte in das Schienbein verpflanzt. Im Jahr 2000 brachten die Chirurgen dann noch eine Vorrichtung mit siebzehn Nägeln an, die dazu dient, das Bein zu strecken. Jede dieser Maßnahmen mag Harrys Stimmung gedrückt haben, aber nichts konnte ihm seine Entschlossenheit rauben.

Im Alter von zwölf Jahren führte er seine Jugendmannschaft aus Swampscott, Massachusetts, in das Endspiel der Landesmeisterschaft. Er gehörte zu den Unentwegten im Basketballteam der St. John's Catholic Youth Organization. 1998 gewann er beim Golf seine erste Junioren-Clubmeisterschaft und behielt den Titel bis 2001. Nach seiner ersten PGA Junior Tour als Zwölfjähriger war er in den folgenden Jahren immer unter den führenden zehn Spielern, und einmal gewann er das Turnier.

Einen Sommer lang war er jedoch nicht gesund genug, um seine Golftasche selbst zu tragen. Und als er im Herbst 2000 in Pingree, einer auf das College vorbereitenden Privatschule in der Nähe von Boston, ankam, hatte er ein gebrochenes Bein und trug seine Streckvorrichtung. »Ich wollte nicht der verkrüppelte Junge sein«, sagte er. Deshalb trug er beim Golfspiel lange Hosen, sagte dem Trainer nichts über sein Bein und bat auch nicht um einen Karren. Er schaffte die Aufnahme in das Team, das in diesem Jahr ungeschlagen blieb.

Er hatte auch eine großartige Golfsaison in Pingree und dachte schon, sein Bein habe sich vollkommen erholt. Aber dann passierte es beim Basketballspiel: Er hatte dem Gegner den Ball abgenommen und rannte über das Spielfeld, um einen leichten Treffer zu erzielen, als plötzlich ... *knack!* Das Nächste, woran er sich erinnern konnte, war, dass er auf dem Spielfeld lag, nach oben schaute und sah, dass sich sein gesamtes Team um ihn versammelt hatte. Um sein Bein herum hatte sich inzwischen eine große Blutlache auf dem Boden gebildet. In seinem Schock brauchte er ein paar Minuten, um sich darüber klar zu werden, dass sein Schienbeinknochen in der Mitte durchgebrochen war und ein Ende der Bruchstelle durch die Haut herausstach.

Schlimmer noch: In seinem Lieblingssport Baseball würde die Saison in wenigen Tagen beginnen, und Harry war der Star-Shortstop an der dritten Base. Doch statt sich für das Baseballtraining bereit zu machen, machte er sich bereit für eine weitere Operation. Die Baseballsaison war für ihn gelaufen und seine Hoffnungen einmal mehr zerschlagen.

An diesem Punkt hatte Harry die Nase voll. Er wollte, dass die Ärzte sein Bein amputierten und ihm eine Prothese anpassten, damit er wenigstens Sport treiben konnte. Aber davon mochten seine Eltern nichts hören. Ihre positive Einstellung war ansteckend, und so fand Harry bald zu seiner gewohnten Entschlossenheit zurück.

Sein Vater sagt, Harry sei ungefähr achtundneunzig Prozent der Zeit positiv eingestellt. Wenn er einen seiner seltenen Tiefpunkte hat, dann lassen seine Eltern ihm Liebe und Zuwendung zuteil werden, aber sie bemitleiden ihn nie. Vielmehr erinnern sie ihn ständig daran, dass es – wie schlecht er sich auch gerade fühlen mag – immer Leute gibt, denen es noch viel schlechter geht als ihm.

Nach der Operation steckte Harrys Bein in einem riesigen Gips, aber das drückte seine Stimmung nur für kurze Zeit. Weniger als einen Monat nachdem der Gips entfernt worden war, führte er das U.S. Junior Ryder Cup Team im Spiel gegen Schottland, das im berühmten St. Andrews stattfand. Ungefähr auf der Hälfte der zehntägigen Reise zeigte sich auf seinem Schienbein eine seltsame Beule an der Stelle, wo der Knochen herausgestanden hatte, und das Bein sonderte blaue, grüne, rote und braune Flüssigkeit ab. Aber wie man so sagt: »Das Spiel muss weitergehen.« Er bandagierte sein Bein, machte weiter und gewann alle seine Spiele. Bei seiner Heimkehr stellte Harry fest, dass sich eine üble Infektion entwickelt hatte. Zum Glück konnten seine Ärzte sie erfolgreich behandeln, ohne den gesamten infizierten Knochen zu entfernen.

Heute, nach insgesamt zwölf Operationen, sagt Harry, dass seine Ärzte ihn für »hundertprozentig gesund« halten.

Auf seinem Leidensweg hatte er das Glück, eine Lektion fürs Leben zu lernen: *Die Umstände werden nicht vom Schicksal bestimmt; wir schaffen sie selbst durch unser Handeln und unsere Einstellungen.*

Während seiner gesamten Krankheit hat Harry immer fest das Bild vor Augen gehabt, dass er ein normales Leben führt, Sport treibt und anderen hilft. Und nach Jahren der Kämpfe und Schwierigkeiten haben seine Eltern einen Sinn in ihrer Erfahrung gefunden: »Wir glauben, dass Harry auf der Welt ist, um für andere Leute eine Inspiration zu sein.«

Und wissen Sie was? Ich glaube, dass sie recht haben.

Eine Einstellung entwickeln

Nicht jeder hat eine so positive Einstellung wie Harry und seine Eltern. Wie können wir nun unsere negative Haltung in eine optimistische verwandeln? Genau so, wie wir alles andere bewerkstelligen: durch Übung. Wir entwickeln eine negative Haltung nicht an einem Tag, und wir werden sie auch nicht so schnell wieder los. Bewusste Wahrnehmung ist schon der halbe Sieg. Bedenken Sie: Nicht die *»Dinge«* verändern sich, wohl aber die *Menschen*.

Wenn Sie nach einer kleinen Inspiration suchen, dann stellen Sie sich diese Fragen: Hatte Nelson Mandela eine negative Einstellung oder eine verbitterte Haltung, als er siebenundzwanzig Jahre lang in Südafrika im Gefängnis saß? Hatte Walt Disney weiche Knie oder gab er seine Träume auf, als ihm sein Wunschjob beim *Kansas City Star* verweigert wurde? Entwickelte Madame C. J. Walker eine negative Einstellung, als sie mit sieben Jahren ihre Eltern verlor und gezwungen war, sechs Tage in der Woche Baumwolle zu pflücken und in weißen Haushalten zu kochen und zu putzen? Nein, gewiss nicht. Und im Rückblick erscheint es uns ganz natürlich, dass diese Führungspersönlichkeiten trotz ihres harten Lebens eine positive Einstellung bewahrt haben. Aber den meisten ist dabei nicht klar, dass diese außergewöhnlichen Vorbilder ursprünglich ganz gewöhnliche Menschen mit einer außergewöhnlichen Einstellung waren.

Die Perspektive entscheidet über das Ergebnis

Ist Ihnen auch schon mal aufgefallen, dass es Leute gibt, die das Unglück scheinbar auf sich ziehen? »Ich habe einfach Pech«, sagen diese »Pechvögel«, wenn es sie einmal mehr getroffen hat. Oder sie murmeln bei schlechten Nachrichten: »Das passiert mir *immer*.« Es ist fast so, als würden sie wirklich glauben, dass ein Fluch über ihnen liegt.

Mit Unannehmlichkeiten muss jeder von uns zurechtkommen. Und ja, das Unglück scheint manche Leute schwerer zu treffen als andere. Tatsache ist jedoch, dass wir selbst bestimmen, wie die Welt auf uns reagiert. Wir schaffen uns unsere eigenen Umstände, weil die »Perspektive« über das »Ergebnis« entscheidet. Wir ziehen das an, worüber wir nachdenken, und so wie Harry und seine Familie müssen wir uns davor hüten, in Selbstmitleid zu verfallen. Wir müssen dafür sorgen, dass die Dankbarkeit für das, was wir tatsächlich haben, zum Antrieb für unsere positive Einstellung wird.

Auf positive Art und Weise mit schwierigen Situationen umzugehen kann seinen Preis haben. Wer optimistisch ist, begegnet häufig Vorurteilen. Wenn wir versuchen, positiv eingestellt zu sein, dann werden wir allzu oft als blinder Optimist bezeichnet, und man sagt uns, wir seien nicht »realistisch«. Aber seit wann ist es »realistischer«, *negativ* statt *positiv* eingestellt zu sein?

Ich sage hier nicht, wir sollten ständig so tun, als sei immer alles in bester Ordnung, denn wir wissen, dass dies nicht zutrifft. Aber ich bin sehr wohl der Meinung, dass wir es uns zur Gewohnheit machen sollten, nach dem Guten in jeder Erfahrung, jedem Menschen und allem, was uns begegnet, zu suchen. Es kommt nicht darauf an, wie schlimm eine Situation im ersten Moment aussieht; es gibt immer *irgendetwas*, was man aus einer schlechten Erfahrung gewinnen kann.

Als wir noch Kinder waren, haben wir genau das getan. Um den Sandkasten herum findet man selten finster blickende Pessimisten. Sie sind aufgeregt; sie sind neugierig; sie wollen alles sehen und erfahren, ganz gleich, was im nächsten Moment passiert. Aber als Erwachsene werden wir allzu oft gefühllos gegenüber der Welt in unserem Umfeld. Wir akzeptieren unsere selbst auferlegten Grenzen, die alle Freude aus dem Leben herauspressen.

Alles ist schön

So viele Menschen lassen ihr Leben von Traurigkeit und Furcht bestimmen, und es sind nicht nur die Obdachlosen, die Behinderten oder die Flüchtlinge aus Kriegsgebieten, die solche Gefühle empfinden. Es sind Menschen aus unserer Nachbarschaft, gesegnet mit Überfluss, die sich trotzdem von Schmerz und Furcht verzehrt fühlen.

Es stimmt, dass es in der Geschichte der Menschheit viele schlimme Umstände und Ereignisse gibt: Kriege, Überschwemmungen, Hungersnöte, Völkermorde, Krankheiten, Ignoranz, Grausamkeit und Gier. Und von alldem wird noch mehr auf uns zukommen. Aber wie sehr uns solche Bedingungen beeinflussen, hängt davon ab, wie viel Macht wir ihnen einräumen.

Wir können zulassen, dass sie unsere Einstellung gegenüber dem Leben vollständig bestimmen. Oder wir können beschließen, Maler und Bildhauer zu werden – nicht indem wir nur eine Leinwand mit Farben bemalen oder ein Stück Granit in eine bestimmte Form bringen, um ein kleines Stück Schönheit zu erschaffen, sondern Menschen, die ihre Realität mit anderen Augen betrachten und dadurch allen Dingen zur Schönheit verhelfen.

Weise Worte

Unsere Einstellungen sind die Linse,
durch die wir die Welt betrachten.
Brian Souza

Inspiration zur Erinnerung

Harry Bane und seine Eltern

Frage zum Nachdenken

Was könnten Sie jeden Tag tun, um dafür zu sorgen, dass Sie sich bewusst auf die positiven Seiten des Lebens konzentrieren?

10. Das Geheimnis der Menschen, die Höchstleistungen erbringen

Es fühlt sich erbärmlich an, sich mit Mittelmäßigem zufriedenzugeben, wenn Herausragendes vor uns liegt.
Isaac D'Israeli

Nichts beeinflusst unseren Erfolg mehr als die Erwartungen, die wir an uns selbst stellen. Kurz gesagt: Wir bekommen vom Leben nicht das, was wir uns wünschen, erhoffen oder gar verdienen. Wir bekommen vom Leben das, was wir erwarten.

Helen Keller hat es sich nicht erlaubt, eine taube und blinde Invalidin zu sein. Sie hat mehr von sich erwartet. Abraham Lincoln hat es sich nicht gestattet, ein barfüßiger, ungebildeter Hinterwäldler aus Kentucky zu bleiben. Er hat mehr von sich erwartet. NFL-Quarterback Kurt Warner hat es nicht zugelassen, Angestellter in einem Lebensmittelladen zu bleiben und nur fünf Dollar und fünfzig Cent die Stunde zu verdienen. Er hat mehr von sich erwartet.

Natürlich reicht es nicht aus, nur mehr zu erwarten. Hinzu kommen müssen harte Arbeit, Glaube, brennendes

Verlangen, Durchhaltevermögen und eine positive Einstellung – dann wird daraus ein Rezept für die Erfüllung unserer Erwartungen. Aber es bleibt dabei, dass wir gewöhnlich nicht das bekommen, was wir *verdienen*, sondern das, was wir *erwarten*. Folglich können unsere Erwartungen uns entweder beleben oder uns ersticken. *Unsere persönlichen Erwartungen setzen die Grenzen für das, was wir zu träumen wagen*. Wenn wir davon ausgehen, dass unsere Bestimmung ein mittelmäßiges Leben ist, voller Misserfolge und verpasster Gelegenheiten, dann werden wir gewöhnlich genau das bekommen. Aber wenn wir ein Leben voller Freude, Glück und Großartigkeit für uns beanspruchen, dann stehen die Chancen gut, dass wir all dies auch finden.

Erwarten Sie also – nein, *fordern* Sie – mehr von sich selbst. Sie haben es verdient.

Eine gemeinsame Eigenschaft

Wenn man sich die Menschen, die Höchstleistungen erbringen, genauer ansieht, dann entdeckt man eine gemeinsame Eigenschaft: die Verpflichtung zu Spitzenleistungen (zu »Exzellenz«). Tiger Woods begibt sich nicht auf einen Golfplatz, um das Spiel als einer der Besten zu beenden. Er erwartet, dass er siegen wird. Oprah Winfrey hofft bei ihren täglichen Fernsehsendungen nicht auf eine durchschnittliche Show, sondern erwartet, dass sie ihr Bestes geben wird. Der Computerpionier Michael Dell versucht nicht nur, genauso gut zu sein wie seine Konkurrenten. Er geht davon aus, dass er sie übertreffen wird. Aus Sicht dieser Führungspersönlichkeiten ist der Status quo niemals gut genug. *Menschen, die Höchstleistungen erbringen, konkurrieren nicht nur mit anderen; sie konkurrieren auch immer mit sich selbst.*

Spitzenleistungen lassen sich nicht in Dollar oder Euro messen, nicht in Trophäen auf dem Kaminsims oder in Urkunden an der Wand. Höchstleistungen vermitteln uns das Gefühl des inneren Friedens, den wir empfinden, wenn wir unser Bestes gegeben haben.

Die Illusion der Vollkommenheit

Haben Sie schon mal bemerkt, dass Menschen, die sich in allem um äußerste Perfektion bemühen, in Wirklichkeit die größten Schwächen haben? Es erschöpft uns, wenn wir nach außen hin so tun, als wären wir absolut wunderbar und vollkommen. Es gibt so viele Leute, die wir dabei zum Narren halten müssen, und es kostet derart viel Energie, wenn wir immer wieder versuchen, den besten Eindruck zu machen, den günstigsten Platz zu ergattern, die »richtige« Haltung zu demonstrieren, die angesagten Produkte oder Immobilien zu besitzen und ständig klüger zu sein als alle anderen.

Perfektionisten empfinden selten Frieden, Freude oder Glück, weil sie sich immer auf das konzentrieren, was schlecht ist oder besser sein könnte – bei ihnen selbst und allen anderen. Während sie wie besessen alle erkennbaren Fehler auflisten, lassen sie sich selbst nie Zeit, das zu genießen, was im Leben gut und richtig ist. Nie wissen sie die Schönheit der kleinen Unvollkommenheiten zu schätzen, die wir als »Fehler« bezeichnen. Sie haben sich hoffnungslos darin verloren, bei der Jagd nach einem fiktiven Ideal, das sie ständig in die Irre führt, ihre Schwächen mit den Stärken anderer Leute zu vergleichen. Ihre Reise zur Vollkommenheit ist eine lange, dunkle Straße, die sie in Isolation, Leere, Einsamkeit und Verzweiflung führt.

Denken Sie an all das, was uns früher so wichtig schien für die Definition dessen, wer wir sind und warum wir etwas Besonderes darstellen: Sporttrophäen, Schulzeugnisse, Fotos von der Schulabschlussfeier, Beförderungen am Arbeitsplatz. Lauter wichtige Stufen, aber sie kamen und gingen, und nichts davon reichte aus, um uns auf Dauer und eindeutig als großartig zu definieren.

Sicher, wir alle sollten danach streben, zu wachsen und unsere Stellung in der Welt zu verbessern. Aber statt der Vollkommenheit nachzujagen, sollten wir uns lieber um herausragende Leistungen bemühen. Vielleicht schaffen wir es nie, aber es gibt gute Chancen, dass wir dabei über günstige Gelegenheiten und Erfolge stolpern, die wir im Traum nicht für möglich gehalten hätten.

Was ist denn nun der Unterschied?

Höchstleistungen bringen zu wollen ist das Streben danach, sein Bestes zu geben, während Perfektionismus der Versuch ist, besser zu sein als die anderen.

Sogar der legendäre Footballtrainer Vince Lombardi, der oft ein Apostel des Sieges genannt wird, hat gesagt: »Nicht jeder kann immer ein Sieger sein, aber jeder kann sich darum bemühen, kann sich zu Höchstleistungen verpflichten.« Sein Star-Quarterback Bart Starr erklärte: »Lombardi hatte das Gefühl, dass jede Faser unseres Körpers benutzt werden sollte, um nach herausragenden Leistungen zu streben, und er verfolgte dieses Ziel jeden Tag seines Lebens mit absoluter Hingabe.«

Wie können wir nach Spitzenleistungen streben? Indem wir unsere gottgegebenen Begabungen vollständig ausschöpfen. Herausragendes zu leisten bedeutet, dass wir unsere Fähigkeiten bis zum Letzten bestmöglich nutzen, um das Optimum aus uns herauszuholen.

Herausragendes zu leisten kann nicht bedeuten, in einem bestimmten Bereich unseres Lebens erfolgreich zu sein, während wir in allen anderen versagen. Es geht darum, auf allen wichtigen Gebieten unser Bestes zu geben: in der Familie, im Glauben, in der Freundschaft, im Beruf, in der Gemeinde und im persönlichen Wohlbefinden. Sind Sie der bestmögliche Lebenspartner? Die bestmögliche Mutter? Der bestmögliche Freund? Die bestmögliche Mitarbeiterin? Der bestmögliche Nachbar? Wenn nicht, warum ist das so?

Anfang der fünfziger Jahre bewarb sich ein junger Marineoffizier für den Dienst auf einem nuklearen Unterseeboot. Im Bewerbungsgespräch traf er auf den berühmten Admiral Hyman Rickover. Nachdem er den jungen Mann zwei Stunden durch die Mangel gedreht und ihm klargemacht hatte, was er alles nicht wusste, fragte der

Admiral: »Wie waren Ihre Noten in der Marine-Akademie?«

Stolz antwortete der Bewerber: »Sir, ich war neunundfünfzigster in einem Jahrgang von achthundertzwanzig!«, und wartete auf einen Glückwunsch.

Stattdessen stellte Rickover eine weitere Frage: »Haben Sie Ihr Bestes gegeben?«

Der Offizier wollte schon sagen: »Ja, Sir«, aber dann erinnerte er sich, dass er zumindest bei einigen Gelegenheiten härter hätte arbeiten können. Da er wusste, dass Rickover höchsten Wert auf Präzision legte, antwortete der junge Offizier: »Nein Sir, ich habe nicht *immer* mein Bestes gegeben.«

Rickovers Antwort ist nachzulesen in dem Buch *Why Not the Best?* (deutsch: *Das Beste geben*). »Er sah mich lange Zeit an und drehte seinen Stuhl dann herum, um das Gespräch zu beenden. Eine letzte Frage stellte er mir, und die habe ich nie vergessen – oder beantworten – können: ›Warum nicht?‹ Eine Weile saß ich dort völlig erschüttert, und dann habe ich langsam den Raum verlassen.« Der junge Offizier war Jimmy Carter, der später Offizier auf einem Unterseeboot, Gouverneur von Georgia, neununddreißigster Präsident der Vereinigten Staaten und einer der größten Philanthropen unserer Zeit werden sollte.

Garth Brooks

»Man will etwas bewegen. Man will am Ende zurückblicken und denken können, dass die Welt sich jetzt irgendwie anders dreht als zu der Zeit, bevor man hier war.«

Garth Brooks, ein junger Mann aus Oklahoma, packte im Sommer 1985 seinen Honda Accord und folgte seinem Traum auf der Interstate 40 ostwärts nach Nashville, wo seiner Vorstellung nach »die günstigen Gelegenheiten an den Bäumen hingen und ich nichts weiter zu tun brauchte, als auf meiner Gitarre zu spielen und zu singen«.

Kurz nach seiner Ankunft in Music City hatte er das Glück, sein Band einem höheren Tier aus der Plattenindustrie vorspielen zu können. Doch statt vor Begeisterung in Ohnmacht zu fallen, sagte dieser Boss lediglich: »Du hast die Wahl. Du kannst entweder als Songwriter verhungern oder dich mit fünf Leuten zusammentun und mit ihnen gemeinsam als Band verhungern.«

Dreiundzwanzig Stunden nach seiner Ankunft in Nashville war Brooks auf dem Weg zurück nach Stillwater, seine Hoffnungen zertrümmert. Er arbeitete wieder in seinem Job als Verkäufer in einem Sportgeschäft, und samstags abends spielte er seine Musik in Willie's Saloon.

Seine Mutter war in den fünfziger Jahren eine Countrysängerin gewesen, er selbst jedoch hatte sich in der Highschool und auf dem College mehr als Sportler denn als

Musiker hervorgetan, und für die Oklahoma State University hatte er ein Sportstipendium. Aber auch wenn er etwas spät zur Musik gekommen war, betrat er die Bühne mit einer Energie und einem mächtigen Traum, den er niemals verlor.

Zwei Jahre nach seinem ersten Besuch fuhr er mit Santa Fe – seiner neugegründeten Fünfmannband – erneut nach Nashville. Er fand einen Job als Manager eines Stiefelladens und putzte einmal wöchentlich die Kirche in der Nachbarschaft, während er versuchte, einen Fuß ins Musikgeschäft zu bekommen.

Der Erfolg blieb aus, und die meisten seiner Bandmitglieder kehrten nach Hause zurück. Aber Brooks blieb. Von Anfang an wollte er, dass seine Lieder mehr als nur Unterhaltung sein sollten – sie sollten das Herz entflammen und die Seele berühren. Was ihn wirklich antrieb, war sein Wunsch, ein Sänger zu sein, der diese Art von Emotionen vermitteln konnte.

Doch alle Plattenfirmen, die seine Band oder ihn selbst bei einem Auftritt gehört hatten, lehnten ab. Diese vielen Kämpfe und Rückschläge brachten ihn an den Rand der Verzweiflung: »Ich dachte, wir würden es nicht schaffen. Ich dachte, wir würden zusammenbrechen, auf dem Müll landen, uns verschulden, in Armut leben« – und am Ende notgedrungen aufgeben müssen.

Seine damalige Frau Sandy sagte ihm: »Schau mal, ich habe miterlebt, wie du beim ersten Mal zurückgekommen bist, und ich will das nicht noch einmal erleben. Ich denke, du bist gut genug, du denkst, du bist gut genug, und deshalb werden wir bleiben, wo wir sind. Ich habe keine Lust, diese Tour jedes Jahr zu machen. Entweder wir schaffen es, oder wir kehren endgültig nach Hause zurück.«

Sie schafften es. Bald darauf bekam er einen Job als Songwriter, der ihm dreihundert Dollar im Monat einbrachte. Dann fand er einen Agenten, der dafür sorgte, dass er sich bei sieben der größten Plattenfirmen vorstellen konnte. Das Ergebnis? Sieben klare Absagen. Brooks war am Boden zerstört. Wieder spielte er mit dem Gedanken, seine Sachen zu packen und heimzufahren. Aber dann sagte ihm eine Stimme: »Spiel ein letztes Mal im Bluebird Café und gib dabei dein Bestes!«

Und es war gut, dass er auf diese Stimme gehört hatte, denn ohne dass er es wusste, befand sich zufällig Lynn Schulz von Capital Records im Publikum. Nachdem er Brooks' »If Tomorrow Never Comes« gehört hatte, sagte er: »Garth hat mich einfach umgehauen.«

Im Jahr 1989 erschien Brooks' erstes Album, und er hat nie zurückgeblickt. In nur einem Jahrzehnt wurden weltweit mehr als hundert Millionen seiner Platten verkauft (nur die Beatles, die zwanzig Jahre vor ihm begonnen hatten, verkauften mehr). Er gilt als einer der erfolgreichsten Musiker aller Zeiten, der ein Massenpublikum glücklich machen kann. Er ist nicht nur für seine Musik bekannt, sondern auch für seine außergewöhnliche Energie und Begeisterung auf der Bühne. Nach Jahren der Suche hat er entdeckt, dass seine Begabung nicht unbedingt seine Stimme als solche war oder seine Art, Lieder zu schreiben, sondern seine Fähigkeit, Kontakt mit dem Publikum aufzunehmen.

Die Folge war, dass er fast fünfzig große Musik-

Awards gewann und als einer der führenden Interpreten gilt, die dafür gesorgt haben, dass Countrymusic als »cool« gilt.

Außerdem ist Brooks als einer der großzügigsten Entertainer im Musikgeschäft bekannt geworden. Angefangen bei seinem ersten Plattenverkauf – damals spendete er von den ersten zehntausend Dollar eintausend, um zu verhindern, dass ein Pfarrer aus Tennessee mit seiner Familie zur Weihnachtszeit eine Zwangsräumung erdulden musste –, hat der Sänger sich immer bemüht, im Leben der Menschen und besonders dem bedürftiger Kinder für positive Veränderungen zu sorgen.

In einer Zeit, in der die meisten Popstars mit nichts Wichtigerem beschäftigt sind als mit ihrem eigenen Ego, ist Garth Brooks ein einzigartiges Beispiel für herausragende Leistungen, von dem wir einiges lernen können.

Kleine Ermutigungen

Kleine Akte der Ermutigung können weit ausstrahlen. Ich erinnere mich, dass meine Mutter, als ich noch klein war, mir erzählte, sie habe ein Medium besucht. Ich weiß nicht mehr alles, was die Wahrsagerin vorhergesagt hatte, aber an eins erinnere ich mich noch sehr genau: Sie sagte meiner Mutter, eines ihrer Kinder würde etwas sehr Wichtiges tun. Wir waren zu viert, und die Chance von fünfundzwanzig Prozent reichte mir nicht aus. Ich beschloss auf der Stelle, dass ich selbst das Kind war, von dem die Wahrsagerin gesprochen hatte.

Diese kleine Ermutigung war alles, was ich brauchte. Von jenem Tag an verlangte ich Spitzenleistungen von mir. Hatte ich immer Erfolg? Nein, natürlich nicht. Ich habe ganz sicher meinen Anteil an Beulen und blauen Flecken, Enttäuschungen und Misserfolgen erlebt. Aber ich habe nie meinen Traum oder meine Überzeugung aufgegeben, dass ich eines Tages eine positive Bewegung in das Leben von Menschen bringen und dadurch zur Veränderung der Welt beitragen würde.

Ähnlich ist es auch Franklin Chang-Diaz ergangen, dem Astronauten aus Costa Rica. Als ich ihn für dieses Buch interviewte, erzählte er mir folgende Geschichte: Während seine Eltern in der Ölindustrie von Venezuela arbeiteten, verbrachte er viel Zeit bei seinem Großvater väterlicherseits, der in den Vereinigten Staaten gelebt hatte und wusste, welche Möglichkeiten es dort gab. Eines Tages nahm er seinen neunjährigen Enkel auf den Schoß und sagte ihm: »Später wirst du einmal in die Vereinigten Staaten gehen und berühmt werden.« Das war die einzige Ermutigung, die er brauchte, um seinen Horizont zu erweitern. Und sehen Sie sich an, wie weit er es gebracht hat!

Wenn Sie also Eltern oder Großeltern, Onkel, Tante, Lehrer oder Trainer oder einfach ein Freund sind, dann schauen Sie einem Kind in die Augen und sagen Sie ihm, dass es für etwas Großartiges geschaffen ist. Sagen Sie ihm, dass es eine sehr wichtige Arbeit zu leisten hat. Sagen Sie ihm, dass es eine besondere Begabung hat, die in der Welt gebraucht wird. Sagen Sie das nicht nur mit Worten, sondern vermitteln Sie mit Ihren Augen und Ihrem Herzen Ihre Überzeugung, dass dieses Kind auf der Welt ist, um etwas im positiven Sinn zu bewegen. Indem wir solche kleinen Samen der Hoffnung pflanzen, können wir die Welt verändern, Kind um Kind.

Warum nicht alles wagen?

Wenn wir nicht viel erwarten, werden wir auch nicht enttäuscht. Viele Stimmen drängen uns, nicht zu hoch hinauszuwollen, und es gibt zahlreiche Ablenkungen – vom Fernsehen bis zu Videospielen –, die das Vakuum füllen. Aber um unser volles Potenzial zu verwirklichen, müssen wir uns auf die vordringlichste Aufgabe konzentrieren: unser Bestes zu geben.

Warum sollte irgendjemand seine Reise hier auf der Erde beenden und noch Benzin im Tank haben? Spielen Sie Ihre Möglichkeiten voll aus. Setzen Sie sich jeden Tag voll ein, bei allem, was Sie tun. Welchen Grund gäbe es, sich zurückzuhalten? Wenn eine Aufgabe nicht wichtig genug ist, um Ihr Bestes dafür zu geben, dann sollten Sie sich gar nicht darum kümmern. Konzentrieren Sie sich nur auf die Bereiche, die es wert sind, dass Sie Höchstleistungen erbringen. Jeder von uns hat Wichtiges zu tun, und wir haben die Wahl. Wir können uns gerade so weit einsetzen, dass das Ergebnis akzeptabel ist. Oder wir können alles geben, um Herausragendes zu erreichen.

Weise Worte

Einige der größten Leistungen der Welt wurden von Menschen vollbracht, die nicht wissen konnten, dass sie unmöglich waren.

Anonym

Inspiration zur Erinnerung

Garth Brooks

Frage zum Nachdenken

Geben Sie gewöhnlich Ihr Bestes bei allem, was Sie tun? Wenn nicht, warum nicht?

11. Die Schattenseite der Berühmtheit

Ein Held ist nicht tapferer als
ein gewöhnlicher Mann,
aber er ist fünf Minuten länger tapfer.
Ralph Waldo Emerson

Kurz nach dem Ende des Zweiten Weltkriegs kam Winston Churchill in die Vereinigten Staaten, um dort eine Reihe von Vorträgen zu halten. Er wollte die Amerikaner auf eine neue Art von Kampf aufmerksam machen, die er als Kalten Krieg bezeichnete – eine Art von globalem Schach, lang und kompliziert, bei dem nicht weniger auf dem Spiel stand als die Zukunft der westlichen Welt. Tausende kamen, um diese außerordentlich wichtige Botschaft zu hören.

Würdevoll stieg er auf das Podium, ließ seine Blicke still über die Menge schweifen, und dann sprach er.

»Gebt niemals auf!«, brüllte er am Ende. »Niemals! Niemals! Niemals! *Niemals!*« Und damit setzte er sich hin.

Natürlich hatte er recht. Churchill verstand, dass Sieger nicht geboren werden. Sie werden gemacht. Er verstand, dass der Stoff, aus dem der Charakter eines Gewinners besteht, eine simple Lebensphilosophie ist, die häufig übersehen wird: *Wenn man zu Boden geschlagen wird, dann muss man wieder aufstehen.* Ihm war klar, dass Schlachten gewonnen wurden, lange bevor sie überhaupt begannen. Sie wurden gewonnen in den Köpfen der Soldaten, die ewig zuvor schon beschlossen hatten, dass sie nie, nie, nie aufgeben würden. Sie wurden gewonnen in den Köpfen der Menschen, die an eine Sache glaubten, welche größer war als sie selbst, und die sich weigerten, aufzugeben, ganz gleich, welchen persönlichen Preis sie dafür zahlen mussten.

Abgesehen von Mut, ist Beharrlichkeit wahrscheinlich die wichtigste Eigenschaft erfolgreicher Menschen. Wir brauchen Mut, um zu beginnen, aber wir brauchen auch Beharrlichkeit, um weiterzumachen. Ohne diese beiden Zutaten sind die Chancen für ein Erfolgsrezept gering.

Wenn wir uns auf den Weg machen, unsere Begabung zu entdecken, sind wir wie ein riesiges Raumschiff beim Start. Wir brauchen enorme Mengen von Energie, um vom Boden abzuheben, denn wir kämpfen auf jedem Meter gegen die Schwerkraft. Eine Weile denken wir vielleicht sogar, dass wir sie nicht überwinden können. Wenn wir dann aus dem Einflussbereich der Schwerkraft hinauskommen, können wir endlich frei schweben und weiter sehen als je zuvor.

Nur der Glamour

Jeden Tag überfluten uns die Medien – Fernsehen, Zeitungen und Magazine – mit den Bildern erfolgreicher Leute: Sportler, Rockstars, Schauspieler, Künstler, Wirtschaftsbosse und führende Politiker. Aber wir sehen dabei meist nur deren glanzvolle Seite: ihre schönen Häuser, schicke Autos, berühmte Partygäste und prestigeträchtige Karrieren. Nur selten erhaschen wir einen Blick auf den langen, beschwerlichen Weg, der sie dorthin geführt hat, wo sie jetzt sind: zahllose ablehnende Briefe, erfolglose Sprechproben, entgangene Jobs, Ausbrüche von Depression und Selbstzweifeln.

Wir verstehen nicht, was wir nicht sehen, und so entgeht uns die Tatsache, dass diese Menschen früher genauso »durchschnittlich« waren wie Sie und ich. Im Grunde sind die meisten von ihnen es gar nicht wert, den Platz auf dem Podest einzunehmen, den die Gesellschaft ihnen zugewiesen hat. Aber die meisten Leute, die Erfolg, Ruhm und Glück gefunden haben, verdienen aus einem Grund Anerkennung: Durch dick und dünn, Rückschlag um Rückschlag, haben sie es geschafft, an ihrem Traum festzuhalten, und sind beharrlich geblieben.

Wenn den meisten Menschen klar wäre, wie nahe sie dem Erfolg schon sind, dann würden sie nicht so schnell das Handtuch werfen. Der Mangel an Beharrlichkeit gehört zweifellos zu den wichtigsten Ursachen des Versagens. Das Ausmaß, in dem die Leute an ihren Zielen festhalten, steht in einem direkten Verhältnis zur Intensität ihres Verlangens, und die Intensität ihres Verlangens steht wiederum in einem direkten Verhältnis zur Klarheit ihres Traums und zu ihrer Überzeugung, dass sie Erfolg haben werden.

Ernest Shackleton

»Ich habe es geschafft … Kein einziges Leben verloren,
und wir sind durch die Hölle gegangen.«

Am Vorabend des Ersten Weltkriegs machte sich Sir Ernest Shackleton mit neunundsechzig Schlittenhunden und einer Mannschaft von achtundzwanzig Leuten auf den Weg in die Antarktis. Diese Mannschaft hatte er mit Hilfe seiner heute berühmten Anzeige gefunden:

> Männer für eine gefährliche Reise gesucht. Bescheidener Lohn. Bittere Kälte. Lange Monate in vollständiger Dunkelheit. Ständige Gefahr. Sichere Rückkehr zweifelhaft. Ehre und Anerkennung im Fall des Erfolgs. Ernest Shackleton.

Das Ziel: Er wollte zirka dreitausend Kilometer des antarktischen Kontinents von Küste zu Küste zurücklegen. Den Nordpol und den Südpol hatte man schon erreicht, und so sah Shackleton in dieser Überquerung der Antarktis die letzte große Herausforderung der Welt. Dazu würde ein verzweifelter Wettlauf mit der Zeit gehören, um die Überquerung vor Einbruch des Winters zu schaffen. Kurz gesagt, Shackletons Expedition sollte die größte Reise zum polaren Eis werden, die je ein Mensch unternommen hatte – und wie sich dann zeigte, wurde sie zu einem

Kampf, der Zeugnis von der Stärke des menschlichen Geistes ablegt.

Shackleton hatte bereits an zwei früheren gescheiterten Polarexpeditionen teilgenommen. Er war ein energiegeladener, gutmütiger Romantiker, der dem Lebensmotto folgte: »Durch Ausdauer werden wir siegen.« Sein Holzschiff – es trug passenderweise den Namen »Endurance« (»Ausdauer«) – setzte im August 1914 von England aus Segel.

Aber im Januar steckte es im Eis der Weddellsee fest, wo es bei Temperaturen von bis zu minus fünfunddreißig Grad Celsius langsam zerquetscht zu werden drohte. Die Männer strandeten etwa hundertsechzig Kilometer von der nächsten Siedlung entfernt und hatten nicht einmal Funk, um Hilfe herbeizurufen. Nachdem sie ihre Vorräte aufgebraucht hatten, mussten sie sich von Seehundleber und Pinguinfleisch ernähren.

Gelegentlich brach offenes Wasser durch das Eis vor ihnen, und Shackleton schickte die Männer mit Sägen und Hacken hinaus, um einen Kanal durch das drei Meter dicke Eis zu meißeln. Doch so schnell der Durchbruch sich öffnete, so schnell gefror das Wasser um das Schiff herum auch wieder.

Ein Mitglied der Mannschaft erinnerte sich: »In solchen Situationen bewies Shackleton echte Größe. Er tobte nicht und zeigte auch nicht das geringste Zeichen von Enttäuschung. Er sagte uns schlicht und ruhig, wir müssten im Packeis überwintern, erklärte uns die Gefahren und Möglichkeiten und verlor nie seinen Optimismus.«

Aber als neun Monate später der Schiffsrumpf nachgab, ordnete Shackleton an, das Schiff zu verlassen. Die achtundzwanzig Seeleute, Wissenschaftler und Entdecker strandeten nun mit drei Rettungsbooten auf einer riesigen Eisscholle, die langsam abschmolz, ohne Hoffnung auf Rettung und ohne Navigationsgeräte, die ihnen gezeigt hätten, dass sie noch weiter vom Land wegtrieben.

Shackleton schaltete schnell. Ihm war klar, dass er sein ursprüngliches Ziel, die Antarktis zu erreichen, aufgeben musste, und so setzte er sich ein neues und noch größeres Ziel: alle achtundzwanzig Männer wieder heimzubringen – lebendig. Schließlich, nachdem die Männer mehr als hundertfünfzig Tage auf dem Eis verbracht hatten, gaben die Schollen den Weg frei, und Shackletons Leute konnten ihre Boote zu Wasser lassen. Aber die folgende Woche war die schlimmste, die sie je erlebt hatten, denn die raue See machte sie krank und ließ sie mehrmals in das eisige Wasser stürzen, wo Killerwale lauerten.

Am Ende erreichten sie das verlassene Elephant Island, ein felsiges, ödes Stückchen Land, dreizehnhundert Kilometer von jeder Hilfe entfernt. Shackleton sah, dass seine Männer durchgefroren, erschöpft und geschwächt waren, manche von ihnen sogar dem Tode nah, und angesichts der schwindenden Nahrungsvorräte wusste er, dass etwas getan werden musste.

Also machte er sich mit fünf anderen in einem Rettungsboot auf den Weg Richtung South Georgia Island, dreizehnhundert Kilometer entfernt über das stürmischste Meer der Welt, denn dort gab es eine norwegische Walfangstation, welche die »Endurance« auf ihrem Weg nach Süden besucht hatte. Entgegen aller Wahrscheinlichkeit und mit einer brillanten Navigationsleistung erreichte das knapp sieben Meter lange offene Boot South Georgia, wurde aber kurz vor der Landung noch von einer riesigen Welle getroffen, die sie alle fast getötet hätte. Schließlich erreichten sie den Strand, aber sie waren noch nicht am Ziel, denn die Walfangstation lag auf der anderen Seite der Insel.

Trotz ihrer völligen Erschöpfung mussten Shackleton und seine Leute die unbekannte Insel mit ihren dreizehnhundert Meter hohen Eisgipfeln und Gletscherspalten überqueren, wo noch nie zuvor ein Mensch gegangen war. Einschlafen bedeutete Erfrieren, und so ließ Shackleton die Männer ohne Unterbrechung sechsunddreißig Stunden marschieren, wobei sie ungefähr sechzig Kilometer zurücklegten.

Als sie um sieben Uhr morgens auf einem riesigen Berggipfel standen, konnten sie die Dampfpfeife der Walfangstation hören und wussten, dass sie es geschafft hatten. Auf einem Schlepper der chilenischen Marine kehrte Shackleton nach Elephant Island zurück, wo er im August 1916 den Rest seiner Mannschaft an Bord nahm.

Zwar hatten sie ihr Ziel nicht erreicht, aber Shackleton hatte etwas viel Wichtigeres geschafft, denn alle achtundzwanzig Mitglieder seiner Mannschaft kehrten lebend nach Hause zurück. Und deshalb wird man sich an seine Reise immer erinnern als an einen der größten Triumphe des menschlichen Willens.

Vor dem Erfolg aufgeben

Shackleton hatte viele Gelegenheiten, den Bettel hinzuschmeißen, aber er tat es nicht. Es ist traurig, wenn man daran denkt, wie viele tausend wunderbare Menschen auf der ganzen Welt jeden Tag aufgeben, wenn der Erfolg schon in greifbarer Nähe liegt. Sie beginnen mit guten Absichten. Sie sagen, sie wollen »ihr Bestes geben«. Aber die meisten meinen das nicht wirklich. Sobald sie einen Rückschlag erleben, auf ein Hindernis stoßen oder vielleicht sogar in einer Sackgasse landen, werden diejenigen, die kein solides Fundament für ihren Traum geschaffen haben, rasch entmutigt und geben sich mit einem Leben weit unterhalb ihres Potenzials zufrieden.

Aber die Besten von uns gehen in die Tiefe und verbinden sich wieder mit ihrer Vision. Denken Sie an Lance Armstrong. In seinem zweiten Rennen, nachdem er den Krebs überwunden hatte, war er der Belastungsgrenze ziemlich nahe. An einem kalten, verregneten, windigen Morgen in Frankreich brach er das Rennen ab, gab seine Startnummer zurück und beschloss, dass er keine Lust hatte, den Rest seines Lebens müde und durchgefroren zu sein. Also fuhr er nach Hause, spielte Golf, trank Bier und wurde – ob Sie es glauben oder nicht – ein Couchpotato.

Später überredete ihn sein Trainer, noch ein letztes Rennen in den Vereinigten Staaten zu fahren. Als er sich beim Training einen Berg hinaufquälte, hatte er eine Art Offenbarung: Er sah den Sinn seines Lebens (»Ich war für einen langen, harten Aufstieg geschaffen«) und kehrte im Triumph zu seiner Karriere als Radrennfahrer zurück.

Hätte er beschlossen, aufzugeben, wäre Armstrong nur ein weiterer trauriger Fall für die Statistik gewesen – etwas, was hätte sein können, es aber niemals geworden ist.

Die Versuchungen

Wir alle geraten manchmal in Versuchung, aufzugeben. Ganz sicher hätten Shackleton und Armstrong sich beispielsweise mit einem prosaischeren Leben zufriedengeben können. Aber sie stützten sich auf ihre innere Stärke und kämpften sich voran, auch in Phasen, in denen die Aussichten extrem düster waren.

Was veranlasst Menschen dazu, aufzugeben? Hier sind einige der wichtigsten Gründe:

- *Das Bedürfnis nach sofortiger Belohnung*. Das ist eine Seuche unserer Zeit. Wir wollen, was wir wollen – und wann wir es wollen … oder wir geben auf.
- *Ein Mangel an Überzeugung*. Wir glauben nicht wirklich daran, dass wir unser Ziel erreichen können. Deshalb nehmen wir uns nicht die nötige Zeit, um unseren Erfolg frühzeitig zu visualisieren und uns emotional mit unserem Ziel oder Traum zu verbinden.
- *Zu viel Bequemlichkeit*. Wir werden faul – und deshalb sind wir nicht bereit, die notwendigen Opfer für die Verwirklichung unseres Traums zu bringen.
- *Schlechte Angewohnheiten*. Wir haben es uns angewöhnt, aufzugeben. Wir konditionieren uns selbst, das als »keine große Angelegenheit« zu betrachten.

- *Kein schriftlicher Plan.* Wir haben uns nie an einen konsequenten Plan gehalten, der uns gegebenenfalls über Schwierigkeiten hinweghelfen kann. Unsere Aktivitäten sind sporadisch – und deshalb sind auch die Resultate sporadisch.
- *Mangel an Hingabe.* Wir hatten vielleicht eine gute Idee, aber wir haben uns nie voll und ganz für das Ziel eingesetzt. Mit anderen Worten: Wir haben es nicht verzweifelt genug gewollt.

Die nächste Frage lautet: Was befähigt einen Menschen zum Durchhalten in schweren Zeiten? Die beste Antwort, die ich darauf geben kann: eine Mischung aus Glauben, Selbstvertrauen und der bedingungslosen Bereitschaft, seinen Traum zu verwirklichen. Glauben, Selbstvertrauen und Hingabe werden uns in die Lage versetzen, fast jedem Sturm zu trotzen und unserem Weg zur vollständigen Entwicklung unserer Begabung treu zu bleiben.

Der Dreh- und Angelpunkt

Beharrlichkeit ist der Dreh- und Angelpunkt für viele andere Voraussetzungen des Erfolgs. Wir mögen beispielsweise Leidenschaft haben, aber wo wird sie uns ohne Beharrlichkeit hinführen? Wir mögen Ziele haben, aber ohne Durchhaltevermögen sind sie schwer zu fassen.

Einige der ergreifendsten Beobachtungen über die Beharrlichkeit werden Calvin Coolidge zugeschrieben: »Nichts auf dieser Welt kann Beharrlichkeit ersetzen. Talent kann es nicht: Nichts begegnet uns häufiger als erfolglose Leute mit Talent. Genie kann es nicht: Das verkannte Genie ist längst sprichwörtlich geworden. Bildung kann es nicht: Die Welt ist voll von gebildeten Obdachlosen. Allein Beharrlichkeit und Entschlossenheit sind allmächtig. Der Slogan ›Weitermachen‹ hat noch immer die Probleme der Menschen gelöst und wird sie immer lösen.«

Bevor wir dieses Kapitel beenden, möchte ich noch ein Gedicht zitieren, das Sie vielleicht schon einmal gehört haben. Es hat mir durch einige sehr kritische Situationen hindurchgeholfen:

Gib nicht auf!

Wenn die Dinge falsch laufen, wie es manchmal geschieht,
Wenn die Straße, die du entlangstapfst, immer bergauf zu gehen scheint,
Wenn das Geld knapp ist, aber die Schulden hoch sind,
Und du lächeln möchtest, aber seufzen musst,
Wenn die Sorgen dich ein wenig bedrücken,
Ruh dich aus, wenn du musst, aber gib nicht auf.

Das Leben ist sonderbar mit seinen Drehungen und Wendungen,
Wie jeder von uns manchmal erfährt,
Und manch ein Versager kehrt um,
Wenn er vielleicht gewonnen hätte, hätte er nur durchgehalten:
Gib nicht auf, auch wenn es nur langsam vorwärts geht –
Du könntest mit einem weiteren Versuch Erfolg haben.

Oft hat ein Kämpfer aufgegeben,
Wenn der Siegerpokal zum Greifen nah war.
Zu spät – erst bei Einbruch der Dunkelheit – hat er verstanden,
Wie nah er der goldenen Krone war.
Erfolg ist ein umgekrempelter Fehlschlag –
Der Silberstreif in den Wolken des Zweifels.

Und du kannst niemals sagen, wie nah du dran bist.
Es kann nah sein, wenn es so weit entfernt scheint:
Also kämpfe weiter, wenn du am schlimmsten getroffen bist –
Denn gerade wenn die Dinge am schlimmsten scheinen, darfst du nicht aufgeben.
Anonymus

Weise Worte

Wenn die Richtung stimmt, brauchen wir nur weiterzugehen.

Altes buddhistisches Sprichwort

Inspiration zur Erinnerung

Ernest Shackleton

Frage zum Nachdenken

Haben Sie sich je etwas so sehr gewünscht, dass Sie entschlossen waren, es um jeden Preis zu bekommen?
Und wenn ja, wie können Sie dieselbe Hartnäckigkeit einsetzen, um Ihre Begabung zu entdecken und zu entwickeln?

12. Fördern Ihre Träume das Leben?

Kleinlich zu leben – seine Möglichkeiten
nicht voll auszuschöpfen –
lässt keine Leidenschaft aufkommen.
Nelson Mandela

Ein Traum ist genauso lebendig wie eine Pflanze, ein Tier oder ein Mensch. Ein Traum braucht Sauerstoff zum Überleben und Raum zum Atmen. Und er braucht Nahrung in Form von Vertrauen und Ermutigung.

Das Fundament Amerikas wurde aus Träumen erbaut – aus den Träumen unserer Vorfahren, dass die Vereinigten Staaten »eine Nation, unter Gott, unteilbar, mit Freiheit und Gerechtigkeit für alle« sein würden – eine Nation, in der »alle Menschen gleich geschaffen« sind und jeder Einzelne ein garantiertes Recht auf »Leben, Freiheit und das Streben nach Glück« hat.

Zig Millionen hart arbeitender Immigranten haben Familie und Freunde zurückgelassen, um in die Vereinigten Staaten zu kommen, oft nur mit den Kleidern, die sie am Leib trugen, und etwas Kleingeld in der Tasche, alles für die Chance auf ein Stück vom amerikanischen Traum. Aber aus irgendeinem Grund scheint sich die Fähigkeit zu großen Träumen und der Mut zu ihrer Umsetzung mit jeder neuen Generation weiter zu verflüchtigen.

Als wir Kinder waren, haben wir unser Bewusstsein weit ausgedehnt und uns als tapfere Astronauten, glanzvolle Filmstars oder Profisportler gesehen. Aber im Laufe der Zeit haben die Beulen und blauen Flecken des Lebens unsere Träume offenbar immer kleiner werden lassen. »Die Jugend sammelt das Material, um eine Brücke zum Mond zu bauen oder vielleicht einen Palast oder einen Tempel auf der Erde zu errichten«, schrieb Henry David Thoreau, »und in der Mitte des Lebens entscheiden wir uns dann, aus diesem Material einen Holzschuppen zu errichten.«

Und so lehnen sich die Menschen Tag für Tag, Woche für Woche, Monat für Monat und Jahr für Jahr müßig zurück und schauen dem Leben zu, während ihre Träume allmählich dahinwelken und sterben. Sie sind wie ein Ballon, der einen Teil seiner Luft verloren hat. Er möchte hoch aufsteigen, schafft es aber kaum, vom Boden abzuheben. Man kann diesen Mangel an Luft an der Haltung der Leute erkennen. Man hört ihn in ihren Stimmen. Man sieht ihn in ihren Augen. Sie schaffen es gerade noch, ihren Alltag zu bewältigen. Sie sind zwar lebendig, aber *leben* sie auch wirklich? Wie Benjamin Franklin sagte: »Einige Leute sterben mit fünfundzwanzig, werden aber erst mit fünfundsiebzig beerdigt.«

Was sollen wir also tun? Aufgeben? Die nächsten zwanzig, dreißig oder vierzig Jahre einfach versuchen, »über die Runden« zu kommen und zu »überleben«? Lassen Sie sich *Ihren* Traum nicht stehlen. Alle großen Leistungen – ein Kunstwerk, ein schönes Lied, ein persönlicher Triumph – waren ursprünglich nichts weiter als ein Traum.

Auch wenn es vielleicht so aussieht, als sei das Leben Ihrer Träume bedroht, werden sie doch erst mit Ihnen sterben. Natürlich können sie sich verändern. Sie können abgewürgt werden oder unter einem Berg von Entschuldigungen verschwinden. Aber irgendwo tief in unserem Innern sind sie immer noch lebendig. Wir müssen nur unser aufgeblähtes Ego und unser erwachsenes »Wissen« beiseiteschieben und lernen, wieder ein Kind zu sein. Nichts frustriert mich mehr als Zeitgenossen, die absichtlich anderer Leute Träume zerschlagen. Es ist mir egal, was diese Traumdiebe Ihnen zu sagen versuchen, aber alle Träume sind realistisch und lassen sich verwirklichen. Unrealistisch und unerreichbar werden sie nur durch unseren Zeitrahmen und unsere Pläne zu ihrer Verwirklichung. Aber solange wir uns mit Vertrauen, Beharrlichkeit und Geduld dafür einsetzen, können wir alles erreichen, was wir uns vorgenommen haben.

Ich hoffe, dieses Buch wird Sie inspirieren, dem Leben das Beste zu geben, das Sie in sich haben. Auch wenn ich Sie nicht persönlich kenne, gehe ich davon aus, dass Sie Ihr Potenzial wahrscheinlich bei weitem nicht ausschöpfen. Ich habe wirklich Tausende »normale« Leute kennengelernt und beobachtet, welche von ihnen die Fesseln der Langeweile gesprengt und ihr Leben mit dem brennenden Verlangen bereichert haben, ihr Potenzial zu verwirklichen. Meine Lebensaufgabe besteht darin, Sie auf der erstaunlichen Reise zur Entdeckung und Entwicklung Ihrer Begabung anzuregen. Ich bitte Sie lediglich darum, sich einen offenen Geist und ein offenes Herz zu bewahren und die Gedanken, Vorschläge und Ideen, die ich in diesem Buch darstelle, wenigstens in Erwägung zu ziehen.

Erik Weihenmayer

»Die Erwartungen der anderen wurden für mich zu Einschränkungen. Also beschloss ich, die Erwartungen der Welt in den Müll zu werfen und zum Everest zu gehen, um meine eigenen Erfahrungen zu machen.«

Als Erik Weihenmayer sechs Monate alt war, stellten die Ärzte fest, dass er unter Retinoschisis litt, einer Krankheit, die die Netzhaut seines Auges allmählich spalten würde. Er wuchs in dem Bewusstsein auf, dass er die Welt nicht lange würde sehen können, und mit dreizehn Jahren war er vollständig blind.

Angesichts einer solchen Krise ziehen sich viele Menschen in ihr Inneres zurück und setzen sich Grenzen für das, was sie vernünftigerweise im Leben zu erreichen erhoffen können. Nicht so Weihenmayer. Er tat genau das Gegenteil. Er drängte nach außen, erweiterte seinen Horizont und träumte von großen Taten. Er wollte sich von seiner Behinderung nicht zurückhalten lassen.

Heute ist Erik in den Dreißigern und hat Grenzen durchbrochen, an die sich nur wenige Menschen – ganz zu schweigen von solchen, die blind sind – heranwagen würden. Er ist Marathonläufer, Fallschirmspringer, Langstrecken-Radfahrer, Skiläufer, Taucher, und er vertrat den Bundesstaat Connecticut als Kapitän seiner Collegemannschaft bei den nationalen Freistilmeisterschaften im

Ringen. Noch erstaunlicher ist, dass er auch die drei höchsten Berge der Welt bestiegen hat und 2001 seinen Traum verwirklichen konnte, als erster Blinder den Gipfel des Mount Everest, des höchsten Berges der Welt, zu bezwingen.

»Mein Leben lang«, schrieb er in seinem Buch *Touch the Top of the World*, »hat mich die Angst vor dem Misserfolg fast gelähmt.« Das entscheidende Wort ist hier »fast« ...

Schon als Junge, dessen Sehfähigkeit nachließ, hat er sich dagegen gewehrt, in die Falle von Abschottung und Selbstmitleid zu geraten. Er ging mit seinen Freunden zu einem beinah dreizehn Meter hohen Kliff. Darunter floss ein seichter Strom, der nur eine einzige tiefe Stelle hatte. Wer die bei seinem Sprung ins Wasser nicht traf, konnte tot sein. Aber so, wie es später seine typische Gewohnheit werden sollte, rang Erik seine Angst nieder und sprang. »Misserfolg«, so sieht es Weihenmayer, »ist eine Chance, zu lernen, keine Schande.« Bei einem Training für den Aufstieg zum Mount Everest musste er den Mount Rainier in Washington bezwingen und dort auf einem eisigen Schneefeld ein Zelt aufbauen. Als er seinen Handschuh auszog, um den Zeltpfahl fühlen zu können, bohrten sich scharfe Eissplitter in seine Hand. Sie wurde taub, und als er wieder etwas fühlen konnte, wurde ihm übel vor Schmerzen. Seine Teamkameraden mussten das Zelt für ihn fertig aufstellen.

Verärgert über diesen Rückschlag, beschloss er, daraus einen Vorteil zu machen. Als er wieder im achtunddreißig Grad warmen Phoenix war, zog er sich seine dicken Winterhandschuhe an und übte damit wieder und wieder den Aufbau des Zeltes. Heute schafft er das fast schneller als irgendeiner seiner sehenden Kameraden.

Er hat festgestellt, dass Innovationen und Kleinigkeiten den Erfolg herbeizaubern können. Als er beschlossen hatte, El Capitan's tausend Meter hohe Steilwand im Yosemite National Park zu bezwingen, übte er einen Monat lang, seine Ausrüstung den Berg hinaufzuschaffen, Haken in die Felsspalten zu setzen, nachts auf einem Felsvorsprung zu schlafen – und Dutzende anderer komplexer Fertigkeiten. Während andere Bergsteiger sehen können, wohin sie gehen, muss er seinen Weg finden, indem er mit seinen Fingern die Felsen abtastet, um auch nur die winzigsten Spalten zu finden. Er hat sich so auf die verschiedenen Geräusche eingestellt, dass er beim Abklopfen einer Eiswand hören kann, welcher Weg der sicherste ist.

Anders als Weihenmayer fürchten sich viele Menschen davon, auch nur den Versuch zu unternehmen, ihre Lebensträume zu verwirklichen, und lassen sich dadurch emotional so lähmen, dass sie weder den Erfolg noch den Misserfolg riskieren. Sie existieren vielleicht in dieser Welt, aber sie *leben* nicht wirklich. Sie überleben, aber ohne etwas *anzustreben*. Nachdem sein Sohn den Everest bestiegen hatte, erklärte Eriks Vater: »Ein sinnvolles Leben bedeutet, konstruktive Risiken einzugehen, ob man nun Erfolg hat oder nicht.«

Geben Sie Ihren Träumen eine Richtung

Erik Weihenmayer hat bewiesen, dass *jeder* Traum – so unwahrscheinlich er auch scheinen mag – verwirklicht werden kann. Aber der Hauptgrund, warum die meisten ihre Träume nicht realisieren, besteht erstaunlicherweise darin, dass sie gar keine haben ...! Die überwiegende Mehrheit der Menschen verbringt mehr Zeit damit, ihren Urlaub oder eine Party zu planen, als sich zu überlegen, was sie mit dem Rest ihres Lebens anfangen wollen.

Warum ist das so? Fürchten die Leute sich vor Misserfolgen? Fehlt ihnen das Selbstvertrauen, daran zu glauben, dass sie das Ziel ihrer Träume tatsächlich erreichen können? Oder haben sie Angst davor, dass andere sie auslachen könnten?

Wenn auch Sie zu diesen »traumlosen Seelen« gehören sollten, dann machen Sie sich keine Sorgen. Ich habe einige Vorschläge zusammengestellt, die Ihnen helfen können, wieder auf »die Spur« zu kommen:

Werfen Sie alle Zweifel über Bord

Die Vergangenheit ist nicht mit der Zukunft zu vergleichen. Die Tatsache, dass Sie etwas bisher noch nicht unternommen haben, bedeutet keineswegs, dass Sie es nicht in der Zukunft vollbringen könnten. Natürlich werden Sie daran arbeiten müssen. Es wird Frustrationen, Rückschläge, Misserfolge, Schweiß und Tränen geben, aber solange Sie sich voll einsetzen, ist *alles* möglich. Die einzigen Grenzen im Leben sind jene, die wir uns selbst auferlegen.

Im Sommer des Jahres 1921 setzte sich ein vierzehnjähriger Bauernjunge aus der Glaubensgemeinschaft der Mormonen keine Grenzen, weil er es nicht besser wusste. Als Halbwüchsiger träumte Philo T. Farnsworth davon, dass sein Name eines Tages zusammen mit den großen Erfindern Thomas Edison und Alexander Graham Bell genannt würde.

Während er das Feld pflügte, ließ Farnsworth seine Gedanken arbeiten. Er war besessen von der Idee, herauszufinden, wie man das Radio durch bewegte Bilder ergänzen konnte. Eines Tages blickte er zurück auf die Reihen, die er gerade gepflügt hatte – und dann kam ihm die zündende Idee. Wenn man ein Bild in eine Folge von Linien unterteilte, dann konnten diese Linien auf dieselbe Weise wie Radiowellen durch die Luft übertragen werden. Es sollte noch weitere sechs Jahre dauern, bis seine Idee Formen annahm. Aber schließlich gelang es ihm als Erstem, Bilder mit einer Elektronenstrahlröhre beim Sender und beim Empfänger zu übertragen. Er ist somit einer der Väter des Fernsehens.

Gestalten Sie Ihr Meisterwerk

Wie ein Maler müssen Sie die Vision in Ihrem Kopf vervollständigen, bevor Sie sie auf dem Papier zum Leben erwecken können. Lassen Sie vor Ihrem geistigen Auge ein dreidimensionales Bild davon entstehen, wie Sie Ihren

Traum leben. Ihre Vorstellungskraft braucht vielleicht eine Weile dazu, wenn sie längere Zeit nicht benutzt wurde, aber bleiben Sie geduldig: Das Bild wird kommen.

Wenn Sie dieses Bild mit allen Details und in lebhaften Farben vor Augen haben – und sich tatsächlich selbst darin sehen –, dann haben Sie mehr als die Hälfte des Weges geschafft. Wie zahllose Wissenschaftler nachweisen konnten, kennt unser Bewusstsein keinen Unterschied zwischen einer tatsächlichen Erfahrung und einer lebhaft vorgestellten …

Indem Sie Zeit, Energie und Mühe in die Visualisierung Ihres Traums investieren, prägen Sie ihn Ihrem Unterbewusstsein ein. Wenn Sie Ihrem Gehirn den Eindruck vermitteln, Sie hätten Ihr Ziel schon erreicht, werden erstaunliche Dinge geschehen!

Brüten Sie Ihren Traum aus

Erlauben Sie keinem Bedenkenträger, der »nur realistisch« ist, Ihren Geist zu vergiften und Ihren Traum abzutöten. Sie müssen sich ein Umfeld schaffen – einen Inkubator –, in dem Ihr Traum wachsen und gedeihen kann. Im Anfangsstadium wird er wie ein zu früh geborener Welpe sein: lebendig und ungebärdig, aber unglaublich zerbrechlich. Die Umgebung muss genau richtig sein, um diesen neugeborenen Traum zu nähren und ihm genug Kraft zu geben, damit er auf eigenen Füßen stehen kann.

Verbringen Sie viel Zeit allein mit Ihren Gedanken. Lassen Sie alles oberflächliche Psychogeschwätz in Ihrem Kopf hinter sich, das Ihnen wahrscheinlich sagen wird: »Das kannst du gar nicht; du bist doch nur ein …« und dergleichen. Umgehen Sie Ihren Kopf und hören Sie auf Ihr Herz. Seien Sie ehrlich. Was würde Sie wirklich glücklich machen? Wann fühlen Sie sich am lebendigsten? Wohin wollten Sie immer schon reisen? Wofür empfinden Sie die größte Leidenschaft?

In den zwanziger Jahren hatte die junge Ella Fitzgerald eine Leidenschaft fürs Singen. Nach dem Tod ihrer Mutter lebte sie in einem Erziehungsheim und sang, um ihrer harten Wirklichkeit zu entfliehen. Ihre große Chance kam bei einem Talentwettbewerb im »Apollo Theater« von Harlem. Das Haus war ausverkauft, und als ihr Name aufgerufen wurde, brachte die Siebzehnjährige – heimatlos, in schäbigen Klamotten und mit Männerstiefeln an den Füßen – genügend Mut auf, ihr entsetzliches Lampenfieber zu überwinden und zu singen … und sie sang wahrhaftig: Sie gewann den ersten Preis, und an diesem Abend begann ihre sechzigjährige Karriere als Sängerin, in der sie mehr als vierzig Millionen Platten verkaufte und dreizehnmal mit dem Grammy ausgezeichnet wurde.

Wie Ella Fitzgerald feststellte, *funktioniert klein zu denken und groß zu leben einfach nicht*. Um das Leben zu erlangen, das Sie verdienen, müssen Sie es wagen, *groß* zu träumen, und den Mut entwickeln, diesen Traum zu verwirklichen.

Weise Worte

Folge nicht einem vorgegebenen Weg, sondern gehe dort, wo es keinen Weg gibt, und verlasse die ausgetretenen Pfade.

Ralph Waldo Emerson

Inspiration zur Erinnerung

Erik Weihenmayer

Frage zum Nachdenken

Wenn Sie jeden beliebigen Job haben könnten, welchen würden Sie wählen?
Wenn Sie überall leben könnten, wo würden Sie wohnen?
Wenn Sie alles tun könnten, was Sie wollen, was würden Sie tun?

13. Zielsetzungen brauchen einen Traum

Es geht in dieser Welt nicht so sehr darum,
wo wir sind, sondern darum,
in welche Richtung wir uns bewegen.
Oliver Wendell Holmes

Sich Ziele zu setzen ist für manche Leute ein Angehen, obwohl fast jedem klar ist, wie wichtig das Planen ist. Denn wie würden sonst Bücher geschrieben oder Termine eingehalten?

Aber warum haben viele von uns Probleme damit, sich für wichtigere Aspekte ihres Lebens Etappenziele vorzunehmen? Weil sie an sich langweilig sind! Im Grunde sind sie vollkommen nutzlos ... es sei denn, sie sind an einen großen, faszinierenden Traum gekoppelt.

Träume und Ziele gehören von Natur aus zusammen. Die Realisierung von Träumen ist langfristig angelegt und irgendwie schwer zu fassen, Vorhaben auf dem Weg dorthin dagegen können auch kurzfristig erreicht werden und praktisch sein. Stellen Sie sich Ziele einmal als Meilensteine vor, die dafür sorgen, dass wir uns auf dem richtigen Weg zur Erfüllung unseres Traums befinden. Träume und Ziele gemeinsam bilden eine großartige Kraft, die dafür sorgt, dass wir vorankommen, uns entwickeln und wachsen. Wenn wir das volle Potenzial unserer Begabung ausleben wollen, können wir einfach nicht übersehen, welche wichtige Rolle Zielsetzungen in diesem Prozess spielen.

Ausgerichtet auf einen Traum

Leider hat man viele Suchende im Hinblick auf ihre Zielsetzung schlecht beraten. Motivationsgurus haben jahrelang empfohlen, man solle mit den Zielen so verfahren wie mit unserer täglichen Liste der Aufgaben, die wir zu erledigen haben: »Nimm ein Stück Papier und zehn bis fünfzehn Minuten Zeit und schreib alles auf, was du erreichen willst.« In Wirklichkeit haben unsere Ziele jedoch nur Macht, wenn sie auf etwas ausgerichtet sind, das wir uns leidenschaftlich wünschen. Wenn es keinen großen Traum als Anker gibt, dann treiben unsere Pläne immer wieder mit dem Wind davon.

Wichtige Ziele – nicht das, was wir täglich zu erledigen haben – brauchen Zeit, um sich zu entwickeln. Wir finden sie ganz sicher nicht innerhalb von fünfzehn Minuten. Sie sind nicht nur vorübergehende Wünsche oder zufällige Hoffnungen, sondern sie entstehen wahrscheinlich aus einem tief in unserem Inneren brennenden Verlangen, das wir schon eine ganze Weile gespürt, aber nicht eindeutig erkannt haben.

Furcht führt bisweilen dazu, dass wir unsere Träume und Ziele unter Bergen von Entschuldigungen vergraben. Wir überzeugen uns selbst davon, dass unsere tiefsten Wünsche nicht »realistisch« sind, und deshalb versuchen wir gar nicht erst, sie zu realisieren. Am wichtigsten ist es, immer daran zu denken: *Die meisten Ziele erscheinen unrealistisch, bis wir damit beginnen, an ihrer Verwirklichung zu arbeiten.*

Es war nicht realistisch, dass Henry Ford sich das Ziel setzte, ein Auto für den »Durchschnittsbürger« zu bauen, aber er hat es trotzdem getan. Es war nicht realistisch, dass Dr. Jonas Salk sich das Ziel setzte, einen Impfstoff gegen Kinderlähmung zu entwickeln, aber er hat es trotzdem getan. Es war nicht realistisch für den achtundzwanzigjährigen Robert Schuller, einen Prediger, der nur fünfhundert Dollar besaß, eine majestätische Glaskathedrale zu errichten, in der Tausende Menschen Platz fanden, aber er hat es trotzdem getan. Indem wir unsere Begabungen entwickeln und unseren Glauben pflegen, atmen wir Leben in unsere Ziele und halten unsere Träume lebendig.

Lester Tenney

»Ich hatte keine Angst, zu sterben. Ich hatte Angst, dass ich mein Ziel nicht erreichen würde.«

Lester Tenney wurde nicht mit einer positiven Einstellung geboren, sondern er hat sie unter den brutalsten Bedingungen, die man sich vorstellen kann, erworben.

Als US-Soldat 1941 von den Japanern gefangen genommen, wurde Tenney – gemeinsam mit zwölftausend anderen Amerikanern und sechzigtausend Filipinos – in dem berüchtigten Todesmarsch von Bataan mehr als hundert Kilometer zu Fuß durch den philippinischen Dschungel getrieben. Mehr als neunzig Prozent der Gefangenen kamen nie nach Hause zurück.

Über vierzehn Stunden mussten sie täglich durch das unwegsame Gelände stapfen, oft ohne Nahrung und Wasser, bei Temperaturen, die gewöhnlich achtunddreißig Grad im Schatten überstiegen. Die Bewacher bellten Anweisungen in japanischer Sprache und töteten die Gefangenen, die sie nicht verstanden, vom Weg abwichen oder stürzten, mit ihren Schusswaffen und Bajonetten oder enthaupteten sie. Geschwächt von Malaria und Durchfällen, trotteten einige der Kriegsgefangenen – von Bauchschmerzen gequält, die Zungen dick vom Staub, mit steifen Gliedmaßen und vor lauter Durst fast im Delirium – wie Zombies durch die Gegend. Wer nicht weiterkonnte, wurde exekutiert und manchmal lebendig begraben.

Tenney, der nur noch ein kleines Foto von seiner Frau besaß, das er in seinem Stiefel versteckt hatte, entwickelte einen Plan. »Ich musste wirklich daran glauben, dass ich überleben und nach Hause kommen würde.« Mit diesem Traum von der Heimkehr als fester Orientierungshilfe begann er sofort, sich Etappenziele für den Weg zu setzen, beispielsweise, dass er es bis zur nächsten Straßenbiegung schaffen oder einen bestimmten Mangobaum erreichen würde, der acht oder zehn Meter entfernt war. Die Gefangenen litten so extrem, dass er sich Stoffstückchen in die Ohren stopfte, um das Stöhnen seiner Kameraden nicht so deutlich zu hören.

»Ich hatte keine Angst, zu sterben«, sagte er mir bei unserem Interview, »ich hatte Angst, dass ich mein Ziel nicht erreichen würde.« Sogar als viele seiner Gefährten ihr Leben nicht mehr für lebenswert hielten, blieb Tenney bei dem, was er sich vorgenommen hatte.

»Hoffnung war das, was die meisten Überlebenden während des Todesmarschs am Leben hielt«, schrieb Tenney später in *My Hitch in Hell.* »Hoffnung, dass der Hunger, die Krankheit und die qualvolle Anstrengung, einen Fuß vor den anderen zu setzen, enden würde, wenn wir dort ankamen, wo unser Weg uns hinführen sollte.«

Aber dieser Weg führte sie in ein Gefangenenlager, in dem die Bedingungen fast noch brutaler waren. Sie bekamen täglich nur eine Handvoll Reis und waren geschwächt durch Skorbut, Pellagra, Beriberi, Malaria, Lungenentzündung und Durchfälle. Tenney konnte fliehen und schloss sich einer Guerillabande an, wurde dann aber wieder gefangen genommen. Die Japaner prügelten ihn zusammen, zwangen ihn, die Exekution seiner Kameraden anzusehen, steckten ihm Bambussplitter unter die Fingernägel und zündeten sie an, hängten ihn tagelang an den Daumen auf und verurteilten ihn später zur Sklavenarbeit in einer einsturzgefährdeten japanischen Kohlenmine, deren Decke nur knapp einen Meter hoch war.

Aber, so erinnert sich Tenney: »Meine Gedanken waren auf das Leben, nicht auf das Sterben gerichtet. Ich war bereit, alles zu ertragen, was die Japaner mir noch antun sollten, weil ich wusste, dass ich eines Tages heimkommen würde.«

Unten in der Kohlenmine schloss er beispielsweise die Augen und träumte – von seiner Frau oder von dem neuen Haus, das er nach seiner Heimkehr bauen würde, dem

Auto, das er sich kaufen wollte, den Speisen, die er äße, wie er zum College ginge, einen guten Job fände und ein ordentliches Gehalt verdiente. »Ich kann mir nicht aussuchen, wie ich sterben werde«, dachte er, »aber ich kann mir aussuchen, wie ich leben werde.«

Leider waren nicht alle Kriegsgefangenen so entschlossen wie Tenney. Ohne eine überzeugende Zukunftsperspektive gaben viele von ihnen einfach auf. Sie tauschten ihre tägliche Ration Reis gegen eine letzte Zigarette. Oder sie protestierten gegen ihre Behandlung, wohl wissend, dass man sie zur Strafe enthaupten würde.

Aber Tenney konzentrierte sich weiter auf seinen Traum. Er aß, was man ihm gab, arbeitete so lange wie nötig, ertrug jede Folter, verbeugte sich sogar und sagte »Hai« (»Herr«) zu seinen Bewachern, wenn das nötig war, um einen weiteren Tag zu überstehen – und dann noch einen und noch einen, von denen jeder ihn seiner Heimkehr einen Schritt näher brachte.

Nach drei Jahren und acht Monaten Gefangenschaft wurde er im August 1945 befreit, als die Atombombe über Nagasaki abgeworfen wurde, nicht weit von dem Lager, in dem er gefangen gehalten worden war. Er flog nach Okinawa, um dort seinen Bruder zu treffen, der ihm unter Tränen erzählte, seine Frau habe ihn für tot gehalten und einen anderen Mann geheiratet. »Alle diese Tage, Wochen, Monate, Jahre – alles, wovon ich geträumt hatte, war die Heimkehr zu meiner Frau Laura gewesen. Jetzt lag mein Traum in Scherben«, schrieb Tenney.

Aber dann, so berichtete er weiter, »kam ich zur Vernunft und dachte daran, wie Laura mein Leben gerettet hatte. Sie gab mir den Traum, den ich brauchte, um mich daran festzuhalten ... Ohne diesen Traum wäre ich vielleicht schon vor Jahren untergegangen.«

So verzieh er Laura und verzieh auch seinen japanischen Peinigern. Er heiratete wieder, bekam Kinder, baute sich eine erfolgreiche Karriere im Versicherungswesen auf und promovierte später sogar noch. Jahrelang ist er nach Japan gereist und hat dort Vorträge über den Todesmarsch von Bataan gehalten.

Wenn Tenney heute auf diese Phase seines Lebens zurückblickt und versucht, die Essenz seiner Erfahrungen als Kriegsgefangener zusammenzufassen, dann erinnert er sich daran, wie er sich mit fünf seiner Gefährten zusammendrängte und sie alle gemeinsam Gott um ihr Überleben anflehten. Tenney ist als Einziger von ihnen nach Hause zurückgekehrt.

Hat Gott ihn den anderen vorgezogen? Tenney glaubt das nicht. In unserem Interview sagte er mir: »Damit ein Mensch erfolgreich sein kann, muss es etwas geben, das stärker ist als alle Hindernisse. Es ist Entschlossenheit, Zielstrebigkeit, eine positive Geisteshaltung und keine Angst vor Misserfolgen – das bewirkt den Unterschied.«

Die fantastische Macht der Ziele

Ziele sind wie Straßenschilder. Sie sagen uns, in welcher Richtung wir unterwegs sind und wie lange wir für unsere

Reise wahrscheinlich brauchen werden. Um unseren Bestimmungsort zu erreichen, müssen wir uns nicht nur von unserem gewaltigen Traum in Begeisterung versetzen lassen, sondern uns auch dazu verpflichten, neben der Erfüllung der kleinen alltäglichen Aufgaben ebenso die Etappenziele zu erreichen, die Voraussetzungen für die Verwirklichung unseres Traums sind. Manchen Leuten gelingt es besser, große Pläne zu entwickeln, andere haben weniger Mühe damit, die einzelnen Abschnitte auf dem Weg dorthin zu bewältigen. Aber wir brauchen beides, wenn wir die Erreichung unserer Träume mit den harten Anforderungen des Alltags in Einklang bringen wollen.

Wenn Sie immer noch nicht an die Macht von Zielsetzungen glauben, dann denken Sie an die Geschichte von Ted Leonsis: Zu Beginn seiner beruflichen Karriere war er noch weit davon entfernt, Vice-President von AOL, Hauptanteilseigner des professionellen Hockeyteams der Washington Capitals und Miteigentümer des professionellen Basketballteams der Washington Wizards zu sein. Aber all dies ist er am Ende geworden, nachdem 1983 ein entscheidendes Ereignis sein Leben verwandelt und seine Bestimmung verändert hat.

Er war siebenundzwanzig Jahre alt, als sein Leben bei einem Flugzeugabsturz wie ein Film vor seinen Augen ablief. Während die Maschine auf die Erde zustürzte, versprach er sich selbst, er würde, wenn er überlebte, in Zukunft bis zum Ende seiner Tage so direkt wie möglich »auf Angriff« spielen.

Zum Glück überlebte er tatsächlich, und er hielt sein Versprechen, indem er eine Liste unter dem Titel »101 Dinge, die ich vor meinem Tod zu tun habe« aufstellte. Ungefähr zwanzig Jahre später hat Leonsis rund drei Viertel seiner Ziele erreicht. Zu seinen Vorhaben, erfüllt oder noch offen, gehören jene, die in dem Kasten aufgeführt sind.

Erreicht	**Noch nicht erreicht**
Mich verlieben und heiraten	Enkel haben
Einen gesunden Sohn haben	Ein Hole-in-one im Golf erreichen
Eine gesunde Tochter haben	An einer Safari in Afrika teilnehmen
Den größten Medienkonzern der Welt aufbauen	Einen Weltraumflug unternehmen
Einen Ferrari besitzen	Einen Grammy/Oscar/Tony gewinnen
Mickey Mantle treffen	Ein Sabbatjahr nehmen
Pebble Beach spielen	Ein persönliches Gespräch mit Michael Jordan
Das Leben eines anderen Menschen verändern	Im Laufe meines Lebens hundert Millionen Dollar spenden
Die Rolling Stones sehen	Mit meiner Familie um die Welt segeln
Ein Sport-Franchise besitzen	Zur Weltmeisterschaft gehen

Wenn Sie diese Ziele für eindrucksvoll halten, dann sollten Sie sich Leonsis' vollständige Liste auf unserer Seite www.borntobe.com einmal ansehen (auf Englisch). Falls Sie nach einem Rollenmodell suchen, wie jemand groß träumt und sich damit eine Blaupause für den Erfolg in allen wichtigen Lebensbereichen schafft, dann wäre Ted Leonsis eine großartige Wahl.

Wie erreichen wir unsere Ziele?

Gewöhnen Sie sich an, jeden Tag zwanzig Minuten zu reservieren, in denen Sie Ideen und Pläne entwickeln und Ihre Fortschritte auf dem Weg zu Ihren Zielen messen. Widmen Sie diesen Zielen alle Kraft und Energie, besonders in der Anfangszeit, während deren es entscheidend auf den Schwung ankommt. Wenn Sie sich voll verpflichtet haben, brechen Sie die Brücken hinter sich ab und lassen Sie keine Rückzugsmöglichkeit offen. Streichen Sie jeden »Plan B« aus Ihren Gedanken. Misserfolg ist keine Option.

Hier sind einige bewährte Prinzipien, die ich Ihnen unbedingt ans Herz legen möchte:

- *Beginnen Sie mit einem Traum.* Erzeugen Sie einen Traum, der Ihr Herz wirklich höher schlagen lässt. Nutzen Sie Ihre Vorstellungskraft, um ihn zu sehen, zu hören, zu fühlen, zu berühren und zu schmecken.
- *Veranstalten Sie ein Brainstorming und schreiben Sie Ihre Etappenziele auf.* Denken Sie an alle möglichen Zwischenschritte oder Ziele, deren Verwirklichung Sie einen Schritt näher an die Umsetzung Ihres Traums bringt.
- *Seien Sie präzise und schaffen Sie Maßstäbe für Ihre Fortschritte.* Sagen Sie nicht: »Ich werde abnehmen«, sondern sagen Sie: »Ich werde bis zum Ende des Monats fünf Pfund weniger draufhaben.«
- *Stellen Sie einen verbindlichen, aber realistischen Zeitplan auf.* Ein Ziel ohne Zeitplan ist wie eine Uhr ohne Zeiger; es sagt einem nicht viel.

- *Fixieren Sie einen schriftlichen Plan.* Wer durch ein fremdes Land reist, braucht eine Landkarte zur Orientierung. Ein Plan ist kein Plan, solange man ihn nicht aufgeschrieben hat.
- *Werden Sie unverzüglich aktiv.* Wann immer Sie sich ein Ziel setzen, tun Sie *etwas* – *irgendetwas* – zu seiner Verwirklichung.

Der Beweggrund

Wenn wir keine Leidenschaft für das Motiv hinter unseren Zielen aufbringen, werden wir wahrscheinlich auch keinen Erfolg haben. Wenn wir einfach nur »einen Traum formulieren«, weil er uns in diesem Moment gerade mal so passend erscheint (beispielsweise: »Ich werde im nächsten Jahr hunderttausend Euro verdienen«), dann fehlt die emotionale Intensität, die wir brauchen, um schwierige Zeiten durchzustehen. Und ohne emotionale Intensität sind unsere Ziele machtlos. Ohne emotionale Intensität werden wir wahrscheinlich nicht die Energie aufbringen, die wir für Bestleistungen brauchen. Sogar wenn wir das Ziel erreichen, hat es nicht so viel Bedeutung wie etwas, was wir aus tiefstem Herzen ersehnt haben. Die Motivation, die Emotion und die Absicht hinter einem Traum sind die Antriebskräfte, die seine Macht freisetzen und ihm seinen Reiz verleihen.

Im Laufe der Jahre habe ich festgestellt, dass Menschen in gewisser Hinsicht eine Ähnlichkeit mit Fahrrädern haben. Wir halten das Gleichgewicht, solange wir in die

Pedale treten und uns vorwärts bewegen. Wenn wir langsamer werden und unseren Schwung verlieren, dann kippen wir wahrscheinlich um. Aber sobald wir uns ein reizvolles Ziel gesetzt haben, den Weg kennen und kontinuierlich »strampeln«, dann können wir enorme Wegstrecken zurücklegen.

Weise Worte

Ein vernünftiger Mensch passt sich der Welt an; ein unvernünftiger versucht ständig, die Welt seinen eigenen Bedürfnissen anzupassen. Deshalb hängt aller Fortschritt von den Unvernünftigen ab.

George Bernard Shaw

Inspiration zur Erinnerung

Lester Tenney

Frage zum Nachdenken

Welche spannenden Ziele stehen auf Ihrer Liste der hundertundein Dinge, die Sie vor Ihrem Tod noch tun wollen?

14. Entwickeln Sie Ihre Begabung

Wenn die Leute wüssten, wie hart ich arbeiten musste, um meine Meisterschaft zu erlangen, würde sie ihnen gar nicht so wunderbar vorkommen.
Michelangelo

Jeder Same hat in seinem Inneren ein Wunder verschlossen. Vielleicht wird ein stattlicher Baum daraus, eine wunderschöne Blume oder eine schmackhafte Mahlzeit. Aber es kann nichts daraus entstehen, wenn der Same nicht aufgeht. Man muss ihn nähren – pflanzen, gießen und pflegen –, bis er aus seiner Schale hervorbricht, seine Wurzeln in die Erde senkt und seine Triebe gen Himmel reckt. Wenn dieses Wunder geschehen soll, dann muss der Same die Sicherheit seiner Hülle aufgeben und sich ins Unbekannte hinauswagen, um seine Bestimmung zu erfüllen.

Jedes lebenswerte Leben, jedes große Werk ist wie ein Same, und wir sind die Gärtner. Wir müssen erkennen, dass der Same nicht überleben kann, wenn er in einen schlechten Boden gepflanzt wird, nicht genug Wasser und Sonnenlicht bekommt oder von Unkräutern erstickt wird. Wenn wir das junge Pflänzchen – unsere Begabung – nicht pflegen, dann wird es verkümmern und sterben.

Den Samen zu pflegen kostet einen Preis in Form von Zeit, Energie und Hingabe. Aber auch wenn der Preis hoch sein mag, ist er doch sehr viel geringer als die Strafe eines Lebens voller Reue, in dem man sich ständig fragt: »Was wäre, wenn ...?« Und worin der Preis auch immer bestehen mag, er bedeutet stets das Loslassen von etwas, das wir schätzen. Wie der Same müssen wir bereit sein loszulassen, wenn wir unserer sicheren kleinen Hülle entkommen wollen.

Loslassen

Loslassen kann für jeden von uns etwas anderes bedeuten. Für einen Mann, dem sein Job nicht mehr die geringste Freude macht, kann es sein, dass er sein sicheres Einkommen und seinen Status aufgeben muss. Für ein Paar, dessen Ehe ins Schwimmen geraten ist, kann der Verzicht auf alte Gewohnheiten und Vorstellungen vonnöten sein, die einer guten Beziehung im Weg stehen. Auf jeden Fall wird das Festklammern am Gewohnten und die Weigerung, etwas aufzugeben, unser Leben zwangsläufig einschränken und uns die Lebensfreude rauben. Wir dürfen uns nicht davor fürchten, das loszulassen, dessen Bewahrung wir uns nicht mehr leisten können.

Damit unsere Begabungen sich entfalten können, müssen wir bereit sein, das gehen zu lassen, was uns zurückgehalten hat. Wir müssen uns fragen: »Woran hänge ich, obwohl es mein Leben einschränkt? Was will ich aus Furcht nicht loslassen?« In unserem Inneren erwartet uns alle eine wichtige Antwort, aber wir werden sie nur hören, wenn wir die richtigen Fragen stellen und den Antworten dann sorgfältig lauschen.

Eine unübersehbare Gemeinsamkeit

Wie gesagt habe ich mich intensiv mit Menschen beschäftigt, die in den verschiedensten Bereichen des Lebens Höchstleistungen erbringen. Eine Gemeinsamkeit unter ihnen ist auch diese: *Es gibt keine Abkürzungen zum Erfolg*. Wir müssen unsere Begabung entdecken und Tag für Tag, Woche für Woche, Monat für Monat an ihrer Vervollkommnung arbeiten. Bei dieser Investition geht es um nichts Geringeres als unser gesamtes Selbst. Warum? Es gibt dafür eine Reihe von Gründen.

Der erste entspricht dem gesunden Menschenverstand: Man bekommt keine fetten Dividenden aus einer mageren Investition. Wenn Sie ein erfolgreicher Konzertpianist sein wollen, dann müssen Sie jahrelang zwölf Stunden täglich üben; ein Wochenende reicht dafür nicht aus. Wenn Sie eine Feinschmeckermahlzeit zubereiten wollen, dann müssen Sie dafür die besten Zutaten kaufen.

Wir alle kennen dieses Prinzip. Aber wir kennen auch jede Menge schlechter Investoren, lausiger Pianisten und miserabler Köche. Und wir wissen, dass die Misserfolge und die mittelmäßigen Leistungen in unserem eigenen Leben das unvermeidliche Ergebnis unserer halbherzigen Bemühungen sind.

Der zweite Grund: So, wie »der Mensch ist, was er isst«, so *werden wir, was wir tun*. Und wenn wir uns vor jeder

Entscheidung die stille Frage stellen: »Wie kann ich mich mit minimalem Aufwand aus der Affäre ziehen?«, dann haben wir ein Problem. Wir dürfen zwar darüber fantasieren, wie wir im Lotto mit dem Mindesteinsatz den Jackpot knacken, aber in der wirklichen Welt, das wissen wir – oder wir sagen zumindest, dass wir es wissen –, funktioniert das Leben so nicht.

Leider versuchen wir, viele der wirklich wichtigen Aufgaben – die Betreuung unserer Kinder, die Pflege unserer Beziehung, die Förderung einer starken, gesunden Gemeinschaft, die Sorge für Geist und Seele – auf die billige Weise abzuhandeln. Das mag eine Weile gutgehen, aber früher oder später holt unsere Nachlässigkeit uns ein, alles beginnt auseinanderzufallen, und wir fragen uns erstaunt nach dem Grund.

Tatsache ist: Wenn wir das volle Potenzial unserer Begabung entwickeln wollen, müssen wir bereit sein, den Preis dafür zu zahlen, und dieser Preis wird mit jedem Jahr höher. Es ist wie mit einem Kredit: Je länger wir die Rückzahlung hinauszögern, desto höher wird unsere Schuldenlast – und leider gibt es darauf keinen Rabatt.

Wenn Sie davon träumen, ein Spitzensportler zu werden, dann trainieren Sie nicht nur einmal pro Woche. Wenn Sie davon träumen, ein erfolgreicher Geschäftsmann zu werden, dann schaffen Sie das nicht, wenn Sie nur in Teilzeit arbeiten. Wenn Sie davon träumen, ein Maler zu werden, dann nehmen Sie die Palette nicht nur in die Hand, wenn Sie Lust dazu haben. Gleich, wovon Sie träumen oder was Ihre Begabung ist, immer müssen Sie bereit sein, den Preis dafür zu zahlen.

Sylvester Stallone

»Ich bin nicht der klügste oder talentierteste Mensch der Welt, aber ich habe Erfolg, weil ich immer weitermache und weitermache und weitermache.«

Er war ein mageres Kind und irgendwie seltsam. Bei der Geburt hatte er einen Nervenschaden erlitten, der dazu führte, dass sein linkes Auge und der linke Mundwinkel herabhingen. Er hatte auch eine schwere Sprachstörung und einen Vornamen, der die anderen Kinder in seiner brutalen Nachbarschaft zu Sticheleien animierte.

»Binky« wurde sein Spitzname, und bald nannten die Kinder ihn »Stinky Binky«.

Je mehr er verspottet wurde, desto mehr zog er sich in eine Fantasiewelt zurück, die so reich war, dass er manchmal ein »Superboy«-Kostüm unter seiner Schulkleidung trug. Als eine Lehrerin das herausfand, zwang sie ihn, sich vor der Klasse auszuziehen, um zu demonstrieren, wie albern er in dem Kostüm aussah – was verständlicherweise sein Selbstwertgefühl nicht gerade förderte. Er versuchte sogar, mit einem geöffneten Schirm von einem Dach zu springen, weil er hoffte, damit fliegen zu können.

Er wuchs in sehr ungünstigen familiären Verhältnissen auf und wechselte die Schulen vierzehnmal in nur elf Jahren. Seine Noten waren so schlecht, dass niemand viel von ihm erwartete. Nicht einmal die Military School konnte das nennenswert ändern. Um die Sache noch schlimmer zu machen, war er ziemlich aggressiv und spielte anderen so übel mit, dass er mehr ein Kandidat fürs Gefängnis zu sein schien als ein zukünftiger Star.

Als er dreizehn war, sah Binky einen Film, der sein Leben für immer verändern sollte – »Herkules«. Die Hauptperson, dargestellt vom Muskelmann Steve Reeves, inspirierte ihn so sehr, dass er, einen Tag nachdem er den Film gesehen hatte, auf einem nahe gelegenen Schrottplatz damit begann, alte Autoteile als Gewichte zu stemmen. Später bekam er im College bei einigen Theateraufführungen kleinere Rollen. Aber er spielte miserabel und erhielt von seinen Dozenten nur wenig Zuspruch.

Dennoch war er entschlossen, Schauspieler und Drehbuchautor zu werden. Also brach er seine Ausbildung ab und ging nach New York, wo er auch nur ständig auf Ablehnung stieß. Er hauste im Zimmer eines Billigsthotels und verdiente sein Geld mit Gelegenheitsjobs – als Platzanweiser im Theater, Pizzakurier, Salatmischer in einem Schnellrestaurant, Fischverkäufer und sogar Reinigungskraft im Zoo, wo er die Löwenkäfige säuberte. Er war dermaßen knapp bei Kasse, dass er seine Bekleidung waschen musste, indem er sich angezogen unter die Dusche stellte.

Nachdem er fünf Jahre lang in New York vergeblich nach Anerkennung gesucht hatte, knallte er vierzig Dollar für einen abgewrackten Oldsmobile auf den Tisch und fuhr damit nach Hollywood. Dort konnte er ein paar kleine Rollen ergattern, und zwischen den Engagements übte er sich konsequent als Drehbuchautor. Dabei verordnete er sich strenge Arbeitszeiten und stand jeden Morgen früh auf, um mehrere Stunden zu schreiben.

Allmählich zeichnete sich für sein Drehbuch eine Story ab. Mitte der siebziger Jahre ging die Ära Vietnam für die USA zu Ende. Die Amerikaner, so rechnete sich Stallone aus, waren auf der Suche nach Hoffnung und Inspiration – nach Helden. Er beschloss, sich auf den verbissenen Ehrgeiz und die zerbrochenen Träume eines »kleinen« Mannes zu konzentrieren, mit dem sich die meisten Kinobesucher identifizieren und den alle unterstützen konnten.

Die Person, die dabei herauskam, war natürlich Rocky Balboa, der Cinderella-ähnliche erfolglose Boxer, der in einem epischen Kampf mit dem Weltmeister zum symbolträchtigen Sieger wird.

Ein Filmproduzent war begeistert von dem Drehbuch und bot fünfundsiebzigtausend Dollar dafür – unter der Bedingung, dass Stallone nicht selbst die Hauptrolle spielen würde. Aber obwohl dieser nicht mehr als gut hundert Dollar auf dem Konto hatte, wollte er das Angebot nur annehmen, wenn er selbst als Hauptdarsteller engagiert würde. Der Produzent weigerte sich, erhöhte sein Angebot für das Drehbuch aber auf hundert- und später sogar auf dreihunderttausend Dollar. Für jemanden, der so arm war, dass er seinen Hund verkaufen musste, um sich selbst etwas zu essen leisten zu können, war das eine Wahnsinnssumme.

Trotzdem winkte Stallone ab. Er wusste, dass dies der Durchbruch sein würde, nach dem er gesucht hatte. Schließlich stimmte der Produzent zu, ihn für die Hauptrolle zu verpflichten. Aber er glaubte nicht, dass der Film ohne einen großen Star viel einbringen würde, und so zahlte er »Binky« nur zwanzigtausend Dollar für das Drehbuch und dreihundertvierzig Dollar die Woche – den Mindestlohn für Schauspieler.

»Rocky« wurde mit rund hundertsechzig Millionen Dollar zum Kassenschlager, gewann drei Oscars, und anschließend gab es noch einige überaus erfolgreiche Fortsetzungsfilme. Nach Jahren der Ablehnung war Sylvester Stallone im Alter von dreißig Jahren »über Nacht« zur Sensation und zu einer kreativen Kraft geworden, mit der man in der Filmindustrie zu rechnen hatte.

Dass er sich so fest an seinen Traum von der Hauptrolle geklammert hatte, war der entscheidende Punkt gewesen. »Soweit ich das beurteilen kann«, sagte er, »hätte ich ohne die Hauptrolle nur diesen einen Erfolg gehabt.« Später gab er zu, er hätte die Rolle sogar ohne Honorar gespielt, weil er so sicher war, dass der Film ein Triumph sein würde.

Ironischerweise ist die Erfolgsgeschichte des Hauptdarstellers inspirierender als die des Filmhelden, der ihm Ruhm und Glück gebracht hat.

Der einfache Weg ist nicht der beste

Ist es nicht verlockend, den leichten Weg zu gehen? Auch wenn wir tief in unserem Inneren wissen, dass die einfache Lösung gewöhnlich nicht die beste ist, versuchen wir es doch immer wieder mit ihr. Welcher vernünftige Mensch würde schon den langen Weg wählen, wenn es auch einen kurzen gäbe? Aber wie Stallone feststellte, funktioniert das Leben nicht auf diese Weise. Abkürzungen sind nur verkappte Sackgassen. Doch die Suche nach ihnen steckt hinter vielem Verrückten, das wir tun: Impulskäufe, Missbrauch von Drogen und Alkohol, Pfusch bei Klausuren in der Schule und Betrügereien im Geschäftsleben.

Um jedoch das zu erlangen, was wirklich Wert hat – intakte Familien, gesunde Kinder, solide Freundschaften, Weisheit, Erkenntnis, nachhaltigen Wohlstand, Kompetenz, Glück und inneren Frieden –, gibt es einfach keine Abkürzungen. Jedes dieser Ideale liegt am Ende eines sehr langen Weges, und die Fahrt auf jener Straße kostet hohe Mautgebühren, aber sie ist jeden Cent wert.

Die gute Nachricht lautet, dass die Mautgebühren nicht auf einen Schlag gezahlt werden müssen. Gewöhnlich reichen zehn Cent pro Etappe. Auf diese Weise sind die meisten Ziele, nach denen wir uns sehnen, in greifbarer Nähe, *sofern* wir uns auf das Wesentliche konzentrieren und bei den kleinen Aufgaben bleiben, die das Ganze ausmachen. Das bedeutet nicht, dass es leicht wäre. Furcht, Entmutigung, Lustlosigkeit oder auch die schlichte altbekannte Langeweile werden versuchen, uns den Weg zu verstellen, und uns immer wieder in Versuchung führen, diese fatalen Abkürzungen zu nehmen. Tappen Sie nicht in solche Fallen. Halten Sie Ihren Kurs. Wenn Sie an sich selbst glauben, Vertrauen haben, geduldig sind und es immer wieder versuchen, ist Ihnen der Erfolg sicher.

Der unmissverständliche Kern

Im tiefsten Inneren eines jeden gesunden Menschen befindet sich ein fester Kern eindeutiger Verbindlichkeiten: Manches *muss* man tun, und anderes darf man *niemals* tun. Im Zentrum jeder dieser Verbindlichkeiten liegen der Wille und die Entschlossenheit, ihnen um jeden Preis treu zu sein. An diesen Verbindlichkeiten müssen wir uns wieder orientieren, um Richtung und Klarheit zu gewinnen und den festen Willen aufzubauen, unseren Begabungen und uns selbst um jeden Preis treu zu sein.

Das ist der einzige Weg zu einem erfüllten Leben, das reich ist an dem, was wirklich zählt. Ein solches Leben aufzubauen fordert vielleicht einen hohen Preis, aber die Alternative – Mittelmäßigkeit und Langeweile – kostet sehr viel mehr.

Der Preis der Geduld

Niemand wartet gern. In einer Zeit, in der praktisch alles, was wir wollen, nur einen Anruf oder einen Mausklick entfernt ist, nervt uns schon die geringste Verzögerung. Wir ärgern uns über die rote Ampel, über die Wartezeit im Restaurant, am Telefon oder in der Arztpraxis. Aber es gibt noch andere, sehr viel längere Wartezeiten: das Warten auf den richtigen Lebenspartner, das Warten darauf, dass wir unser Lebensziel finden, das Warten auf den richtigen Job, auf das Einkommen, mit dem wir uns ein eigenes Haus leisten können, auf die Beförderung, auf den richtigen

Moment für die Familiengründung, auf die Zeit, da die Kinder das Haus verlassen, und schließlich das Warten auf den Ruhestand. Wann hat dieses ewige Warten ein Ende? Es ist ermüdend, und wir werden darüber verdrießlich, ungeduldig und manchmal sogar regelrecht zornig.

Aber man kann das Ganze auch anders angehen. Sogar die kürzeste Wartezeit mag eine Gelegenheit bieten, das Leben tiefer zu erforschen und klarer zu erkennen, wer wir wirklich sind und in welche Richtung wir uns tatsächlich bewegen – im Gegensatz zu unserer *Vorstellung* davon, wohin wir gehen.

Echtes Warten bedeutet nicht nur einen Zeitverlust. Vielmehr nutzen wir dabei unsere kostbare Zeit, um unsere Begabung zu entwickeln und auf diese Weise langsam, geduldig und Schritt für Schritt zu wachsen. Andre Agassi hat diese Erfahrung gemacht, als er während der Tennissaison 1997 die meiste Zeit abseits des Platzes verbringen und zusehen musste, wie er in der Weltrangliste auf Platz hunderteinundvierzig fiel. Aber nach wenigen Monaten kontinuierlicher Verbesserung stieg er wieder auf bis zur Nummer sechs. Das Geheimnis, so schrieb er, lag darin, »einfach jeden Tag besser zu werden. Man darf nicht akzeptieren, einen Tag nicht besser zu werden. Aber man darf auch nicht so dumm sein, an einem Tag um zwei Tage besser werden zu wollen.«

Viele Leute werden frustriert, weil sie nicht genügend Geduld haben. Sie werden zu Opfern ihrer Erwartung, dass sich ihre Mühe unverzüglich auszahlt. Wer nicht genug Geduld aufbringt, reagiert leicht gereizt, frustriert, gestresst und verärgert. Versuchen Sie nicht, Ihren Weg zum Erfolg zu erzwingen – arbeiten Sie sich einfach Schritt für Schritt voran. Wenn Sie das mit absoluter Hingabe tun, wird sich der Lohn einstellen.

Erwartungen versus Dankbarkeit

Manche Leute betrachten ihre Begabung mit Erwartungen statt mit Dankbarkeit. Sie gehen davon aus, dass ihr »gottgegebenes Talent« sie von selbst ans Ziel bringt, ohne dass sie hart dafür arbeiten müssten. Diese Zeitgenossen halten ihre Gabe für selbstverständlich und investieren selten Zeit, Energie und Mühe, um sie zu pflegen und zu fördern. Sie setzen voraus, dass sie ihren Instant-Erfolg zusammen mit ihrem Instant-Kaffee und ihren Instant-Haferflocken genießen können.

Aber das Leben ist nicht dazu da, unsere Wünsche zu erfüllen; es ist darauf angelegt, uns das zu geben, was wir uns erwirtschaften. Wenn Sie beispielsweise reich sein wollen, dann müssen Sie mit Ihrem Geld so umgehen, wie reiche Menschen es tun. Wenn Sie gesund sein wollen, dann müssen Sie sich so ernähren und bewegen, wie ein gesunder Mensch es tut. Anders ausgedrückt: Wir bekommen vom Leben meist keinen »Topf voller Gold«; wir bekommen lediglich den Topf, und nach dem »Gold« müssen wir selbst graben. Doch viele Menschen verbringen ihre Freizeit mit geistlosen Aktivitäten, die ihnen kaum irgendwelchen Nutzen bringen. Ich gebe zu, bei all den Ablenkungen, die unsere moderne Gesellschaft bietet, braucht man enorm viel Selbstdisziplin und Willenskraft, um die Zeit und Energie zu investieren, die für die Entwicklung unserer Begabung nötig ist. Aber entwickeln müssen wir sie. Leider reicht es nicht aus, sie lediglich zu entdecken.

Wer gerade nur das Nötigste tut, wird nicht weit kommen. Wenn das, was Sie momentan mit Ihrem Leben machen, Sie nicht wirklich inspiriert, dann kann das nur eins bedeuten: Es ist Zeit für eine Veränderung.

Veränderung ist nicht immer ein Vergnügen. Aber wenn Sie erkennen, dass Ihr Reichtum immer dem entspricht, was Sie dafür leisten, dann werden Sie das allmählich akzeptieren. Sie können nicht mehr aus dem Leben herausholen, als Sie hineingeben, doch viele Leute versuchen das trotzdem. Sie sind zwar unzufrieden mit dem, was sie haben, wollen aber ihr Handeln trotzdem nicht genauer unter die Lupe nehmen. Sie betrachten das Leben als einen riesigen Glücksspielautomaten, den sie mit Kleingeld füttern, und erwarten, dass er dafür ein Vermögen ausspuckt, wenn sie nur wiederholt den Griff betätigen.

Sicher, in vielen Situationen würden Sie lieber nur immer wieder den Griff betätigen. Es ist einfach, auf einen Jackpot zu hoffen; es ist schwierig, Kopf und Herz für die Verwirklichung Ihres Traumes einzusetzen. Aber solche Momente sind Prüfungen. Ihr Lebensziel fordert Sie heraus – um festzustellen, wie sehr Sie es wirklich wollen.

Weise Worte

Ich habe jede Minute des Trainings gehasst,
mir aber gesagt: »Gib nicht auf. Leide jetzt und verbring
den Rest deines Lebens als Champion.«
Muhammad Ali

Inspiration zur Erinnerung

Sylvester Stallone

Frage zum Nachdenken

Welchen Plan oder welches Programm könnten Sie sich verordnen, um sicherzustellen, dass Sie Fortschritte bei der Entwicklung Ihrer Begabung und Verwirklichung Ihrer Ziele machen?

Teil III:
Die Begabung schätzen

15. Dies sind außergewöhnliche Zeiten

Man kann einem Menschen alles nehmen,
nur nicht die letzte menschliche Freiheit –
sich zu den gegebenen Verhältnissen
so oder so einzustellen.
Und es gibt ein »So oder so«.
Nach Viktor Frankl

Arbeitsplätze werden abgebaut. Die Einkommen sinken drastisch. Die Ungleichheit greift um sich. Die Gesundheit wird zerstört, und die Lebensqualität verblasst im Vergleich zur guten alten Zeit. Das sagt man uns jedenfalls.

Tatsache ist jedoch, dass unser westliches System der freien Marktwirtschaft weiterhin Wohlstand, Chancengleichheit und einen verbesserten Lebensstandard für praktisch alle Teile der Bevölkerung bietet. Wie Mark Twain einmal sagte: »Was uns umbringt, ist nicht das, was wir nicht wissen. Es ist das, was wir mit Sicherheit wissen, was jedoch in Wahrheit falsch ist.«

Manche Leute wollen uns weismachen, dass aus dem amerikanischen Traum ein Albtraum geworden ist und die besten Zeiten hinter uns liegen. Aber einige wenige Menschen erkennen, dass viele dieser deprimierenden Berichte nur ein Ziel im Sinn haben: Schlagzeilen zu produzieren. Die Medien ignorieren eine überwältigende Zahl von Fakten, die beweisen, dass unser Leben in den Vereinigten Staaten und in anderen westlichen Ländern in vieler Hinsicht gut ist und immer besser wird.

Verzerrte und fehlinformierte Sichtweisen der Wirklichkeit, wie sie uns von den Medien vermittelt werden, können uns bei der Entscheidung, in welche Richtung wir unser Leben lenken wollen, nachhaltig beeinflussen. Wenn wir den negativen Tendenzen einiger Meinungsmacher erlauben, unsere Wahrnehmung der Realität zu verzerren, tauschen wir unsere rosarote Brille gegen dunkle Scheuklappen ein, die unsere Fähigkeit blockieren, den Überfluss und die Möglichkeiten zu erkennen, die uns zur Verfügung stehen. Und wenn wir unsere Begabungen nicht zu schätzen wissen, dann werden wir sie typischerweise auch nicht gut nutzen.

Dieses Kapitel soll mit dem Mythos aufräumen, dass sich unsere Lebensqualität verschlechtert. Darüber hinaus versucht es zu beweisen, dass der Lebensstandard in praktisch jedem relevanten Bereich noch nie besser war als heute.

Freiheit

Wenn man – fast überall auf dem Globus – vom »Land der unbegrenzten Möglichkeiten« hört, dann kommt einem unter den mehr als zweihundert Ländern der Welt nur eines in den Sinn: die Vereinigten Staaten von Amerika. Sie gehören zu den wenigen Nationen, in denen Freiheit und Chancen weitgehend unabhängig von Rasse, Geschlecht, Abstammung, sozialem Status und den Lebensumständen für jeden bestehen – und wo *der Erfolg eines Menschen einzig und allein durch seine Fähigkeit begrenzt wird, zu träumen und sich mutig an die Verwirklichung seiner Träume zu begeben.*

Dabei dürfen wir nicht übersehen, dass sich die meisten von uns ihre Freiheit nicht selbst erarbeitet haben. Freiheit ist unser Geburtsrecht, ein Geschenk unserer Vorfahren, für das ein enormer Preis gezahlt wurde. Seit der Gründung dieses Landes haben über eine Million Männer und Frauen ihr Leben in Kriegen geopfert, damit wir die Freiheit und die Möglichkeit haben, etwas Besonderes aus unserem Dasein zu machen.

Wenn wir Amerika in einem globalen Kontext betrachten, erkennen wir noch deutlicher, wie sehr wir in Wirklichkeit vom Glück begünstigt sind. Nach Angaben des Politikwissenschaftlers R. J. Rummel von der University of Hawaii haben Kriege im zwanzigsten Jahrhundert weltweit mehr als achtunddreißig Millionen Menschenleben gekostet, und weitere hundertsiebzig Millionen Menschen wurden Opfer der Verfolgung durch Regierungen. Aus unserer Schulzeit erinnern wir uns vielleicht an Geschichten über den Holocaust, stalinistische Säuberungen, Maos mörderischen Amoklauf oder die blutige Herrschaft der Roten Khmer. Aber wir halten niemals wirklich inne und denken daran, dass die unschuldigen Menschen, die während jener tragischen Zeiten getötet wurden, den Tod nicht mehr verdient haben als wir das Leben. Sie hatten das

Pech, in einem Land geboren zu werden, das von einem Diktator beherrscht wurde, während wir nur das Glück hatten, in einem Land geboren zu werden, in dem die Freiheit herrscht.

Nachdem die übrige Welt die Früchte eines freien, demokratischen, kapitalistischen Systems gesehen hat, sind die anderen Länder nun endlich dabei aufzuholen. Als Folge der amerikanischen Führungsrolle beim Schutz der Rechte unschuldiger Zivilisten gegen Nazismus, Kommunismus und Faschismus beginnen etwa sechzig Prozent der Weltbevölkerung heute, die Früchte der Demokratie zu genießen.

Jeder, der die Reize Amerikas beziehungsweise der westlichen Welt bezweifelt, braucht sich nur die Zahlen anzusehen. Allein in den letzten hundert Jahren haben die Vereinigten Staaten fast fünfzig Millionen Immigranten willkommen geheißen. Das sind fünfzig Millionen Menschen, die ihre Familien, ihre Freunde und ihren Besitz zurückgelassen haben, um nach einem besseren Leben zu suchen. Was könnte eine deutlichere Sprache sprechen als die Tatsache, dass täglich Menschen ihr Leben riskieren, um hierherzukommen, nicht der Almosen, sondern einer Chance wegen?

Erst kürzlich überquerte beispielsweise eine Gruppe von Kubanern das Meer auf dem Weg nach Amerika – in einem Chevy-Lastwagen, Baujahr 1951, mit offener Ladefläche, ausgestattet mit Pontons, die aus 200-Liter-Fässern gebaut waren, und einem Propeller, der an der Antriebsachse befestigt war. Es ist ermutigend, zu sehen, was solche Menschen auf sich nehmen – und es ist *entmutigend*, zu sehen, wie viele Menschen ihre Begabungen und ihr Recht, etwas aus sich zu machen, verschwenden.

Wir haben nicht nur das Recht, sondern auch die Pflicht, erfolgreich zu sein und ein glückliches Leben zu führen!

Arbeitsplätze und Chancen

Wir alle kennen die deprimierenden Schlagzeilen: »Firmenstandorte werden nach Osteuropa, Indien und China verlagert«, »Millionen finden immer noch keine Stelle« und »Die Lage bessert sich ... sofern man keinen Job sucht«. Das reicht, um jeden von uns – nicht nur die Arbeitslosen – in Panik zu versetzen. Stellenabbau, Kündigungen und der »Wirtschaftsaufschwung ohne neue Arbeitsplätze« lassen uns aufhorchen. Aber bei ihrem Versuch, Auflagen und Einschaltquoten zu steigern, berichten uns die Medien nur die eine Hälfte der Geschichte. Wenn man sich die Zahlen genauer ansieht, wie es beispielsweise Michael Cox und Richard Alm in ihrem Buch *Myths of the Rich & Poor* getan haben, dann erkennt man ein sehr viel motivierenderes Bild.

Analysiert man die Arbeitsmarktzahlen für die Zeit zwischen 1985 und 1996, wird man einige überraschende Trends erkennen. Auf den ersten Blick ist das Bild erschreckend: Sears entlässt 131000 Mitarbeiter, Kmart 65000, Federal Express baut 3988 Arbeitsplätze ab, Woolworth 37000. Aber hier ist die andere Seite der Gleichung: Sears und Kmart streichen insgesamt 196000 Stellen, aber Wal-Mart schafft 624000 neue. Federal Express streicht rund

34 000 Mitarbeiter von der Gehaltsliste, aber UPS stellt 184 000 Leute ein. Woolworth entlässt 37 000 Leute, The Limited schafft mehr als 97 000 neue Jobs. Und während General Motors Stellen abbaute, eröffneten Honda, Toyota, Nissan und andere ausländische Autohersteller in den USA neue Fabriken, wodurch 130 000 neue Jobs geschaffen wurden.

1980 gab es in der US-Wirtschaft ungefähr hundert Millionen Jobs. Im Jahr 2000 waren es trotz aller Kündigungen und Rationalisierungsmaßnahmen hundertdreißig Millionen. Jeder »verlorene« Arbeitsplatz wurde also ersetzt – und zusätzlich hat die Wirtschaft dreißig Prozent mehr oder dreißig Millionen neue Jobs geschaffen. Warum erwähnen die Schlagzeilen nichts von *diesem* kleinen Leckerbissen?

Im ersten Moment neigen wir vielleicht dazu, Arbeitsplatzverluste als Misserfolg zu interpretieren – entweder hat die Regierung versagt oder möglicherweise sogar wir selbst. Tatsache ist, dass ein kapitalistisches System keine Arbeitsplatzgarantie für jeden bieten kann. Jobverluste sind für alle Beteiligten und Betroffenen schmerzlich. Wenn wir uns aber vor Augen halten, dass für jeden verlorenen Arbeitsplatz statistisch gesehen 1,3 neue und oft bessere geschaffen werden, dann sollten wir die damit verbundenen Chancen zu schätzen wissen. Nach Angaben des U.S. Census Bureau gibt es beispielsweise in den USA um die zweiunddreißigtausend verschiedene Berufe in fast zweieinhalbtausend Industriezweigen. Wenn man wirklich einen Job will und bereit ist, hart genug zu arbeiten, dann wird man im Normalfall immer einen finden.

Was bedeutet das nun? Es bedeutet, dass wir all den düsteren Schlagzeilen über Arbeitsplatzverluste in den USA und anderswo nicht unkritisch glauben sollten. Es bedeutet, dass es mehr Jobs und folglich mehr Potenzial zur Erzeugung von Wohlstand und Glück gibt als je zuvor. *Es bedeutet, dass die meisten Leute einzig und allein durch ihren Mangel an Engagement davon abgehalten werden, ihre Träume zu verwirklichen.*

Gleichberechtigung für Frauen und Minderheiten

Zweifellos haben Frauen und Minderheiten erst spät ihre Chancen bekommen. Aber in den meisten Fällen haben die Fortschritte der letzten Jahrzehnte den Rückstand hinsichtlich der Chancengleichheit mittlerweile kompensiert. Zwischen 1972 und 1997 ist in den USA die Zahl der Geschäfte, deren Eigentümer Frauen sind, von einer Million auf mehr als achteinhalb Millionen gestiegen.

1916 wurde Jeannette Rankin als erste Frau ins Repräsentantenhaus gewählt. 1950 waren dort zehn Frauen vertreten, und heute sind es mehr als fünfundsechzig. Und auf der Konzernebene sitzen bei fast neunzig Prozent der Fortune-500-Unternehmen Frauen im Vorstand.

Trotz der großen Fortschritte geht es den meisten Minderheiten und Frauen aber finanziell nicht so gut wie den weißen Männern. Die Einkommensungleichheit ist eine traurige Tatsache, und es wird noch einige Zeit dauern, sie zu überwinden. Aber auch hier gibt es Fortschritte. Eine neuere Untersuchung des U.S. Census Bureau zeigt, dass schwarze Frauen 1967 im Durchschnitt neunundsiebzig Prozent dessen verdienten, was weißen Frauen für eine gleichwertige Arbeit gezahlt wurde; heute beträgt dieser Anteil fünfundneunzig Prozent. Schwarze Männer liegen beim Einkommen noch etwas stärker zurück, aber die Differenz ist während des genannten Zeitraums um einundzwanzig Prozent geringer geworden.

Gibt es Ungleichheit? Selbstverständlich existiert sie. In einer freien Marktwirtschaft wird es immer eine Einkommensungleichheit geben, weil unsere Talente, Motivationen, Fähigkeiten und Wünsche sich stark unterscheiden. Manche Menschen haben den Antrieb, ihr Lebenslos zu verbessern, andere nicht. Kommunismus und Sozialismus haben versucht, eine künstliche Gleichheit zu schaffen, und sie haben beide versagt. Wir dürfen auch nicht vergessen, dass es nicht die Einkommensgleichheit ist, die ein Land so großartig macht; es ist die Chancengleichheit.

Hautfarbe und Geschlecht spielen keine Rolle; wer nach Erfolg strebt, der hat die Möglichkeit dazu. Für manche Leute werden Hautfarbe und Geschlecht immer ein Hindernis sein, weil sie daraus ein Thema machen. Franklin Chang-Diaz, Madame C.J. Walker, Amy Tan und Oprah Winfrey haben es bewiesen: Trotz aller Vorurteile, trotz aller Ungleichheiten und trotz jeglicher Versuche der Gesellschaft, manche Leute unten zu halten, ist *alles* möglich, wenn man sich engagiert, an sich selbst glaubt und zuversichtlich ist.

Legson Kayira

»Ich habe gelernt, dass ich nicht, wie die meisten Afrikaner meinen, ein Opfer meiner Lebensumstände war, sondern deren Meister.«

Als Junge fand Legson Kayira es einfach, sich selbst zu bemitleiden und zu glauben, das Leben in einem armen Dorf im afrikanischen Nyasaland (heute Malawi) verurteile ihn zu einem Dasein voller Entbehrungen.

Aber dann las er in einem Schulbuch über Abraham Lincoln, einen armen Mann, der zu einem großen Mann wurde, nachdem er über die Beschränkungen seiner Herkunft hinausgewachsen war. »Ich hätte mir nie träumen lassen, dass es einen Menschen gab, der ärmer als ich war«, schrieb Legson später, »der aber im Laufe seines Lebens sehr viel mehr erreicht hatte, als ich mir für mich vorstellen konnte.«

Legson beschloss, dass auch er der Menschheit dienen wollte – um etwas zu bewegen. Und ihm schien klar, dass es nur eine Möglichkeit gab, dieses Ziel zu erreichen: Er musste nach Amerika und dort eine Ausbildung erlangen.

Obwohl er kein Geld, keine Kontakte und nur eine dürftige Schulbildung hatte, machte sich Legson 1958 auf den Weg, zu Fuß nach Amerika zu gehen. »Für mich war das Land Lincolns ein Ort, zu dem man buchstäblich hinging, um die Freiheit und Unabhängigkeit zu erlangen, von der man dachte und wusste, dass sie einem zustand.« Sein Plan war, nach Ägypten zu wandern – barfuß, wie ich hinzufügen sollte –, eine Strecke von mehreren tausend Kilometern, und dort herauszufinden, wie er auf ein Schiff kommen konnte, das Richtung Amerika fuhr. Alles, was er auf die Reise mitnahm, war eine Bibel, *The Pilgrim's Progress*, eine kleine Axt, ein Hemd zum Wechseln, eine Decke und Nahrung für fünf Tage.

Natürlich hatte er kein Geld, um die Überfahrt nach Amerika zu bezahlen, und nicht die geringste Ahnung, an welchem College er studieren wollte oder ob ihn überhaupt irgendeine Schule akzeptieren würde. Aber er ließ in seinem Bewusstsein keinen Platz für irgendetwas anderes als seinen Traum, eine Ausbildung zu erlangen.

Nach fünf Tagen durch unwegsames Gelände hatte er erst vierzig Kilometer zurückgelegt und nichts mehr zu essen. Aber er stapfte unverzagt weiter, manchmal gemeinsam mit Fremden, aber oft auch allein. Zwischen ihm und seinem Ziel lagen Hunderte von Volksstämmen, die mehr als fünfzig verschiedene Dialekte sprachen, von denen Legson keinen beherrschte, und so betrat er jedes fremde Dorf sehr vorsichtig. Manchmal fand er Arbeit und Obdach, aber oft lagerte er auch im Freien und suchte sich seine Nahrung in der Natur. In besonders schwierigen Zeiten wiederholte er immer wieder das Motto seiner Schule: »Ich will es versuchen.«

Einmal erkrankte er schwer und hatte hohes Fieber, und mehr als einmal dachte er darüber nach, ob er nicht besser nach Hause zurückkehren sollte. Aber jedes Mal, wenn er sich entmutigt fühlte, las er in seinen Büchern und entzündete seine Leidenschaft aufs Neue.

Fünfzehn Monate nach seinem Aufbruch erreichte er Kampala in Uganda. Er hatte jetzt fünfzehnhundert Kilometer zurückgelegt. Hier machte er eine Weile Rast, suchte sich Gelegenheitsjobs und frönte seiner Leidenschaft für Bücher in der städtischen Bibliothek. Eins dieser Bücher war ein Verzeichnis von Junior Colleges in den USA. Er öffnete es, und sein Blick fiel auf den Eintrag für das Skagit Valley College in Washington State. Er beschloss, dass er dort studieren würde.

Legson schrieb an den Dekan von Skagit, erklärte seine Situation und erkundigte sich nach Stipendien. Der Dekan war so beeindruckt von der Entschlossenheit des jungen Afrikaners, dass er ihm nicht nur die Zulassung zum Studium gewährte, sondern auch ein Stipendium und einen Job in Aussicht stellte, der ihm das Geld für Unterkunft und Verpflegung einbringen würde.

Voller Begeisterung über diese Nachricht dachte Legson nicht daran, welche Hindernisse noch vor ihm lagen. Er brauchte einen Pass, aber um den zu bekommen, benötigte er eine beglaubigte Geburtsurkunde, die seine des Lesens und Schreibens unkundigen Eltern nicht hatten. Nicht genug damit: Er brauchte außerdem ein Ticket für den Hin- und Rückflug, bevor er ein Visum beantragen konnte.

Ohne das nötige Geld für Unterkunft und Verpflegung zog Legson weiter, fest davon überzeugt, dass er die Summe irgendwo auftreiben würde. Unterdessen hatte sich die Geschichte über seine bemerkenswerte Odyssee verbreitet, und als er das sudanesische Khartum erreichte – müde, erschöpft und hungrig –, erfuhr er, dass die Studenten von Skagit und Anwohner die sechshundertfünfzig Dollar gesammelt hatten, die er benötigte. Außerdem hatten sie ihm eine Bleibe in Washington besorgt.

Im Dezember 1960, mehr als zwei Jahre nach seinem Aufbruch, kam Legson Kayira am Skagit Valley College an, immer noch seine zwei geliebten Bücher im Gepäck.

Legson schloss sein Studium in Skagit ab, setzte seine Ausbildung fort und promovierte später an der Universität von Cambridge in England. Dort wurde er Professor für politische Wissenschaften. Er veröffentlichte seine Autobiographie *I Will Try* und vier achtenswerte Romane.

Ein Meisterwerk gestalten

Dies sind außergewöhnliche Zeiten. Wir haben heute mehr Chancen, mehr Möglichkeiten und mehr Freiheiten als zu jeder anderen Epoche in der Geschichte unseres Planeten. Während der letzten fünfzig Jahre haben wir mehr Fortschritte bei der Verbesserung der Lebensbedingungen für die gesamte Menschheit gemacht als in den vorausgegangenen zehntausend Jahren! Die Erfolgschancen in Amerika und den westlichen Ländern sind wahrlich grenzenlos. Wenn wir lernen, uns auf das Wesentliche zu konzentrieren, die »richtige« Einstellung zu entwickeln und geistig offen zu sein, dann beginnen wir zu spüren, wie viele Möglichkeiten es in unserem Umfeld gibt.

Wir alle haben einen Klumpen Lehm erhalten. Zugegeben, einige Klumpen sind größer als andere, aber wir alle haben die Chance, aus dem Rohstoff, den wir bekommen haben, etwas Spektakuläres zu schaffen. Doch einige von uns lehnen sich zurück und wollen sich die Hände nicht schmutzig machen. Einige warten auf den perfekten Zeitpunkt oder darauf, dass der Brennofen die perfekte Temperatur erreicht, was vielleicht nie der Fall sein wird. Einige warten auch darauf, dass jemand anders vorbeikommt und ihren Lehmklumpen formt. Die Besten von uns werden jedoch die Chance ergreifen und das Meisterwerk ihres Lebens selbst schaffen.

Weise Worte

Es gibt ein wunderbares mystisches Naturgesetz,
nämlich dass die drei Dinge, nach denen wir uns am meisten sehnen
– Glück, Freiheit und innerer Friede –,
immer dadurch erlangt werden,
dass wir sie einem anderen Menschen schenken.
Peyton Conway March

Inspiration zur Erinnerung

Legson Kayira

Frage zum Nachdenken

Wenn Sie die Freiheit hätten, alles zu tun, alles zu lernen, überall zu leben und jeden zu lieben, welche Entschuldigung hätten Sie dann noch dafür, dass Sie mit Ihrem Leben unzufrieden sind?

16. Hat Amerika seinen Way of Life verloren?

Reich ist man nicht durch Besitz,
sondern durch das, was man
mit Würde zu entbehren weiß.
Epikur

Was sind die blanken Notwendigkeiten, die Sie zum Überleben brauchen? Ich bin sicher, Nahrung und Wasser stehen ganz oben auf der Liste, aber was ist mit all dem anderen »Kram«, der unsere Zimmer und Schränke füllt?

Wie kommt es, dass die Amerikaner jedes Jahr über fünfundvierzig Milliarden Dollar für Spielzeug ausgeben, aber unsere Kinder weiterhin über Langeweile klagen? Warum bezahlen wir jedes Jahr fast zweihundert Milliarden Dollar für Festtagsgeschenke, wo doch mehr als eine Milliarde Menschen weltweit in erbärmlicher Armut lebt? Wie kommt es, dass wir nach heutigem Geldwert doppelt so viel verdienen wie 1957, im Großen und Ganzen aber weniger glücklich sind als damals?

Warum verfallen so viele diesem »Das-muss-ich-haben«-Spiel?

Es gibt zwei Hauptantworten auf diese Fragen: die Natur des menschlichen Verhaltens und die Grundlagen der Ökonomie.

Bei seinen Untersuchungen an Affen bemerkte der Psychologe Abraham Maslow, dass es bestimmte »Bedürfnisse« gab, die wichtiger als andere waren. Wenn ein Affe beispielsweise Hunger und Durst hatte, dann versuchte er zuerst, seinen Durst zu löschen – offensichtlich weil er Wochen ohne Nahrung, aber nur wenige Tage ohne Wasser aushalten konnte. Basierend auf diesen frühen Forschungen, entwickelte Maslow seine berühmte Theorie von der Hierarchie der Bedürfnisse, die besagt, dass Menschen durch unbefriedigte Bedürfnisse motiviert werden und dass bestimmte niedere Bedürfnisse vor anderen, höheren, befriedigt werden müssen.

Maslows Bedürfnispyramide

1. Körperliche Grundbedürfnisse
2. Sicherheit
3. Soziale Beziehungen
4. Soziale Anerkennung
5. Selbstverwirklichung

(6. Altruismus*)

Maslow zufolge haben wir körperliche Grundbedürfnisse – Nahrung, Wasser, Sauerstoff –, die erfüllt werden müssen, damit wir überleben können. Wenn sie befriedigt sind, machen wir uns Gedanken über Sicherheit, Stabilität und Schutz. Nachdem sowohl unsere körperlichen Grund-

als auch unsere Sicherheitsbedürfnisse erfüllt sind, kommt das Bedürfnis nach sozialen Beziehungen – Liebe, Zuneigung und Kameradschaft – ins Spiel.

Eine Stufe höher in der Pyramide steht das Bedürfnis nach sozialer Anerkennung – wir wollen in den Augen anderer wie auch in unseren eigenen vorteilhaft aussehen. Wenn diese vier Ebenen befriedigt sind, können sie uns laut Maslow nicht mehr motivieren. Dennoch fühlt sich mancher vielleicht unzufrieden, solange ihm die Erfahrung der Selbstverwirklichung fehlt – das Gefühl, dass man genau das tut, was am besten zu einem passt. Dieses fünfte Bedürfnis, so fügte Maslow hinzu, verschwindet nie; es wird umso stärker, je mehr wir es befriedigen.

* Ein neues Bedürfnis

Ich möchte hier noch ein sechstes Bedürfnis ergänzen: Altruismus. In jedem von uns existiert ein inhärentes Bedürfnis, etwas zurückzugeben. *Paradoxerweise können wir nur dadurch wachsen, dass wir etwas von unserem Selbst abgeben.* Auch dieses Bedürfnis wird umso stärker, je mehr wir es erfüllen.

Bewusst oder unbewusst orientieren sich unsere alltäglichen Entscheidungen an der Befriedigung unserer zentralen »Bedürfnisse«. Die meisten Menschen haben sich nicht die Zeit für eine innere Prüfung genommen, um festzustellen, welche ihrer Bedürfnisse nicht ausreichend erfüllt sind. Wir wissen, dass uns *irgendetwas* fehlt; wir sind uns aber nicht ganz sicher, was es ist. Also raten wir und versuchen, die Leere – dieses Bedürfnis – mit irgendetwas zu füllen. Für manche ist das Nahrung, für andere vielleicht Alkohol. Für die Gesellschaft insgesamt ist es anscheinend das Einkaufen. Egal, für wie perfekt wir uns halten, uns allen fehlt irgendetwas. Und die Marketingexperten der Werbeindustrie nutzen unsere Schwächen aus, indem sie versuchen, uns unsere Träume und unser Glück zu verkaufen.

An dieser Stelle kommt nun die zweite Antwort ins Spiel: Die Ökonomie heizt diesen Konsumwahn an. Konsum beginnt mit grundlegenden Waren und Dienstleistungen (Grundnahrungsmittel, Kleidung und Obdach), aber im Laufe der Zeit kommen Luxusartikel dazu (bessere Nahrung, schönere Kleidung, ein größeres Haus, ein schnelleres Auto, bessere Stereoanlagen und so fort). Wir werden reicher und steigen gleichzeitig auf der Bedürfnisleiter nach oben. Unvermeidlich verschwimmt die Grenze zwischen unseren Bedürfnissen und unseren Wünschen. Je wohlhabender wir werden, desto schwerer fällt es uns, genau zu definieren, was wir wirklich brauchen. Manchmal sagen wir sogar über jemanden: »Es ist schwer, ihm etwas zu kaufen, weil er schon alles hat!«

Uns selbst danach beurteilen, was wir kaufen

Allein in den letzten hundert Jahren hat die Technologie unsere Arbeitsproduktivität um das Zehnfache gesteigert. Während der Arbeitsertrag wächst, sinken die Herstellungskosten und damit auch die Preise von Waren und Dienstleistungen. Bei sinkenden Preisen können es sich mehr Leute leisten, die Produkte zu kaufen. Da die Unternehmen außerdem produktiver werden, steigt ihr Gewinn, und im Idealfall können sie den Arbeitern mehr zahlen. Wir verdienen also mehr Geld, und die Sachen, die wir kaufen wollen, werden immer billiger. Im Lauf der Zeit arbeiten wir immer weniger Stunden für die Güter, die wir haben wollen.

Ed Rubenstein vom Hudson Institute hat die Kosten verschiedener Konsumgüter im Verlauf des letzten Jahrhunderts gemessen und dabei festgestellt, dass fast alle

Produkte für das tägliche Leben erheblich billiger geworden sind. Im Jahr 1900 musste der Durchschnittsamerikaner beispielsweise ungefähr zehn Stunden arbeiten, um das Geld für eine neue Jeans zu verdienen. Heute beträgt die Arbeitszeit für den Erwerb derselben Hose nur noch eine Stunde. Im Jahr 1900 gab der Durchschnittsamerikaner sechsundsiebzig Prozent seines Einkommens für Nahrung, Kleidung und Wohnen aus. Heute sind es nur noch fünfunddreißig Prozent. Das gilt für fast alle Waren und Dienstleistungen, die auf dem Markt angeboten werden.

Dank der höheren Produktivität verdienen wir mehr Geld und verbrauchen im Vergleich weniger Geld zur Erfüllung unserer Grundbedürfnisse. Das ist ein Teil der Erklärung, warum die Leute heute viermal so viel »Kram« kaufen wie im Jahr 1900.

Was gestern Luxus war, wird in diesem Kreislauf heute zur Notwendigkeit. Noch im Jahr 1983 kostete ein Handy ohne jeden Schnickschnack und mit einem Gewicht von fast drei Pfund in den USA mehr als dreitausend Dollar. Heute bekommt man dort für hundertfünfzig Dollar ein Handy mit allem Komfort, das weniger als neunzig Gramm wiegt.

Harte Arbeit und der Wunsch, voranzukommen, bleiben dauerhafte Werte. Aber wir müssen aufpassen, dass wir nicht in die Falle des übermäßigen Konsums geraten. *Wenn wir uns als Gesellschaft entwickeln wollen, müssen wir zurück in eine Zeit finden, in der unsere Familie wichtiger war als unsere Finanzen, in der unser Beitrag größer war als unsere Ansprüche und in der ein Mensch an seiner Herzensgröße und nicht am Inhalt seiner Brieftasche gemessen wurde.*

Das Hauptübel

Man sagt, das Problem bei einem Rattenrennen – worunter man im englischen Sprachraum eine endlose, selbstzerstörerische oder sinnlose Zielerstrebung versteht – bestehe darin, dass auch der Sieger weiterhin eine Ratte bleibt. Dasselbe könnte man über das Hauptübel unserer Zeit sagen: die Ichsucht. Der Ichsüchtige endet nach all seinem blinden Streben und verzweifelten Greifen nach dem »Ich, ich, ich!« garantiert genau da ... einfach bei seinem Ich. Nichts weiter. Das ist ein sicheres Rezept für Einsamkeit und Isolation, Traurigkeit und Leere. Ichsüchtige sinken tiefer und tiefer in sich selbst hinein, verfangen sich zunehmend in ihren Lebensmustern und reagieren stets verärgert, wenn man sie herausfordert oder ablehnt. Das geschieht, wenn wir den Kontakt mit unserem wahren inneren Selbst verlieren. Aber eines Tages beschließen wir vielleicht, dass es Zeit sei, zu wachsen. Dann werden wir verstehen, *dass wir wahre Freude, Glück und Liebe in unserem Leben nur finden können, wenn wir genau das alles an andere verschenken.*

Wenn wir lernen, unsere ganze Aufmerksamkeit auf andere zu richten, kommt eine gewisse Ruhe über uns, weil wir frei von unseren eigenen Interessen sind, frei von dem Bedürfnis, dass alles immer nach unseren eigenen Vorstellungen laufen muss. Wir wollen einfach nur das Beste für andere. Wenn sie es bekommen, feiern wir ihre Freude so, als sei sie unsere eigene.

Tom Monaghan

»Als Millionär habe ich Armut gelobt und den größten Teil meines Besitzes verkauft. Ich fahre keine Luxusautos, fliege nicht erster Klasse, besitze weder Yachten noch Flugzeuge oder anderen prunkvollen Tand.«

Tom Monaghan war vier Jahre alt, als sein Vater, ein Maurer, am Weihnachtsabend starb. Mit ihrem Wochenlohn von siebenundzwanzig Dollar und fünfzig Cent konnte die Mutter den kleinen Tom und seinen Bruder nicht ernähren, und so gab sie die Jungen in ein Waisenhaus in Michigan, das von polnischen Nonnen geführt wurde. Später wuchsen sie in verschiedenen Pflegefamilien auf. Da Tom kein Geld fürs College hatte, ging er zu den Marines, und als seine Dienstzeit dort endete, lieh er sich gemeinsam mit seinem Bruder neunhundert Dollar, und sie kauften davon eine kleine Pizzeria in Ypsilanti. In der ersten Woche nach der Eröffnung im Winter hatten sie einen Umsatz von nur neunundneunzig Dollar.

Toms Bruder kam bald zu der Einsicht, dass er für das Pizzageschäft nicht geschaffen war, und tauschte seinen Anteil am Betrieb gegen Toms schrottreifen VW-Käfer ein. Tom, der jetzt alleiniger Eigentümer der Pizzeria war, arbeitete regelmäßig von zehn Uhr vormittags bis vier Uhr nachts, sieben Tage in der Woche – dreizehn Jahre lang.

Er und seine Frau Margie hausten für hundertzwei Dollar die Woche in einem Wohnwagen. Nachdem ihre ersten beiden Töchter geboren waren, kümmerte sich Margie um das Telefon und die Buchhaltung der Pizzeria, während die Babys in Pappkartons in der Ecke schliefen.

Mit einem »Wagenpark«, der aus einem einzigen VW bestand, perfektionierte Tom die Auslieferung von heißer, frischer Pizza innerhalb von dreißig Minuten nach der Bestellung. Seine Kunden waren häufig Colleges und Militärbasen in der Nähe. Er nannte seine Firma »Domino's«. Ende der siebziger Jahre hatte er zweihundert Läden, und Ende der achtziger sorgten fünftausend Standorte dafür, dass Domino's der führende Pizzalieferdienst der Nation war.

Auch wenn das Geschäft gelegentlich Rückschläge durch Franchisenehmer und Gläubiger erlebte, verdiente Monaghan im Laufe der Zeit doch eine Menge Geld. Das Magazin *Forbes* zählte ihn zu den vierhundert reichsten Amerikanern.

Als armer Junge hatte er von all den schönen Sachen geträumt, die es in den Katalogen von Montgomery Ward und Sears zu sehen gab. »Nachdem ich so viele Jahre lang Wunschlisten erstellt hatte«, schrieb er in seinem Buch *Pizza Tiger*, »bin ich beim Kauf weltlicher Dinge etwas übers Ziel hinausgeschossen.« Er baute Domino's Farms, einen Komplex von rund siebentausend Quadratmetern in Ann Arbor, wo seine Sammlung von über zweihundert Autos (und auch die Konzernzentrale) stationiert war. Er kaufte die weltweit größte Sammlung von Werken des Architekten Frank Lloyd Wright, wozu auch zwei von Wright entworfene Häuser gehörten. Er kaufte Flugzeuge. Er kaufte sogar den Baseballverein Detroit Tigers.

Gleichzeitig engagierte er sich immer stärker für religiöse Themen. »Als ich bei den Marines war, hatte ich von Reichtum und Erfolg geträumt«, erinnerte er sich später. »Jetzt hatte mich plötzlich die Erkenntnis erfasst, dass die spannenden Szenarien, die ich zu erschaffen im Begriff war – und von denen ich nicht bezweifelte, dass sie eines Tages realisiert würden –, sich als leer und bedeutungslos erweisen könnten, wenn es ihnen an Rücksicht auf andere Menschen und Gott fehlte.«

Monaghan, der stets ein strenggläubiger Mensch gewesen war, gründete eine Organisation für katholische Manager, ließ eine Kathedrale in Nicaragua erbauen und setzte sich für die Sache von Pro-Life ein. Ungefähr zur gleichen Zeit las er *Mere Christianity* von C.S. Lewis. In einem Kapitel über den Stolz hieß es dort, dass manche Leute aus dem falschen Grund härter arbeiteten als andere – wenn es ihnen nämlich darum gehe, mehr als andere zu besitzen. »Und das ist Stolz«, sagte Monaghan später. »Ich hatte gelernt, dass Stolz eine große Sünde war, und dann wurde mir klar, meine Güte ... ich bin wahrscheinlich der größte Sünder auf der ganzen Welt. Also änderte ich mich.«

1999 beschloss er, das Geschäft aufzugeben und den Rest seines Lebens im Dienst der katholischen Kirche zu verbringen. Nachdem er sein Unternehmen für mehr als eine Milliarde Dollar verkauft hatte, sagte er: »Ich habe das Gefühl, es ist Gottes Geld, und ich will es für den denkbar höchsten Zweck verwenden – dazu beitragen, dass möglichst viele Menschen in den Himmel kommen.«

Geprägt durch zwei tiefgreifende Einflüsse – katholische

Schulen und die U.S. Marines –, ist Monaghan ein philosophischer Mensch, der fest an traditionelle Werte und Lehren glaubt. Er hat sein Leben freiwillig eingeschränkt, um seiner Leidenschaft zu folgen.

Als Ergebnis dieser Entscheidung hat er viel Geld in katholische Schulen in Ann Arbor investiert, unterstützt eine große arme katholische Gemeinde in Honduras und fördert katholische Rundfunksender und Zeitungen. Außerdem hat er ein katholisches College und eine juristische Fakultät gegründet. Der Campus in der Nähe von Naples, Florida, hat eine gigantische Hauptkirche, die etwa elfhundert Menschen Platz bietet.

Das Problem diagnostizieren

Wie Maslow gezeigt und Monaghan entdeckt hat, wächst der Appetit auf mehr, sobald ein Bedürfnis befriedigt ist. Folglich versuchen wir ständig, Bedürfnisse zu erfüllen, die längst erfüllt sind. Wir sind wie ein Hund, der seinen eigenen Schwanz jagt, wenn wir versuchen, unsere Grundbedürfnisse nach dem Motto »Größer, besser und mehr« zu befriedigen, statt den nächsten Schritt zu vollziehen und unser höchstes Bedürfnis zu erfüllen: der Mensch zu werden, der zu sein uns bestimmt ist.

Unsere Kultur scheint uns zu vermitteln, wir würden uns glücklicher und besser fühlen, wenn wir uns mit auffallenden Symbolen und Gegenständen umgeben, die andere bewundern können. Aber David Myers und Ed Diener – zwei angesehene Psychologen, die sich auf das Thema des »subjektiven Wohlbefindens« (Untersuchungen darüber, was uns glücklich macht) spezialisiert haben – stellten kürzlich in einer Studie fest, dass »die Menschen im Laufe der Zeit nicht glücklicher geworden sind, auch wenn es in den Gesellschaften sehr viel mehr Wohlstand gibt. Obwohl die Amerikaner nach heutigem Geldwert doppelt so viel verdienen wie 1957, ist der Anteil derjenigen, die sich bei Umfragen des National Opinion Research Center als ›sehr glücklich‹ bezeichnen, seitdem von fünfunddreißig auf neunundzwanzig Prozent gesunken. Sogar sehr reiche Leute – die das Magazin *Forbes* zu den hundert reichsten Amerikanern zählt – sind nur unwesentlich glücklicher als der Durchschnittsamerikaner.«

Nach Angaben des Magazins *Economist* kommen »Umfragen zu dem Ergebnis, dass die Menschen in Amerika, Europa und Japan mit ihrem Leben nicht zufriedener sind als in den fünfziger Jahren«. Weiter heißt es in dem Artikel: »Eine Person, die reicher wird, fühlt sich auch glücklicher; aber wenn die Gesellschaft insgesamt reicher wird, scheint sich niemand zufriedener zu fühlen.«

Wenn die Leute härter arbeiten, um mehr Geld zu verdienen, dann werden sie glücklicher. Aber zur gleichen Zeit verdienen auch alle anderen mehr Geld. Folglich sind sie nicht glücklicher als zuvor. Weitere Hinweise auf dieses Phänomen stammen aus einer Untersuchung, die eine Gruppe von Harvard-Studenten durchgeführt hat. Sie stellten ihren Kommilitonen die Frage, was sie bevorzugen würden:

- fünfzigtausend Dollar pro Jahr, während andere nur die Hälfte bekommen, oder
- hunderttausend Dollar pro Jahr, während andere das Doppelte bekommen.

Die Mehrheit der Studenten entschied sich für die erste Option, was den Schluss zulässt, dass sie mit weniger glücklich wären, solange sie dabei mehr haben als andere. Dieselbe Gruppe von Versuchspersonen wurde dann befragt, wie sie sich bei folgender Alternative entscheiden würden:

- zwei Wochen Urlaub, während andere nur eine haben, oder
- vier Wochen Urlaub, während andere acht haben.

Diesmal entschied sich eine überwältigende Mehrheit für die zweite Möglichkeit, was den Schluss zulässt, dass die Menschen beim Einkommen und materiellen Wohlstand wettbewerbsorientiert denken, nicht jedoch im Hinblick auf die Freizeit. Warum das so ist, können wir nur raten. Sicher ist lediglich eins: Wenn man anderen immer um eine Nasenlänge voraus sein will, kann man langfristig nur verlieren.

Die Idee der Konkurrenz, um mithalten zu können – und eines Tages vielleicht sogar die Führung zu übernehmen –, macht einen zum Verlierer und ist, wenn man darüber nachdenkt, im Grunde ziemlich kindisch. Spielt es bei all dem »Kram«, den die meisten von uns schon haben, eigentlich noch irgendeine Rolle, ob wir mehr kaufen? Zu dieser Art von sinnlosem Streben treibt uns eine kleine innere

Stimme, die uns zuflüstert: »Du bist nichts. Du warst noch nie irgendwas. Und du wirst nie irgendwas sein.«

Diese Stimme versuchen wir auf dem schnellstmöglichen Weg zum Schweigen zu bringen: »Verdien es! Gib es aus! Trag es stolz zur Schau!« Vielleicht treibt Furcht und nicht Gier unsere Ambitionen. Wir fürchten, dass wir uns mit Gleichrangigen oder unseren eigenen Ansprüchen nicht messen können.

Die Suche nach Liebe an vielen falschen Stellen

Wir alle haben einen gewaltigen Hunger, den wir selten beim richtigen Namen nennen. Wir sagen uns, dass wir mit der neuesten Mode gehen müssen, den schnellsten neuen Sportwagen brauchen, den perfekten besten Freund, den beliebtesten neuen Urlaubsort, den edelsten Wein. Wir finden das alles, und bevor wir uns versehen, scheint uns schon wieder etwas anderes zu fehlen. Sogar in dem Moment, in dem wir einen neuen Schatz finden, flüstert ein vages Gefühl der Leere: »Nicht genug, es ist einfach nicht genug.«

Schließlich fragen wir: Wird das jemals enden? Werden wir jemals das Glück und den Frieden finden, nach dem wir suchen, oder wird unsere Begabung auch in der Stunde unseres Todes noch eingepackt und unentdeckt sein? Es hängt alles davon ab, wo wir suchen. Was wir suchen, gibt es »dort draußen« nicht. Wir können es nicht kaufen, leasen, erfinden oder darüber verhandeln. Wir können es nicht erbitten, leihen oder stehlen. Wir können nicht an einen anderen Ort ziehen und es dort finden. Was wir wirklich suchen, existiert schon in unserem Inneren und wartet darauf, entdeckt – und angenommen – zu werden.

Weise Worte

Schmerz ist unvermeidlich.
Darunter zu leiden ist freiwillig.
Der Dalai-Lama

Inspiration zur Erinnerung

Tom Monaghan

Frage zum Nachdenken

Sind Sie gefangen im »Das-muss-ich-haben«-Spiel? Wenn ja, welche Ihrer Grundbedürfnisse sind unbefriedigt, sodass Sie unbewusst versuchen, sie durch »Kram« zu ersetzen?

17. Die Perspektive zurechtrücken

Ich habe geweint,
weil ich keine Schuhe hatte,
bis ich einen Mann traf,
der keine Füße hatte.
Persisches Sprichwort

Ich glaube, mir ist nie in den Sinn gekommen, dass es eine Zeit gab, in der Frauen keine Hosen getragen haben«, sagte Oprah Winfrey lächelnd, als sie kürzlich ein Experiment startete. Gemeinsam mit einem Freund begab sie sich zurück ins Jahr 1628, als die ersten Einwanderer begonnen hatten, eine Zivilisation aus der amerikanischen Wildnis herauszuhacken.

Leben damals bedeutete: kein fließendes Wasser, keine Elektrizität, keine Kühlschränke, keine Toiletten und keine Wärme außer der, die entstand, wenn man Holz verbrannte, das man eigenhändig gesammelt hatte. Oprah und ihre Gruppe richteten sich nach den Gesetzen des siebzehnten Jahrhunderts, folgten den Ritualen dieser Zeit und versorgten sich und ihre Gemeinschaft auf dieselbe Weise, wie es die amerikanischen Siedler damals getan hatten.

Sicher würde Oprah Ihnen jetzt berichten, dass es ganz gewiss kein nobles und einfaches Leben war, wie sich manche von uns das vielleicht aufgrund der Geschichten vorgestellt haben, die im ersten Schuljahr über die Pilgerväter und die Indianer erzählt wurden. Aufstehen vor dem Sonnenaufgang, den ganzen Tag kochen und putzen, jagen oder die eigene Nahrung anbauen, schlafen inmitten von Ratten, das Essen voller Fliegen, ständig bedroht von Krankheiten und Ureinwohnern, kämpften die ersten Amerikaner unaufhörlich um ihre Existenz. Das Leben war hart und selten vergnüglich, es war kurz und oft brutal.

Zurück im einundzwanzigsten Jahrhundert, berichtete Oprah, was sie gelernt hatte: »Zu erleben, wie eine Gemeinschaft von Menschen sich abmühte, strebte, kämpfte, immer wieder herausgefordert wurde und doch Hand in Hand arbeitete, war die wertvollste Erfahrung, die ich je gemacht habe. Ich war voller Verwunderung und Erstaunen darüber, was unsere Vorfahren mit so bescheidenen Mitteln geleistet haben und wie schwierig es war, nicht nur selbst zu leben und zu existieren, sondern auch Nachkommen hervorzubringen, die ebenfalls gedeihen konnten.«

Eine solche Erfahrung könnte uns allen helfen, wieder zu schätzen, welche erstaunliche Lebensqualität die heutige Zeit den meisten Menschen bietet. Für den größten Teil der Weltbevölkerung hat sich der Lebensstandard in der Zeit zwischen 8000 vor Christus und dem Beginn des achtzehnten Jahrhunderts kaum geändert. Aber heute genießt die durchschnittliche Familie aus der Mittelschicht in den westlichen Zivilisationen einen Luxus, von dem sogar Könige vor nur hundert Jahren nicht geträumt hätten. Und zum ersten Mal in der Geschichte haben fast alle gesellschaftlichen Gruppen Vorteile von diesen Verbesserungen.

phen schätzen, dass seit Anbeginn der Zeit zwi-
zig und hundertzehn Milliarden Menschen auf
gelebt haben. Insofern können wir sicher anneh-
men, dass mindestens sechzig Milliarden davon alles dafür gegeben hätten, in unserer Haut zu stecken und den unglaublichen Lebensstandard zu genießen, den wir heute für selbstverständlich halten.

Eine Zeitreise in die Vergangenheit

Was würden wir vorfinden, wenn wir uns ins Jahr 1900 zurückversetzen könnten? Seinerzeit wohnten nur dreißig Prozent der Amerikaner in einem Eigenheim; heute sind es siebzig Prozent. Und die Häuser waren damals bescheiden. Typischerweise handelte es sich um ungeheizte, überfüllte Bauernhäuser. Nur ungefähr drei Prozent von ihnen verfügten über Elektrizität und noch weniger über fließendes Wasser, WCs oder Zentralheizung. Die meisten Menschen kochten auf Öfen, die mit Holz geheizt wurden, und lasen im spärlichen Licht von Kerosinlampen.

Die Arbeitsbedingungen waren entsetzlich. Im Jahr 1900 begann ein Junge gewöhnlich mit vierzehn Jahren zu arbeiten – im Durchschnitt ungefähr sechzig Stunden pro Woche –, und so ging es weiter bis zu seinem Tod. Es gab keinen bezahlten Urlaub, keine Garantien für Sicherheit am Arbeitsplatz, keinen Kündigungsschutz, keine Rentenpläne, keine Sozialleistungen und keine soziale Sicherheit. Schlimmer noch: Die harte Arbeit wurde längst nicht so gut bezahlt wie heute. Der durchschnittliche Arbeiter verdiente in den USA lumpige viertausendachthundert Dollar (im Geldwert des Jahres 1998), verglichen mit einem heutigen Jahreseinkommen von zweiunddreißigtausend Dollar. Und als sei das noch nicht schlimm genug, musste die Durchschnittsfamilie fast fünfzig Prozent ihres Einkommens für Nahrungsmittel ausgeben; heute sind es nur zehn Prozent. Weniger als fünftausend Amerikaner waren im Jahr 1900 Millionäre. Heute gibt es hier über acht Millionen Millionäre. Nach Angaben des Magazins *Economist* hatte die Nation im Jahr 2002 sogar fast zweihundertsiebzig Milliardäre. Das sind insgesamt mehr als zweieinhalbmal so viele Milliardäre wie in Japan, Deutschland, der Schweiz, Frankreich und Großbritannien zusammen!

Im Jahr 1900 verbrachten Frauen typischerweise bis zu siebzig Stunden in der Woche damit, Mahlzeiten zu kochen, Kleidung von Hand zu waschen, die Böden zu schrubben und andere Haushaltspflichten ohne die heute üblichen Hilfsmittel zu erledigen. Vermutlich gehörte es zu den wenigen positiven Seiten, dass die Wohnfläche einer US-Familie im Durchschnitt nur ungefähr siebzig Quadratmeter betrug, verglichen mit dem heutigen Durchschnitt von über zweihundert Quadratmetern. Und natürlich galten Frauen in den Augen der Gesellschaft weniger als Männer; sie hatten kein Wahlrecht, es war ihnen generell nicht erlaubt, außerhalb des Hauses zu arbeiten, und ganz sicher interessierte sich niemand für ihre Meinung.

Weder Männer noch Frauen hatten die Zeit und die Mittel, um sich zu entspannen und irgendwelchen Vergnügungen nachzugehen. Heute haben wir dreimal so viel Freizeit wie unsere Urgroßeltern, und wir haben zehnmal mehr Zeit als sie für die Erholung.

Ein Kind, das im Jahr 1900 geboren wurde, hatte nur eine sechzigprozentige Chance, die Grade School zu beenden. Und das bedeutete im Durchschnitt nicht mehr als acht Schuljahre. Nur einer von vier Schülern beendete die Highschool. Das College kam nur für die reiche Elite in Frage. Nur einer von zwanzig Schülern, die 1900 geboren wurden, schloss das College ab. Um das ins Verhältnis zu setzen: Heute haben mehr Leute einen College- als vor hundert Jahren einen Highschool-Abschluss. Ungefähr zwanzig Prozent der Amerikaner waren 1900 noch Analphabeten.

Auch die Kommunikation war unglaublich schwierig. Nur fünf Prozent der amerikanischen Haushalte besaßen ein Telefon. Wer reisen wollte, musste Pferd und Wagen anspannen, um sich dann mit etwa acht Kilometer pro Stunde vorwärts zu bewegen, oder er musste seine besten Wanderschuhe anziehen und darauf achten, dass er nicht in die Hinterlassenschaften der Pferde trat.

Pferde besaßen überhaupt nur die bessergestellten Familien – etwa ein Fünftel der städtischen Haushalte. Die meisten Leute, wie beispielsweise auch meine Großeltern, mussten so wohnen, dass sie ihren Arbeitsplatz zu Fuß erreichen konnten – möglichst im Umkreis von anderthalb Kilometern. Ein Auto zu haben erschien den meisten amerikanischen Familien so extravagant, wie es uns heute erscheinen würde, ein Privatflugzeug zu besitzen. Im Jahr 1900 waren nur achttausend Automobile registriert. Flugreisen gab es nicht, weil Flugzeuge noch nicht erfunden waren.

Heutige Bedingungen

Das war 1900. Im Gegensatz dazu geht es heute fast jedem Bürger im modernen Amerika besser als seinen Eltern. In mehr als neunzig Prozent unserer Haushalte gibt es Radio, Farbfernseher, Staubsauger, Waschmaschinen und Mikrowellen. Praktisch jeder Haushalt hat mindestens ein Telefon, und über die Hälfte der Erwachsenen haben Handys. Der durchschnittliche Supermarkt führt dreißigtausend Artikel, und für die meisten Leute gibt es Nahrung im Überfluss – wir können sogar Mangos im Winter kaufen!

Unsere Arbeitswoche ist wesentlich kürzer und unser Lohn erheblich höher geworden. Wir können schnell und relativ billig reisen, wohin wir wollen. Wir können in wenigen Minuten eine Mahlzeit auf den Tisch bringen, baden und duschen, wann immer wir Lust dazu haben, das Licht und die Heizung per Knopfdruck einschalten, uns in unserem Wohnzimmer von den weltbesten Entertainern unterhalten lassen und sogar per Computer dafür sorgen, dass der Kaffee fertig ist, wenn wir aufwachen.

Fast ein Viertel der amerikanischen Haushalte verfügt über ein Einkommen von mindestens fünfundsiebzigtausend Dollar pro Jahr. Armut in den USA ist zwar ein ernstes Thema, aber sogar arme Amerikaner haben einen Lebensstandard, der deutlich höher liegt, als es vor einem halben Jahrhundert in der Mittelschicht üblich war. 1995 standen dem durchschnittlichen armen Amerikaner doppelt so viele Quadratmeter Wohnfläche zur Verfügung wie einem durchschnittlichen Japaner und dreieinhalb mal so viele wie dem durchschnittlichen Russen.

Wir arbeiten vielleicht hart, aber es ist nicht die unablässige, gefährliche Schufterei, die Bergarbeiter, Bauern oder Müllergehilfen vor einem Jahrhundert verrichten mussten. Wenn wir einen Arbeitsunfall haben und deshalb eine Weile nicht arbeiten können, erhalten wir eine Ausgleichszahlung. Wenn wir entlassen werden, bekommen wir Arbeitslosengeld. Wenn wir zu alt sind, um weiterzuarbeiten, erhalten wir eine Rente. Und außerdem gibt es für uns arbeitsfreie Feiertage und bezahlten Urlaub. Dank der modernen Medizin ist unsere Lebenserwartung überdies höher. Im Alter von fünfundsechzig Jahren hat der durchschnittliche Amerikaner noch 17,9 Jahre zu leben. Und wenn wir ernstlich krank werden, übernimmt wahrscheinlich die Krankenversicherung zumindest einen Teil der Kosten. »Kampf« ist ein Wort, das immer zu unserem Vokabular gehören wird. Aber wenn wir unsere heutigen Kämpfe mit denen unserer Urgroßeltern vergleichen, dann erkennen wir, dass wir es eigentlich verdammt gut haben.

Eula McClaney

»Auf jeden stürmischen Tag folgt Sonnenschein.
Ich habe eine Menge stürmischer Tage erlebt,
und ich weiß, dass es stimmt, was ich sage.«

Wahrscheinlich haben Sie – wie die meisten Leute – nie von Eula McClaney gehört. Sie ist ein gewöhnlicher Mensch wie Sie und ich, und sie ist auf ihre stille Weise »immer weitergegangen« – hat einen Fuß vor den anderen gesetzt, bis sie sich ein spektakuläres Leben erschaffen hatte.

»Man könnte ihr jedes einzelne der äußerlichen Anzeichen von Reichtum und Prestige wegnehmen«, schrieb ein Freund über sie, »und sie wäre immer noch reich. Denn McClaney denkt nicht arm. Ihr Denken ist reich, voller Überfluss und voller Dankbarkeit für Gottes unendliche Liebe und Güte.«

Sie bezeichnete sich selbst als »nur eine schlichte, gewöhnliche, durchschnittliche Person«. Aber in Wirklichkeit verfügte sie über eine außergewöhnliche Dynamik, die sich aus harten Erfahrungen entwickelt hatte.

Sie war die Tochter schwarzer Farmpächter aus Alabama und hatte drei Brüder sowie eine wunderschöne Schwester. Wie Cinderella erlebte sie, dass ihre bevorzugte Schwester hübsche Kleider bekam, nicht auf den Baumwollfeldern arbeiten musste und eine gute Schulbildung erhielt, während Eula wie ein Mann arbeitete, abgelegte Kleidungsstücke trug und nur bis zur sechsten Klasse eine ländliche Zwergschule besuchen durfte.

Ohne große Hoffnungen und mit düsteren Zukunftsaussichten war sie gezwungen, tief in ihrem Inneren nach ihrer eigenen Stärke zu suchen – einer Stärke, von der sie sagte: »Gott gab mir, was ich gerade brauchte.«

Nachdem ihr Haus abgebrannt war, zog die Familie in ein anderes, das eigentlich nur ein alter Schuppen war, durch dessen undichtes Dach es hereinregnete und durch dessen Fußboden man die blanke Erde sehen konnte. Zu Weihnachten bekamen die Kinder »immer dasselbe – vielleicht zwei Äpfel und eine Orange, ein paar kleine Rosinen und eventuell drei oder vier kleine Bonbons«.

Im Alter von zwanzig Jahren heiratete Eula einen geizigen Farmpächter ohne besonderen Ehrgeiz. Ihre Hochzeit fand während der Depression statt. Sie unterrichtete zwei Monate lang an der Schule für zehn Dollar pro Monat, um die zwanzig Dollar zu haben, die sie für ihr Hochzeitskleid brauchte. Das Paar bekam einen Sohn und eine Tochter, und sie lebten in einem kleinen Haus, das nur aus zwei Zimmern (Schlafzimmer und Küche) bestand. Die Fenster waren nicht verglast, aber Eula brachte Vorhänge an, damit alles möglichst hübsch aussah.

Trotz ihrer materiellen Armut gehörte sie gedanklich und spirituell zur reichen Elite. Sie selbst drückte das so aus: »In meinem Herzen wusste ich, dass ich mich nicht auf Dauer mit dem Status quo abfinden und arm und unterdrückt bleiben würde.«

Ihre Frustration begann zu brodeln. Sie war es leid, sechs Tage in der Woche von morgens bis abends mit den Männern auf den Feldern zu arbeiten. Sie war es leid, dass sie keine Chance auf Bildung hatte, um voranzukommen. Sie war es leid, in einem Haus ohne Fenster und mit undichtem Dach zu leben. Sie war es leid, nicht genug Geld zu haben, um so zu leben, wie sie es sich vorstellte. Kurzum: Sie war es leid, die Rolle eines Opfers der Umstände zu spielen, statt Meisterin ihres Schicksals zu sein.

Sie war ganz unten angekommen. Von jetzt an konnte es nur noch aufwärtsgehen. Eula McClaney war entschlossen, ihr Leben zu verbessern. Es kostete sie enorme innere Stärke und emotionale Anstrengung, ihre Gedanken über das kleine Baumwollfeld hinauswachsen zu lassen. Wie sie es ausdrückte: »Ich machte immer weiter – nach dem Motto ›Nur nicht aufgeben‹.«

Eifersüchtig auf ihre Ambitionen, blockierte ihr Mann jeden ihrer Schritte. Aber von starkem Charakter, ließ sie sich dadurch nicht beeindrucken. Sie brachte Opfer, knauserte und sparte ihr Geld, bis sie nicht nur finanziell unabhängig war, sondern auch die Summe beisammenhatte, um ein großes Haus zu kaufen, von dem sie einen Teil vermieten konnte.

Noch immer begegnete ihr Mann jeder Veränderung, jeder Verbesserung, die sie durchzusetzen versuchte, mit Widerstand. Schließlich, so erinnerte sie sich, sagte ihr mitten in der Nacht eine Stimme: »Mach es selbst.« Mehr Ermutigung brauchte sie nicht.

Eula McClaney wusste, dass sie handeln musste, aber wie? Sie betete um einen Hinweis – und hörte die Antwort: »Spar jeden Penny und steig dann ins Immobiliengeschäft ein.«

Das tat sie. Am Wochenende verkaufte sie selbstgebackene Süßkartoffel-Pies. Sie schrubbte Wände und putzte Häuser. Sie sparte zwölfhundert Dollar in drei Jahren, lieh sich weitere dreihundert von ihrem Vater und leistete damit die Anzahlung auf ein Haus – der Beginn ihrer Karriere im Immobiliengeschäft und gleichzeitig der Schliff für ihren Geschäftssinn.

Die Arbeit war hart, und manche Opfer, die sie bringen musste, waren sogar noch härter, aber sie machte weiter. Sie kaufte ein zweites Haus, dann ein drittes und ein viertes. Neun Jahre später war sie Eigentümerin von dreiunddreißig Apartments!

Schließlich wurde ihr klar, dass ihr Mann ein Hindernis für die Erfüllung ihrer Träume war. Als sie eine Villa in Pittsburgh kaufte, weigerte er sich, mit ihr dort einzuziehen – und das war das Ende ihrer Ehe. Als sie 1987 starb, hatte sie ein geschätztes Vermögen von mehr als hundert Millionen Dollar angehäuft. Sie besaß einen Rolls-Royce, teuren Schmuck, Pelze und andere Wertgegenstände, aber nichts davon, so sagte sie, sei »so wichtig wie meine Beziehung zu Gott«.

Sie spendete Millionen für wohltätige Zwecke, traf Präsidenten, wurde von großen Zeitungen und Magazinen interviewt und trat in »Good Morning America« und anderen Shows auf, wo sie den Gastgebern erklärte: »Ich habe es geschafft, indem ich einen Fuß vor den anderen setzte, so wie wir alle das tun müssen. Wenn es schwierig wurde, bin ich trotzdem weitergegangen.«

Als herausragende Unternehmerin und Philanthropin hat Eula McClaney gezeigt, dass sie über die Energie und den gesunden Menschenverstand verfügte, um ein Multi-Millionen-Dollar-Immobilienimperium aufzubauen, ohne dabei die Verbindung zu ihren Wurzeln oder ihren Glauben an Gott zu verlieren.

»Das Leben ist eine Abfolge von Hochs und Tiefs, Treffern und Fehlschüssen, Bergen und Tälern, Hügeln und Ebenen und – für viele von uns – ein langer Weg über steinige Straßen«, schloss sie. Der magische Schlüssel ist Beharrlichkeit, immer einen Fuß vor den anderen zu setzen, bis man dort ankommt, wo man hinwill.

Auf den Schultern von Riesen

Wenn wir unsere Mühsal mit der von Mrs. McClaney vergleichen, dann sehen unsere Kämpfe doch ziemlich trivial aus, oder? Aber auch das Leben im einundzwanzigsten Jahrhundert ist keineswegs einfach. Ungeachtet unserer komfortablen Lebensbedingungen treffen uns immer wieder persönliche Härten, Ungerechtigkeiten, Schmerz, Leiden, Krankheit und Tod. Es ist nichts als Glück, dass wir heute leben und die Früchte der Arbeit unserer Vorfahren genießen können. Nicht einmal ansatzweise können wir ermessen, welche persönlichen Härten, Opfer und Tragödien unsere Ahnen ertragen mussten, um uns schließlich den Komfort zu ermöglichen, den wir heute für selbstverständlich halten.

Jetzt stehen wir auf den Schultern von Riesen. Jede Generation hat die Lebensqualität für zukünftige Generationen verbessert.

Nun sind wir an der Reihe, den Stab an die nächste Generation weiterzugeben und diese Welt in einem Zustand zu verlassen, der besser ist, als wir ihn bei unserer Ankunft vorgefunden haben. Wir sind jetzt an der Reihe, unsere Dankesschuld für alles, was wir geerbt haben, abzutragen. Wir sind an der Reihe, in unser Inneres zu schauen und die Gaben zu entdecken, die wir unseren Kindern, Enkeln und Urenkeln hinterlassen wollen.

Wenn Sie nächstes Mal den Kühlschrank öffnen, die

Mikrowelle einschalten, eine heiße Dusche nehmen, in Ihrem warmen Bett schlafen, in den Lebensmittelladen gehen, Ihr Auto fahren, schmutzige Kleidung in die Waschmaschine stecken, Staub saugen, sich vor den Fernseher setzen, Radio hören, Ihren Computer benutzen oder im Internet surfen – denken Sie daran, wie viel Glück Sie haben, heute zu leben.

Weise Worte

Fürchte weniger, hoffe mehr; iss weniger, kaue mehr;
lamentiere weniger, atme mehr; rede weniger,
sage mehr; hasse weniger, liebe mehr –
und alle guten Dinge werden dir gehören.

Schwedisches Sprichwort

Inspiration zur Erinnerung

Eula McClaney

Frage zum Nachdenken

Auf welche Weise können Sie sich selbst jeden Morgen daran erinnern, wie viel Glück Sie haben, heute zu leben?

18. Vermeiden Sie vorzeitiges Altern mit einem Wort

Finde ein Ziel im Leben,
bevor dir die Munition ausgeht.
Arnold Glasow

Vor langer Zeit lebte ein cleverer Narr am Hof eines Kalifen von Bagdad. Über viele Jahre war es ihm stets gelungen, sein Publikum zu amüsieren. Aber eines Tages, in einem Moment der Unachtsamkeit, beleidigte er den Kalifen, der ihn daraufhin zum Tode verurteilte.

»Eingedenk der vielen Jahre, in denen du uns gut und treu gedient hast«, sagte der Kalif, »darfst du jedoch wählen, auf welche Weise du sterben willst.«

»O mächtiger Kalif«, antwortete der Narr, »ich danke dir für deine große Freundlichkeit. Ich wähle den Tod … durch hohes Alter.«

Würden wir das nicht alle tun? Und die gute Nachricht lautet, dass wir dank erstaunlicher wissenschaftlicher Leistungen eine größere Chance als je zuvor haben, ein hohes Alter zu erreichen. In den Jahren um 1800 lag die statistische Lebenserwartung bei ungefähr siebenundzwanzig Jahren. Im Jahr 1900 betrug sie fünfzig Jahre. Heute wird beispielsweise der durchschnittliche Amerikaner achtundsiebzig Jahre alt. Und der Anteil der Hundertjährigen an der Bevölkerung nimmt rasch zu.

Aber es kommt nicht darauf an, wie lange Sie gelebt haben oder wie viel Lebenszeit Ihnen noch bleibt. Es kommt darauf an, wie viel Leben Sie in diese Jahre packen. Wenn Sie Ihre Begabung entdecken und sie dazu nutzen, um Ihrer Leidenschaft zu folgen, dann wird das Ihr Leben um Jahre verlängern. Nicht nur leere Jahre, in denen Sie sich immer wieder sagen: »Ich wünschte, ich hätte ...«, sondern Jahre voller Freude und innerem Frieden.

Wir alle kennen Menschen mit viel Energie, die plötzlich gestorben sind, kurz nachdem sie Rentner geworden waren oder den Lebenspartner verloren hatten. Ohne eine Vision von einem Lebensziel werden wir untergehen. Aber wir können unsere Bestimmung nicht erfüllen, ohne unsere Begabung erst einmal zu entdecken und zu entwickeln. Und wenn wir unsere Begabung nicht genug schätzen, dann ist es möglich, dass wir sie niemals gut nutzen.

Wilma Rudolph

»Mein Leben war nicht wie das eines durchschnittlichen Menschen, der aufwächst und sich entscheidet, in die Welt des Sports einzutreten.«

Wilma Rudolphs erste Leistung bestand darin, am Leben zu bleiben und gesund zu werden.

Als zwanzigstes von zweiundzwanzig Kindern wurde sie 1940 zu früh geboren – mit einem Gewicht von viereinhalb Pfund – und war anschließend ständig krank: Masern, Mumps, Scharlach, Windpocken und eine doppelseitige Lungenentzündung.

Noch schlimmer war, dass sie auch Polio bekam, denn Kinderlähmung war damals eine Krankheit, die man nicht heilen konnte. Der Mutter sagte man, Wilma würde niemals gehen können; tatsächlich trug sie zwischen ihrem fünften und elften Lebensjahr eine Beinschiene.

Aber als ein verblüffendes Beispiel dafür, wie man seine körperlichen Grenzen überwinden kann, wurde das kränkliche Mädchen die erste Amerikanerin, die bei einer Olympiade drei Goldmedaillen gewann, und eine der am meisten gefeierten Athletinnen aller Zeiten.

Obwohl ihre Familie arm war, Menschen schwarzer Hautfarbe, die zur Zeit der Rassentrennung in Tennessee lebten, ermutigten sie das Mädchen während der Monate dauernder Therapiemaßnahmen. Mit zwölf Jahren konnte Wilma Rudolph schließlich ohne Krücken, Schienen oder orthopädische Schuhe laufen. Damals beschloss sie, Sportlerin zu werden. In der Highschool war sie ein Basketballstar, stellte Rekorde auf und führte ihr Team zur Meisterschaft im Bundesstaat Tennessee. Beim Basketballtraining entdeckte sie, dass ihre eigentliche Begabung – ironischerweise – das Laufen war.

Ihr Talent war unübersehbar. Während ihres zweiten Jahres an der Highschool gewann die Sechzehnjährige eine Bronzemedaille bei der Olympiade 1956. Vier Jahre später holte sie Gold über hundert und zweihundert Meter, und ihre Leistung war maßgeblich für den Sieg der Amerikanerinnen im 400-Meter-Staffellauf.

Nach der Rückkehr in ihren Geburtsort Clarksville, Tennessee, bestand sie darauf, dass ihre Siegesfeier für alle offen war, und so wurde daraus das erste gemischtrassige öffentliche Ereignis, das es in der Stadt jemals gegeben hatte.

Später wurde sie Lehrerin und Trainerin, und man bewunderte sie sehr deswegen, weil sie junge Sportler förderte und dafür sorgte, dass sie später trotz vieler Widerstände erfolgreich waren.

Neue Bedrohungen

Wilmas Kinderkrankheiten waren damals keineswegs ungewöhnlich. Vor gerade einmal hundert Jahren starb eins von vier Kindern vor der Vollendung des vierzehnten Lebensjahres. Grippe, Tuberkulose, Masern, Pocken, Cholera, Typhus und Keuchhusten forderten einen schrecklichen Tribut. Im Jahr 1900 war das Risiko für Eltern, ein Kind im ersten Lebensjahr zu verlieren, ungefähr zehnmal höher als heute.

Dank der modernen Wissenschaft brauchen sich die meisten Menschen in der westlichen Welt nicht mehr wie ihre Vorfahren über die rasche Verbreitung von Infektionskrankheiten zu sorgen. Aber heute gibt es andere Bedrohungen, für die wir weitgehend selbst verantwortlich sind

– Fettleibigkeit zum Beispiel. Nachdem die Menschheit zehntausend Jahre lang versucht hat, sich genug Kalorien fürs Überleben einzuverleiben, versuchen wir heute verzweifelt, weniger Kalorien aufzunehmen – um zu überleben.

Nach Angaben der Centers for Disease Control and Prevention waren in einer Untersuchung aus den Jahren 1999 und 2000 von den erwachsenen Amerikanern im Alter zwischen zwanzig und vierundsiebzig Jahren vierundsechzig Prozent übergewichtig bis fettleibig. Zwischen 1988 und 1994 hatte der Anteil noch bei sechsundfünfzig Prozent gelegen. Auch in Deutschland hat einer neueren Studie zufolge die Hälfte aller Frauen Übergewicht, bei den Männern sind es zwei Drittel. Solche Personen haben ein vierfach höheres Risiko, in jüngeren Jahren zu sterben, als Normalgewichtige.

Erstaunlich ist diese Entwicklung nicht, wenn man sich die Ernährung beispielsweise des amerikanischen Durchschnittsbürgers ansieht. Jedes Jahr schlürfen wir mehr als zweihundert Liter Limonade und konsumieren den Gegenwert von dreiundfünfzig Teelöffeln Zucker täglich! Seit Anfang der sechziger Jahre hat sich der Verbrauch von Limonade mehr als verdreifacht. Eine neuere Untersuchung der New York University hat ergeben, dass sich die durchschnittliche Tagesmenge der von uns verzehrten Burger, Fritten, Limonaden und Schokoriegel mindestens verdoppelt, in einigen Fällen sogar verfünffacht hat.

Betroffen sind aber nicht nur die Erwachsenen, sondern auch viele Kinder. In den letzten zwanzig Jahren ist die Zahl übergewichtiger oder fettleibiger Kinder um fünfzig

Prozent in die Höhe geschnellt. Der Anteil adipöser Kinder ist heute doppelt so hoch wie 1970. Das National Center for Health Statistics gibt an, dass fünfzehn Prozent der Kinder zwischen sechs und achtzehn Jahren im Jahr 2000 fettleibig waren, verglichen mit sechs Prozent im Jahr 1980.

Wenn Sie Ihr Gewicht reduzieren und vorzeitiges Altern vermeiden wollen, dann heißt das Zauberwort »Mäßigung«. Man braucht keine extremen Diäten, um erkennbare Fortschritte zu erzielen. Man braucht Beharrlichkeit. Ich kann Ihnen helfen, Ihre Begabung zu entdecken und zu entwickeln, aber wenn Ihre Gesundheit schlecht ist, werden wir nie die Gelegenheit haben, zu sehen, was Sie damit anfangen können.

Zu viele Medikamente

Eine weitere Nebenwirkung unserer auf »schnelle Reparatur« ausgerichteten Lebensweise besteht darin, dass wir uns ständig auf Medikamente verlassen. Dr. Dean Ornish, Präsident des Preventive Medicine Research Institute, sagt, der zunehmende Einsatz von Wunderpillen sei »ein Mikrokosmos dessen, was mit der Medizin insgesamt nicht stimmt. Wir [Ärzte] sind nicht dafür ausgebildet, Änderungen der Lebensweise zu verordnen; wir sind dafür ausgebildet, Medikamente zu verschreiben. Und man hat nur sieben Minuten pro Patient, also nicht genug Zeit, um über Veränderungen zu reden. Das ist für alle sehr bequem. Aber es ändert nichts an den grundlegenden Ursachen, warum Menschen krank werden.« Wie Benjamin Franklin einst sagte: »Gott heilt, und der Doktor bekommt das Honorar ...«

Auch unsere Kinder nehmen zu viele Medikamente. Mehr als eine Million junger Amerikaner schluckt beispielsweise täglich Ritalin, ein Mittel zur Behandlung von Hyperaktivität. Die Amerikaner nehmen durchschnittlich fünfmal so viel Ritalin wie die Einwohner anderer Länder. Und der Children's Defense Fund hat geschätzt, dass vierzig Prozent der Einweisungen von Jugendlichen in psychiatrische Krankenhäuser während der achtziger Jahre nicht notwendig waren. Wir müssen uns klarmachen, dass die einfache, schnelle Reparatur langfristig oft den größten Schaden anrichtet. Sich ein emotional, körperlich und psychisch gesundes Leben aufzubauen kostet Zeit, Energie und Mühe. Wenn wir verstehen, dass unser Denken oft dadurch beeinflusst wird, wie wir uns fühlen, dann werden wir allmählich einzuschätzen lernen, wie wichtig es ist, unsere Gesundheit zu bewahren.

Stress und geistige Gesundheit

Mehr als die Hälfte der erwerbstätigen Amerikaner hält Stress am Arbeitsplatz für ein größeres Problem im eigenen Leben. Dieser Anteil ist nach Angaben des National Institute for Occupational Safety and Health mehr als doppelt so hoch wie in ähnlichen Untersuchungen, die vor zehn Jahren durchgeführt wurden.

Forscher des American Institute of Stress schätzen, dass

Stress und die Probleme, die er verursachen kann – Fehlzeiten, Burn-out, Störungen der geistigen Gesundheit –, die amerikanische Wirtschaft mehr als dreihundert Milliarden Dollar jährlich kosten. Und das U.S. Bureau of Labor Statistics hat festgestellt, dass Fehlzeiten aufgrund von Angst, Stress und diversen neurotischen Störungen von 2000 bis 2001 um dreißig Prozent gestiegen sind.

Klinische Depressionen kommen heute zehnmal so häufig vor wie 1945. Rund fünfzig Millionen Amerikaner schlucken Antidepressiva. Eine Umfrage aus dem Jahr 2001 kam zu dem Ergebnis, dass achtzehn Prozent aller Studenten, die in den Beratungseinrichtungen der Colleges behandelt wurden, psychische Probleme hatten und Psychopharmaka nahmen. 1992 hatte der Anteil noch bei sieben Prozent gelegen. Und fünfundvierzig Prozent aller Collegestudenten sagten, sie hätten mindestens einmal im vergangenen Jahr unter einer Depression gelitten und deshalb ihr Leben schlecht bewältigen können.

Warum steigen die Stressbelastungen so an? Sollen nicht alle diese technologischen Verbesserungen unser Dasein leichter machen? Oder verstellen sie uns den Blick auf das, was im Leben wirklich wichtig ist – unsere innersten Werte? Stress ist eins der Zeichen dafür, dass etwas in unserem Alltag nicht stimmt und aus der Spur geraten ist. Wenn wir lernen, auf das zu hören, was unsere Symptome uns sagen wollen, und nicht versuchen, sie mit Medikamenten zum Schweigen zu bringen, dann lösen sich die Probleme gewöhnlich von selbst.

Vorzeitiges Altern

Eine junge Frau war zum Joggen draußen und sah unterwegs einen verschrumpelten alten Mann, der ihr von seiner Veranda aus zulächelte. »Sie sehen so glücklich aus«, sagte sie. »Was ist Ihr Geheimnis für ein langes, zufriedenes Leben?«

»Ich rauche drei Packungen Zigaretten täglich«, antwortete er. »Außerdem trinke ich jede Woche einen Karton Whisky, esse nur fettige Nahrung und treibe nie Sport.«

»Das ist erstaunlich«, meinte die Joggerin. »Wie alt sind Sie denn?« Der verschrumpelte alte Mann antwortete mit einem zahnlosen Grinsen: »Zweiunddreißig.«

Ah, die Schmerzen des vorzeitigen Alterns.

Weniges frustriert mich mehr als Leute, die glauben, dass ihr Alter ihre Chancen auf ein spannendes, abenteuerliches und leidenschaftliches Leben einschränke. Wenn wir zulassen, dass unsere Träume sterben, dann wird es unserer Seele bald genauso gehen. Unser zwingender Grund zu leben beginnt zu verblassen und schwindet dann allmählich dahin.

Aber sehen Sie sich Francis Chichester an, den Briten, der als Erster allein um die Welt gesegelt ist. Das war 1967, und er war damals sechsundsechzig Jahre alt. »Die meisten Leute sind damit zufrieden, sich über die Oberfläche des Lebens zu bewegen«, schrieb er in sein Tagebuch. »Aber nur wer sich Belastungen aussetzt, findet heraus, was wirklich in ihm steckt.«

Zweifellos liegt das wichtigste Geheimrezept für ein langes, gesundes, aktives Leben in unserer Einstellung zum

Altern. Forscher der Yale University haben die Daten einer Umfrage untersucht, die 1975 bei sechshundertsechzig Bürgern in einer kleinen Stadt in Ohio durchgeführt worden war. Alle Interviewten waren fünfzig Jahre oder älter, und man hatte sie gefragt, ob sie Aussagen wie diesen zustimmen würden: »Je älter ich werde, desto schlechter wird alles.« Und: »Ich bin heute genauso glücklich wie in jüngeren Jahren.« Als die Forscher 1998 die Antworten mit den Sterblichkeitsraten verglichen, waren die Ergebnisse schockierend. Die Leute mit einer positiveren Einstellung zum Alter hatten im Durchschnitt *siebeneinhalb Jahre länger gelebt* als ihre pessimistischeren Altersgenossen.

Zahllose Untersuchungen beweisen, dass unsere innere Einstellung wesentlich wichtiger ist als die äußeren Umstände. Im Grunde gibt es zwei Arten von Alter: das chronologische und das biologische. Das chronologische Alter ist die Zahl der Lebensjahre, die wir angeben, wenn man uns fragt, wie alt wir sind. Es ist weitgehend bedeutungslos, außer für die Entscheidung, wann wir Auto fahren, wählen, Alkohol trinken und in Rente gehen dürfen. Es hat wesentlich weniger mit unserer Gesundheit zu tun als unser biologisches Alter – das heißt der Zustand unserer lebenswichtigen Organe. Dieser wird weitgehend dadurch beeinflusst, was wir essen, wie oft wir Sport treiben und sogar was wir denken.

Ich finde es höchst erstaunlich, dass die Amerikaner jedes Jahr mehr als dreißig Milliarden Dollar für Diätprogramme ausgeben, wo Untersuchungen doch zeigen, dass nur einer von zehn Teilnehmern sein geringeres Gewicht auch ein Jahr nach Beendigung des Programms hat halten können. Die Leute machen sich nicht klar, dass keine magische Pille und kein Zauberprogramm ihren Taillenumfang verändern kann, wenn sie nicht die zugrunde liegenden Lebensmuster verändern.

Es führt kein Weg daran vorbei: Wenn Sie Übergewicht haben, müssen Sie körperlich aktiver werden und weniger essen. Sogar eine relativ kleine Veränderung Ihrer Ernährung und Ihrer Aktivitäten kann Ihr Leben um zehn Jahre verlängern. Was aber noch wichtiger ist: Sie werden Ihre Leistungen in jeder Hinsicht verbessern, weil Ihr äußeres Handeln davon abhängt, wie Sie sich innerlich fühlen.

Wenn Wilma Rudolph, die mit einem kränklichen Körper geboren wurde, sich zu einer Weltklasseläuferin entwickeln konnte und anschließend einen großen Teil ihres Lebens dafür einsetzte, andere zu inspirieren, wozu sollten wir – gesegnet mit einem gesunden Körper und einem guten Start ins Leben – dann fähig sein?

Weise Worte

Wenn die Gesundheit fehlt, kann die Weisheit sich nicht offenbaren, die Kunst kann sich nicht manifestieren, die Stärke kann nicht kämpfen, Reichtum wird nutzlos, und die Intelligenz kann nicht angewendet werden.

Herophilus

Inspiration zur Erinnerung

Wilma Rudolph

Frage zum Nachdenken

Welche schlechten Angewohnheiten müssen Sie ändern, damit Sie besser aussehen und sich besser fühlen?

19. Schätzen Sie Ihre Begabung

Ich danke Gott für meine Behinderungen,
denn durch sie habe ich mich selbst gefunden,
meine Aufgabe und meinen Gott.
Helen Keller

Wenn es darum geht, Dankbarkeit auszudrücken, dann gelingt das den meisten von uns bei einfachen alltäglichen Angelegenheiten ganz gut: Wir danken anderen, wenn sie uns die Tür aufhalten, im Lokal eine Runde ausgeben oder uns zu ihrer Party einladen. Aber wir sind weniger gut darin, unsere Dankbarkeit für das Wichtige im Leben auszudrücken: unsere Familien, unsere Freiheit, unsere Gesundheit, unsere Chancen und unsere Talente. Vielen von uns ist nicht klar, dass es sich dabei meist um Gaben handelt, die wir nicht durch eigene Arbeit verdient haben. Zahlreiche Leute überall in der Welt sind vielleicht genauso klug, hübsch, talentiert und engagiert wie wir, sie leben aber trotzdem in Elend, Armut und Krankheit.

Die Wertschätzung dessen, was wir empfangen haben, muss sich nicht nur darin ausdrücken, dass wir Dankbarkeit empfinden, sondern fordert uns auch auf, sie zu zeigen. Jeden Tag sollten wir uns glücklich schätzen, in einem Land zu leben, das mit solchem Überfluss gesegnet ist. Wir könnten genauso gut in einem Land geboren sein, wo es sogar an den grundlegenden Notwendigkeiten zum Überleben fehlt – Nahrung, Wasser, Kleidung und Obdach –, die wir meist für selbstverständlich halten.

Ich wünschte, ich könnte allen Menschen – Männern, Frauen und Kindern – in den westlichen Zivilisationen beibringen, das zu schätzen, was ihnen geschenkt wurde. Vielleicht würden wir dann nicht mehr Tausende Tonnen Nahrung täglich auf den Müll werfen, während weltweit über eine Milliarde Menschen in unvorstellbarer Armut leben und langsam an Hunger, Fehlernährung und Krankheiten sterben. Vielleicht würde uns dann klar werden, dass mehr als zweieinhalb Milliarden Menschen auf der ganzen Welt von weniger als zwei Dollar täglich existieren müssen, während eine durchschnittliche amerikanische Familie fast hundert Dollar täglich für ihren gewohnten Komfort zur Verfügung hat. Vielleicht würden wir dann aufwachen und erkennen, dass eine Milliarde Menschen keinen ausreichenden Zugang zu sauberem Wasser haben und zweieinhalb Milliarden selbst die grundlegendsten sanitären Einrichtungen fehlen, während der durchschnittliche Amerikaner mehr als sechsmal so viel Wasser verbraucht wie die Bürger fast aller anderen Länder.

Die meisten von uns halten sauberes Wasser für selbstverständlich. Aber für die eine Million Menschen, die dieses Jahr in Bangladesch an den Folgen von verseuchtem Wasser sterben, ist es die absolut kostbarste Ressource – sie macht den Unterschied zwischen Leben und Tod aus.

Wenn wir erkennen, welche Fülle uns wirklich zuteil wird, dann empfinden wir zweierlei: erstens ein tiefes Gefühl der Freude und des Glücks. »Nein, mein Leben ist nicht perfekt«, sagen wir uns, »aber es ist wesentlich besser als das Leben der meisten Leute auf dieser Welt, und es ist weitaus besser, als ich mir je bewusst gemacht habe.« Und zweitens empfinden wir einen starken Antrieb, nicht nur danke zu sagen, sondern unsere Gaben zu nutzen und unser Glück mit anderen zu teilen.

Warum ist das so?

Der durchschnittliche Amerikaner verdient heute fünfmal so viel wie vor einem Jahrhundert, aber die Selbstmordraten sind höher als damals. *Warum ist das so?*

In den letzten fünfzig Jahren wurde in den Vereinigten Staaten mehr Reichtum geschaffen als im gesamten Rest der Welt in allen Jahrhunderten vor 1950. Aber der Anteil der Amerikaner, die sich als »sehr glücklich« bezeichnen, erreichte 1957 seinen Höhepunkt und sinkt seitdem stetig. *Warum ist das so?*

Die amerikanische Wirtschaft (gemessen am Bruttosozialprodukt pro Kopf) ist über hundertdreißigmal stärker als die nigerianische. Die Lebenserwartung des durchschnittlichen Amerikaners beträgt volle vierundzwanzig Jahre mehr als die des durchschnittlichen Nigerianers. Der durchschnittliche Amerikaner genießt eine Lebensqualität und einen Lebensstandard, den sich sogar vergleichsweise reiche Nigerianer kaum vorstellen können.

Aber nach Angaben der World Values Survey bezeichnet sich ein sehr viel größerer Prozentsatz von Nigerianern als

»sehr glücklich«, als das unter Amerikanern der Fall ist. Im internationalen Überblick der Glücklichen stehen die Vereinigten Staaten an sechzehnter Stelle hinter solchen Ländern wie Kolumbien, Mexiko und Vietnam. *Warum ist das so?*

Psychologen und Soziologen verweisen auf den Niedergang unseres kulturellen Wertesystems, während Ökonomen die Theorie der Befriedigung zur Erklärung der Diskrepanz heranziehen. Diese Theorie besagt: Wenn der Preis für eine Ware oder Dienstleistung sinkt und das Angebot steigt, sinkt auch der wahrgenommene Wert, weil die Leute nicht mehr so hart für dieses Produkt arbeiten müssen.

Aber die vielleicht beste Erklärung, warum die Unzufriedenheit in einem Land voller Überfluss so hoch ist, hat John Maynard Keynes 1930 in seinem Essay »Economic Possibilities for Our Grandchildren« geliefert. Er schrieb: »Wir sind also von der Natur – mit allen unseren Impulsen und tiefsten Instinkten – ausdrücklich zu dem Zweck geschaffen worden, das ökonomische Problem zu lösen. Sobald das ökonomische Problem gelöst ist, werden die Menschen ihres traditionellen Lebensziels beraubt sein.« Keynes hat demnach im Grunde gesagt, dass wir Opfer des von uns selbst geschaffenen Überflusses werden. Es geht uns so gut, dass es uns eigentlich schlechtgeht.

Dauerhaftes Glück finden wir nur, wenn wir gekämpft haben, um etwas zu erlangen, was größer ist als wir selbst. Nichts ist größer als die Mühe, die man braucht, um die eigene Begabung zu entdecken und mit der Welt zu teilen.

Anne Sullivan und Helen Keller

»Wenn wir unser Bestes tun, können wir nie wissen, welches Wunder daraus in unserem Leben oder im Leben eines anderen Menschen entsteht.«

»Und jetzt gehen wir hinaus in die betriebsame Welt, um unseren Teil an den Lasten des Lebens zu übernehmen«, erklärte Anne Sullivan 1886 zu Beginn ihrer Abschiedsrede an der Perkins Institution for the Blind, »und wir nehmen unseren Teil an den Lasten des Lebens auf uns und leisten unseren kleinen Beitrag, um die Welt besser, klüger und glücklicher zu machen.«

Die halbblinde Anne Sullivan – die schon außergewöhnliche »Lasten« getragen hatte – würde genau das tun, war sie doch mit einem unerschütterlichen Idealismus gesegnet. Geboren in Armut, hatte sie einen großen Teil ihrer Sehfähigkeit durch eine Augenkrankheit verloren, und als sie acht Jahre war, starb ihre Mutter an Tuberkulose.

Ihr alkoholsüchtiger Vater schlug sie mit einer Peitsche und verließ sie und ihren fünfjährigen Bruder. Anne, damals zehn, und ihr Bruder landeten im Armenhaus, wo sie in einer elenden Umgebung mit Geistesgestörten zusammenlebten und mit Leuten, die an entsetzlichen Krankheiten litten. Manchmal trennte nur ein Raumteiler die schlafenden Kinder von den Leichen kürzlich verstorbener

Patienten. Nach wenigen Monaten war Annes kleiner Bruder tot.

Sie blieb vier Jahre lang im Armenhaus, bis sie sich eines Tages buchstäblich dem Vorsitzenden eines Prüfungskomitees zu Füßen warf und ihn anflehte, er möge sie zur Perkins-Schule schicken. Dort lernte sie die Blindenschrift und wurde operiert, um ihre Sehfähigkeit zu verbessern.

Nach ihrem Schulabschluss 1887 übernahm sie eine Anstellung als Lehrerin eines intelligenten Mädchens in Alabama, das blind und taub zugleich war. Mit Sullivans Hilfe sollte dieses Mädchen die berühmteste Behinderte der Welt werden, die am meisten bewunderte Frau der Nation und eine Inspiration für Millionen.

Im Alter von neunzehn Monaten war Helen Keller an einem Fieber erkrankt, dessen Folgen sie in völliger Dunkelheit und tiefer Stille zurückließen. Der Schmerz über ihre Unfähigkeit, die Welt wahrzunehmen und sich mitzuteilen, äußerte sich in heftigen und manchmal gewalttätigen Wutanfällen. Geduldig lehrte Anne Sullivan Helen Disziplin und brachte ihr auch die Blindenschrift bei, indem sie Worte auf Helens Handfläche buchstabierte. Aber obwohl das Kind lernte, die Fingerbewegungen nachzumachen, konnte es doch nicht vollständig die Verbindung zwischen diesen Bewegungen und den entsprechenden Worten herstellen, bis sie etwas erlebte, was sie später »das Erwachen meiner Seele« nannte. In einer heute berühmten Szene, die durch ein Bühnenstück und einen Spielfilm (»The Miracle Worker«) über das Paar unsterblich wurde, hielt Anne Sullivan eine Hand von Helen Keller in einen kühlen Strom, während sie in die andere Hand das Wort

»Wasser« buchstabierte. »Plötzlich«, so schrieb Keller später, »tauchte in meinem Bewusstsein schemenhaft etwas auf, was ich vergessen hatte – ein Schwirren zurückkehrender Gedanken; und irgendwie wurde mir das Geheimnis der Sprache offenbart. Da wusste ich, dass ›W-a-s-s-e-r‹ dieses wunderbare kühle Etwas bedeutete, das über meine Hand floss. Das lebendige Wort ließ meine Seele erwachen, gab ihr Licht, Hoffnung, Freude, befreite sie!«

Mit ihrem erwachten Intellekt, der jetzt mit der Sprache verbunden war, machte Keller rasche Fortschritte. Sie lernte an diesem Tag neunundzwanzig weitere Wörter, und innerhalb eines Jahres beherrschte sie die Blindenschrift und konnte ein Tagebuch führen. Im Alter von zehn Jahren war sie eine Berühmtheit, und bekannte Leute wie Alexander Graham Bell und Mark Twain lobten ihren Mut, ihre Liebe zum Lernen und ihre humanitäre Gesinnung. Wider alle Erwartung wurde sie am Radcliffe College angenommen. Mit Sullivans Hilfe, die ihr die Worte der Professoren – und der Lehrbücher – in die Hand buchstabierte, schloss sie 1904 ihr Studium mit einem ausgezeichneten Examen ab; sie war damit die erste taubblinde Studentin, die je einen Studienabschluss erreicht hat.

Das Paar war wie füreinander geschaffen. Sullivans Begabung war ihre Fähigkeit, zu lehren, und Kellers – ironischerweise – die Fähigkeit, zu kommunizieren. Nach dem College verdiente sie ihren Lebensunterhalt, indem sie Bücher (insgesamt neunzehn) und Artikel schrieb und Vorträge hielt. Außerdem sammelte sie Geld für Blinde. Sie engagierte sich gegen Kinderarbeit und Rassendiskriminierung und kämpfte für Frauenrechte und den Weltfrieden.

Sie wurde auch zu einem Symbol der Hoffnung für amerikanische Soldaten, die durch Verwundungen erblindet, verkrüppelt oder taub geworden waren, denn sie erklärte ihnen: »Akzeptiert eure Behinderungen, aber lasst euch nicht von ihnen beherrschen.«

»Sicherheit«, so sagte sie gern, »ist meist ein Aberglaube ... Gefahren zu meiden ist langfristig nicht sicherer, als sich ihnen bewusst auszusetzen. Das Leben ist entweder gewagtes Abenteuer oder gar nichts.«

1933 schrieb Keller einen bemerkenswerten Artikel für das *Atlantic Monthly*, in dem sie sich vorstellte, was sie gern anschauen würde, wenn sie auch nur drei Tage lang sehen könnte: »Ich habe oft gedacht, dass es ein Segen für jedes menschliche Wesen wäre, irgendwann während des frühen Erwachsenenlebens ein paar Tage lang blind und taub zu sein. Die Dunkelheit würde jeden lehren, seine Sehfähigkeit mehr zu schätzen, und die Stille würde ihn lehren, sich an Klängen zu freuen.«

Sie erwähnte, sie habe mit einer sehenden Freundin gesprochen, die gerade von einem langen Waldspaziergang zurückgekehrt sei. Als Keller sie fragte, was sie gesehen habe, antwortete die Frau: »Nichts Besonderes.« Keller meinte, sie sei »gewöhnt an solche Antworten, denn ich bin schon lange überzeugt davon, dass die Sehenden wenig sehen«.

Wenn sie drei Tage lang sehen könnte, so schrieb sie, dann würde sie am ersten Tag Sullivan und ihre anderen Freunde einladen und »lange in ihre Gesichter schauen, um meinem Geist die äußeren Hinweise auf ihre innere Schönheit einzuprägen«. Außerdem würde sie gern ein

Baby anschauen, aber auch Hunde, ihr Haus, ihre Bücher und die Natur.

Am zweiten Tag würde sie früh aufstehen, um die Dämmerung zu beobachten – dieses »aufregende Wunder« –, und anschließend Museen besuchen, um naturgeschichtliche Ausstellungen und Kunstwerke anzuschauen; später würde sie dann noch ein Schauspiel, einen Film und eine Tanzvorführung ansehen.

Am dritten Tag würde sie wieder die Dämmerung begrüßen und dann den Anblick und die Geräusche von New York City in sich aufnehmen – die Aussicht von den Wolkenkratzern, die Farben der Frauenkleider, die Waren in den Schaufenstern. »Meinen Augen entgeht nicht die geringste Kleinigkeit; sie wollen alles berühren und festhalten, worauf ihr Blick fällt.« Abschließen würde sie den letzten Tag mit »einem erheiternden Lustspiel, damit ich die Andeutungen des Komischen im menschlichen Geist einschätzen kann«.

Am Ende des Artikels empfahl sie den Lesern: »Benutzen Sie Ihre Augen so, als würden Sie morgen blind sein. Und dieselbe Methode können Sie auf andere Sinne anwenden. Hören Sie die Musik von Stimmen, den Gesang eines Vogels, die mächtigen Klänge eines Orchesters, als würden Sie morgen taub sein. Berühren Sie jeden Gegenstand, den Sie berühren wollen, so, als hätten Sie morgen keinen Tastsinn mehr. Riechen Sie den Duft der Blumen, schmecken Sie die Würze jedes Bissens, als könnten Sie morgen nicht mehr riechen und schmecken. Machen Sie das Beste aus jeder Sinneswahrnehmung: Genießen Sie alle Facetten des Vergnügens und der Schönheit, die Ihnen diese Welt offenbart.«

Alltägliche Wunder

Wenn man es recht betrachtet, sollten dann nicht die Wunder des Lebens genug Belohnung für uns sein? Ist das nicht ein ausreichender Grund zum Feiern? Es ist doch erstaunlich, wenn man bedenkt, dass unser Herz jedes Jahr rund sechs Millionen Liter Blut durch achtzigtausend Kilometer Blutgefäße pumpt, um alle lebenswichtigen Organe unseres Körpers zu nähren, und dass dieser Körper aus mehr als fünf Billionen Zellen besteht. Und dass sich im Zentrum einer jeden Zelle ein Kern befindet, der die DNA enthält, die jeden Menschen einzigartig macht. In der gesamten Geschichte der Menschheit gab es nie jemanden wie Sie, und es wird auch nie wieder jemanden wie Sie geben.

Das Geschenk des Lebens sollte ausreichen, um uns für immer dankbar zu machen. Aber viele Zeitgenossen verheddern sich so sehr in alltäglichen Kleinigkeiten, dass sie darüber die Orientierung verlieren. Bekommen, Besitzen und Horten bestimmen unser Leben und rauben unsere Energie. Und ganz unversehens wissen wir dann nicht mehr, was wirklich wichtig ist.

Ich erinnere mich, dass ich während meiner Lebenskrise nichts vom Zauber des Lebens wahrgenommen habe. Ich hatte eine wunderbare Frau, eine liebevolle Familie, ein schönes Haus und Geld auf der Bank. Aber aus irgendeinem Grund spielte das alles keine Rolle. Jedem, der es hören wollte, erzählte ich die Geschichte meines Elends.

Es war kaum überraschend, dass meine Freunde nach ein paar Monaten genug von meinen Jammereien hatten. Als es schließlich niemanden mehr gab, der sie anhören mochte, nahm ich mir ein Tagebuch und ein Handtuch und ging an den Strand. Ich hätte nie gedacht, dass diese Entscheidung mein Leben von Grund auf ändern würde.

Oben auf eine Tagebuchseite schrieb ich die Frage: »Wofür könnte ich in meinem Leben dankbar sein?« Anfangs antwortete ich in der Art: »Es gibt nichts, wofür ich dankbar sein könnte! Das Leben ist entsetzlich!« Aber als ich etwas tiefer nachdachte und meine Gedanken wandern ließ, begannen die positiven Antworten zu fließen.

Als Erstes dachte ich an Gott und daran, wie dankbar ich für das Geschenk des Lebens war.

Während ich dann beobachtete, wie kleine Kinder im Sand spielten, empfand ich Dankbarkeit für meine Familie. Immerhin hatte ich sechs Verwandte innerhalb kurzer Zeit verloren, sodass die noch lebenden mir sehr wertvoll waren. Als ich die heranrollenden Wellen beobachtete, war ich dankbar für meine Augen und das Geschenk, sehen zu können. Ich stellte mir vor, wie das Leben für meine Cousine Gina gewesen sein musste, die mit einunddreißig Jahren erblindet und mit sechsunddreißig Jahren an den Folgen von Diabetes gestorben war.

Als ich einer Gruppe von Kindern einen Fußball zurückkickte, dachte ich daran, wie dankbar ich für meinen Körper war. Ich war auch dankbar für meine Freunde und dafür, ein Amerikaner zu sein. Ich war dankbar, dass ich reisen konnte, ein Haus, ein Auto und andere Gegenstände besaß. Ohne dass ich es gemerkt hatte, waren anderthalb Stunden vergangen, und ich hatte fast dreihundert Dinge aufgelistet, für die ich dankbar war. »Wow!«, dachte ich. »Offenbar geht es mir doch gar nicht so schlecht.«

Diese Übung hatte mir zu einer Erkenntnis verholfen: Einer der Hauptgründe, warum ich mich so leer und frustriert fühlte, lag darin, dass ich all die guten Seiten des Lebens vergessen hatte. Ich hatte mich nur auf das Schlechte konzentriert. Bald wurde mir klar, dass meine eigene Einstellung vielleicht das einzig Schlechte in meinem Leben war …

Weise Worte

Wenn man Dankbarkeit empfindet und
sie nicht ausdrückt, ist das so,
als würde man ein Geschenk verpacken, aber nicht hergeben.

William Arthur Ward

Inspiration zur Erinnerung

Anne Sullivan und Helen Keller

Frage zum Nachdenken

Für wie vieles in Ihrem Leben sind Sie dankbar?

Teil IV:
Die Begabung nutzen

20. Wie man lernt, mit Veränderungen umzugehen

> *Fortschritt ist nicht möglich ohne Veränderung, und wer sein Denken nicht ändern kann, der kann gar nichts ändern.*
> George Bernard Shaw

Veränderung verwirrt uns zutiefst. Einerseits wissen wir (rational), dass sie ein natürlicher Bestandteil des Wachstums ist. Andererseits finden wir es schwierig (emotional), manchmal sogar schmerzlich, sie willkommen zu heißen. Warum verbringen wir unsere gesamte Jugend mit ständigen Veränderungen – schwelgen oft sogar darin –, leisten ihnen aber als Erwachsene heftigen Widerstand?

Ein Hauptgrund dafür sind die gegensätzlichen Kräfte, die sich stetig in unserem Inneren bekämpfen:

- abstoßende Kräfte: Furcht und Schmerz,
- anziehende Kräfte: Verlangen und Vergnügen.

Furcht und Schmerz sind nicht immer negativ. Sie schützen uns vor körperlichem Schaden. Sie sind beispielsweise der Grund dafür, warum wir nicht mitten im Stoßverkehr über eine belebte mehrspurige Schnellstraße rennen, ohne nach rechts und links zu schauen. Aber abgesehen davon, dass sie uns in seltenen gefährlichen Situationen helfen, sind Furcht und Schmerz »schlecht«, weil sie uns so viel unnötiges Leid aufbürden. Sie schränken uns ein und machen uns schwach. Sie begraben unsere Talente unter einem Berg von Entschuldigungen wie etwa »Ich bin zu alt«, »Ich habe keine Erfahrung«, »Ich bin nicht in Form«, »Ich habe keine Zeit dafür«, »Ich habe kein Geld dafür« oder »Ich bin einfach nicht gut genug«. Indem sie uns nur negative Ereignisse und Erfahrungen vor Augen halten, fördern diese abstoßenden Kräfte unser Bedürfnis nach Sicherheit ganz enorm.

Verlangen und Vergnügen treiben uns andererseits voran. Wie ein Magnet ziehen sie alles an, was gut im Leben ist – Chancen, Glück und persönliches Wachstum. Sie helfen uns, die Umstände so zu sehen, wie sie wirklich sind, nicht besser und nicht schlechter. Sie erweitern unser Leben, stärken uns und vermitteln uns ein gutes Selbstwertgefühl. Sie helfen uns, unsere Begabungen zu entdecken, und verleihen unserem Leben Sinn und Ziel.

Die Quelle beider Kräfte

Interessanterweise werden beide Kräfte am selben Ort erzeugt: in unseren Gedanken. *Solange wir unsere Gedanken unter Kontrolle haben und ihnen nicht erlauben, uns zu kontrollieren, haben wir unser Lebensziel unter Kontrolle.* Erfolgreiche Menschen haben gelernt, Veränderungen willkommen zu heißen und sicher »nach vorn zu wachsen«. Wie machen sie das? Wie schaffen sie es, ihre Ängste zu überwinden und trotzdem zu handeln? Tag für Tag unternehmen sie kleine Schritte hin zur Verwirklichung ihrer Ziele. Jeder neue Schritt hilft ihnen, eine sichere Grundlage auf höherem Niveau aufzubauen. Sobald sie mit beiden Füßen fest darauf stehen, machen sie den nächsten Schritt. Im Grunde ist das ganz ähnlich wie das Bergsteigen.

Erinnern Sie sich an Erik Weihenmayer, von dem in Kapitel 12 die Rede war. »Unabhängigkeit«, so sagte er, »kam nicht in großen Sprüngen, sondern durch kleine Erfolge, fast unmerklich.« Obwohl Erik schließlich der erste blinde Bergsteiger war, der den Gipfel des Mount Everest erreichte, hat er nicht dort angefangen. Vielmehr hatte sein »Aufstieg« ungefähr fünfzehn Jahre zuvor begonnen, als sein Vater mit ihm einen schlichten Wochenendausflug nach New Hampshire unternahm, damit er lernte, dort auf den Felsen zu klettern. Diese Felsen waren zwar klein, aber »sie gaben mir den Mut, ein bisschen größer zu träumen«, sagte Erik.

Die Lektion? Seien Sie bereit, sich eine Weile etwas unbehaglich zu fühlen, bis Übung und Wiederholung Ihnen Wohlbefinden und Sicherheit vermitteln. Sobald Sie sich ausreichend gesichert glauben und die nötigen Vorsichtsmaßnahmen ergriffen haben, können Sie damit beginnen, Ihren Berg des Erfolgs zu besteigen.

Jim Carrey

»Die schlechten Zeiten geben einem das Gefühl, dass man die guten Dinge verdient.«

Jimmy war während seiner Grade-School-Zeit in einem Vorort von Toronto ein stilles Kind ohne Freunde. Ein früher Wendepunkt in seinem Leben zeigte sich, als er begann, hinten im Klassenzimmer alles aufzumischen. Bald merkte er: Wenn er etwas Verrücktes tat und die Leute zum Lachen brachte, dann redeten sie auch mit ihm.

Ein Lehrer schrieb in sein Zeugnis: »Jim beendet erst seine Arbeit, und dann stört er die Klasse.« Im dritten Grundschuljahr begann er, den Geigenspieler im Musikunterricht nachzumachen. Schon bald präsentierte er dieselbe Show vor der versammelten Schülerschaft – und sein Traum, ein Komiker zu werden, war geboren.

Aber wie bei so vielen Komikern hatte auch Jims Lachen seine Wurzeln im Schmerz. Seine Eltern waren ziemlich arme Leute und litten unter chronischen Depressionen. Oft war er gebeten worden, sie – und sich selbst – aufzuheitern.

Mit Unterstützung seines Vaters hatte Jim als vierzehnjähriger Schuljunge mit einer piepsigen Stimme sein Debüt als Komiker in einem drittklassigen Club in Toronto, der sich »Yuk Yuk's Komedy Kabaret« nannte. Er war so miserabel, dass das Management ihn quasi von der Bühne schmiss. Es war nicht nur eine Niederlage; es war ein vernichtender Schlag für den hoffnungsvollen Entertainer wie auch für seine Familie, die auf seinen finanziellen Beitrag zum Lebensunterhalt angewiesen war.

Jim blieb immer noch die Unterstützung seines Vaters Percy, der selbst gezwungen gewesen war, seinen Traum von einer Karriere als Musiker aufzugeben, um als Buchhalter seine Familie zu ernähren. Doch leider wurde die Situation bald darauf noch schlimmer. Percy verlor seinen »sicheren« Job. Die Gläubiger drängten auf Zahlung, und die Familie wurde obdachlos. Ohne Geld für ein Dach über dem Kopf lebte die Familie acht Monate lang in einem schrottreifen VW-Camper.

Jim übte weiterhin seine Vorstellung und triumphierte schließlich bei einem erneuten Auftritt im Yuk Yuk's, wo er von der Kritik hoch gelobt wurde, einen Agenten fand und dem Komiker Rodney Dangerfield auffiel. Am Ende wurde er selbst Filmstar und Komiker.

Sogar während der dunklen Zeiten – und davon erlebte Jim noch einige, nachdem er schon mehrere Filme gedreht hatte – gab er sich nie damit zufrieden, einfach das zu tun, was die anderen Komiker taten oder was er vorher gemacht hatte. Um immer wieder etwas Neues darbieten zu können, verordnete er sich selbst ständige Veränderungen. Es entsprach nicht seiner Natur, sich auf seinen Lorbeeren auszuruhen. Harter Arbeit und guter Handwerkskunst verpflichtet, trieb er sich ständig an, mehr zu tun, neues Material beizubringen, und er verbrachte Tausende Stunden vor dem Spiegel, um seine hyperaktive Art der Darstellung zu pflegen.

Seine brennende Unzufriedenheit, geboren aus einer Vergangenheit voller verzweiflungswürdiger Umstände, trieb ihn an und ließ ihn stets seinen künftigen Erfolg im Auge behalten. Während der schwierigen Anfangsjahre schrieb er einmal einen vordatierten Scheck für sich selbst über zehn Millionen Dollar für von ihm erbrachte Leistungen aus. Als sein Vater 1994 starb – kurz bevor Jim wirklich zum Star geworden war –, ging der Sohn zum Sarg des Vaters und steckte ihm den Scheck in die Westentasche. Damit schloss er ein Kapitel des Buches ab, während er sich gleichzeitig auf das nächste vorbereitete.

Ehrlich mit sich selbst sein

Anders als Jim Carrey setzen die meisten von uns Veränderungen heftigen Widerstand entgegen. Ich denke, das hat zum Teil mit unserer Blindheit zu tun. Vieles erkennen wir nicht, weil wir uns nicht die Zeit nehmen, um hinzuschauen. Aber anderes entgeht uns auch, weil wir unsere Augen schließen und es nicht sehen wollen.

Was könnte uns so in Angst versetzen, dass wir es riskieren würden, mit geschlossenen Augen durchs Leben zu gehen? Es ist die Vorstellung, das, was mit uns nicht stimmt, könnte so groß und so schlimm sein, dass es nicht zu reparieren ist. »Du kannst das nicht in Ordnung bringen«, flüstert die kleine Stimme in unserem Inneren, »also versuch's erst gar nicht.«

Wir müssen unseren Schmerz beim Namen nennen und

feststellen, woher er kommt. Wir können auch nicht den geringsten Teil davon unberücksichtigt lassen. Wir müssen ihn uns als ein riesiges, blinkendes Straßenschild vorstellen: »*Achtung: Sackgasse!*« Wachsen können wir im Leben nur durch Veränderung. Verändern können wir uns nur, wenn wir den Mut haben, unseren Ängsten direkt ins Gesicht zu sehen. Wir müssen sie beim Namen nennen, sie als unsere anerkennen und dann überwinden.

Es mag schwierig sein, die Wahrheit zu sagen, vor allem, wenn wir sie uns selbst erzählen müssen. Wir alle geraten gelegentlich in Versuchung, die Wirklichkeit so zurechtzustutzen, dass sie zu unserem Bild des perfekten Menschen passt, der wir so verzweifelt sein möchten. Wir können vielleicht andere täuschen, aber nicht uns selbst. Wir wissen, dass manche Lebensweisen nie funktionieren werden, nie richtig sein werden, uns nie Frieden und Zufriedenheit bringen werden, egal, mit welchem eloquenten Müllhaufen wir uns selbst füttern.

Wie können wir uns jemals ändern, wenn wir ständig die Symptome leugnen und so tun, als sei alles in bester Ordnung? Leider vermuten wir viel zu oft den Feind in der Außenwelt und nehmen andere ins Visier: Es ist nicht unsere Schuld, dass wir fett sind; es ist das Fast-Food-Restaurant in der Nähe. Es ist nicht unsere Schuld, dass wir keinen Job finden; Schuld daran hat die verdammte Regierung. Es ist nicht unsere Schuld, dass unsere Ehe in die Brüche gegangen ist, sondern allein die unseres Expartners …

Also, wissen Sie was? In den meisten Fällen ist es tatsächlich unsere Schuld. Vielleicht nicht ausschließlich, aber wir tragen sicher einen guten Teil daran. Solange wir nicht aufstehen und die Verantwortung für unser Leben übernehmen und die Chance zur positiven Veränderung und zum Wachstum nutzen, wissen wir nicht, was echte Lebensfreude ist.

Wenn wir die Wahrheit über uns selbst akzeptiert haben, werden sich unsere Einstellungen gegenüber anderen allmählich ändern. Die Leute, über die wir so voreilig geurteilt haben, sehen plötzlich mehr und mehr aus wie wir selbst: Auch sie sind dann »normale« Menschen, die sich vorankämpfen, das Leben zu bewältigen versuchen und – wie wir alle – dabei »dumme« Fehler machen …

Das »nie Gekannte«

Warum scheint uns das Leben immer wieder an Orte zu verschlagen, an denen wir noch nie zuvor waren – ohne Landkarte und ohne Gebrauchsanleitung?

Wir sagen uns: Aber ich war nie zuvor ein Erstklässler (oder Teenager oder verheiratet oder geschieden oder alt oder Rentner und jemand, dessen Kinder gerade das Haus verlassen haben). Alles ist neu. Trotzdem wissen wir irgendwie, dass es keine Möglichkeit gibt, in den früheren Zustand zurückzukehren. Einmal verändert, für immer verändert. In jedem Stadium des Lebens schließt sich eine vertraute Tür, und eine neue, fremde öffnet sich. Wer weiß, was sich auf der anderen Seite befindet? Wer weiß, welchen Herausforderungen wir uns werden stellen müssen? Werden wir glücklich sein? Werden wir Erfolg haben? Werden wir bereit sein, wenn sich nach dieser die nächste Tür öffnet?

Oder werden wir versuchen, zurück in die Räume zu huschen, die wir hinter uns gelassen haben, Räume, deren Türen uns nun für immer verschlossen sind? Vielleicht werden wir es versuchen, aber was wäre das für ein trauriges Leben – ständig an eine verschlossene Tür zur Vergangenheit zu klopfen, während eine strahlende Zukunft vor uns liegt?

In unserem Inneren gibt es zu viele Zimmer, zu denen die Türen verschlossen sind – zu viele Orte, die wir nie angeschaut haben und zu denen niemand Zutritt hat. Unsere Herzen sind wie riesige begehbare Schränke, bis zur Decke vollgestopft mit nutzlosem Kram. Sie müssen dringend aufgeräumt werden, um dort Platz zu schaffen für das wirklich Gute, was das Leben zu bieten hat.

Es geht uns allen so: Mit jedem neuen Lebenskapitel, das wir beginnen, begegnen wir zwangsläufig Hindernissen, die wir noch nie zuvor überwinden mussten, beispielsweise die Diplomarbeit, der erste »richtige Job«, Entlassung und Arbeitslosigkeit, Heirat, Hauskauf, Scheidung. Die Liste ließe sich endlos fortsetzen. Das nie Gekannte begegnet uns immer wieder.

Keiner von uns hat je zuvor den bestimmten Punkt im Leben erreicht, an dem er gerade steht. Keiner von uns war je in diesem Alter oder stand vor diesen Herausforderungen. Keiner unserer neuen Sechstklässler hat sich je mit Algebra beschäftigen müssen. Keiner unserer Abiturienten musste sich je zuvor für eine Studienrichtung entscheiden. Keiner unserer Erwachsenen hat je zuvor erlebt, dass die Notierungen all seiner Dot-com-Aktien in den Keller gingen. Das nie Gekannte begegnet uns also stets aufs Neue.

Was wir machen müssen, ist ein vertrauensvoller Schritt

nach vorn. Beginnen Sie das nächste Stadium Ihrer Reise mit Begeisterung und schauen Sie nie zurück. Denn ironischerweise macht gerade das nie Gekannte unser Leben so spannend!

Die Weggabelung

Irgendwann im Leben erreichen wir alle eine Weggabelung. Überhaupt scheinen unsere persönlichen Schnellstraßen mit allen möglichen Ausfahrten und Auffahrten, Kreuzungen und Kreisverkehren ausgestattet zu sein. Woher sollen wir wissen, welche Ausfahrt die richtige ist? Woher sollen wir wissen, welchen Weg wir nehmen müssen?

Das ist nicht einfach, aber wir können uns damit trösten, dass wir immer eine Wahl haben. Nach konventioneller Übereinkunft sollten wir der Herde folgen und den Pfad des geringsten Widerstands einschlagen. Aber die Geschichte beweist, dass man den Erfolg häufiger abseits ausgetretener Wege findet. Wie es in einem Gedicht von Robert Frost heißt: »Ein Weg trennte sich im Wald in zwei, und ich … ich nahm den stilleren für mich. Das war der wesentliche Unterschied.«

Eine Untersuchung, über die im *International Journal of Aging and Human Development* berichtet wurde, kam zu dem Ergebnis, dass »die Menschen, die ein Gefühl von Autonomie zum Ausdruck bringen konnten und eigene Entscheidungen getroffen hatten, mit einer dreimal höheren Wahrscheinlichkeit zufrieden sind als andere, die das nicht getan hatten«.

Freiwillige oder erzwungene Veränderung

Allein im letzten Jahrhundert hat sich unsere Welt, in der für die meisten alles sicher und sich nichts zu verändern schien, zu einer Welt entwickelt, in der sich alles ändert und nichts mehr sicher scheint. Willkommen in unserer neuen Wirklichkeit! Genau wie jene, die es vorzogen, in ihren mittelalterlichen Gedankenmustern zu verharren, während der Renaissance in der Dunkelheit zurückblieben, werden diejenigen verlieren, die sich heute, im einundzwanzigsten Jahrhundert, gegen Veränderung wehren.

Die Schreiber, die Mitte des fünfzehnten Jahrhunderts versucht hatten, sich gegen die von Johannes Gutenberg erfundene Druckerpresse zu wehren, sind verhungert. Anfang des neunzehnten Jahrhunderts wehrten sich Hunderte amerikanischer Automobilhersteller gegen das revolutionäre »Fließband« von Henry Ford. Drei Firmen nahmen diese Veränderung an. Es ist kein Zufall, dass nur diese drei heute noch am Markt vertreten sind.

Egal, wer Sie sind, wo Sie leben oder aus welcher Kultur Sie stammen, Sie müssen mit Veränderungen zurechtkommen. Für den Stamm der Dinka im Sudan ist die Kuh mehr als nur eine Nahrungsquelle; sie ist ihr Leben. In einem Land, wo die Zahl der Kühe, die jemand besitzt, darüber entscheidet, wie viel Nahrung seiner Familie zur Verfügung steht, ist der von Ochsen gezogene Pflug ebenso revolutionär wie unerwünscht. Doch einige Bauern haben die Gelegenheit genutzt, ihre Art des Ackerbaus zu ändern, und den Boden nicht mehr mit ihren Händen, sondern mit einem solchen Pflug bearbeitet. Dadurch konnten sie so viel Getreide ernten, dass sie nun ihre Überschüsse gegen mehr Vieh eintauschen können, während andere sich an ihre Tradition klammern und darben.

Auf den heutigen globalen Märkten ist Stillstand gleichbedeutend mit Rückschritt. Mehr als je zuvor ist die Veränderung eine Konstante. »Früher« konnten wir bei einer Firma einen »sicheren« Arbeitsplatz bekommen und davon ausgehen, dass wir während der nächsten dreißig Jahre dort blieben. Wir haben uns darauf eingelassen, über Jahrzehnte hinweg in langweiligen Jobs festzustecken, weil wir dachten, sie würden uns Sicherheit bieten. In der neuen Welt hingegen gibt es keine sicheren Arbeitsplätze mehr. Wir sind alle mehr oder weniger »Unternehmer« oder »unabhängige Berater« und arbeiten selbständig.

Heute konkurrieren wir nicht nur mit dem Kollegen am Nachbarschreibtisch; wir stehen auch im Wettbewerb mit einer neuen, oft gut ausgebildeten Gruppe hungriger junger Profis, die vielleicht bereit sind, für einen Bruchteil dessen zu arbeiten, was unsere Firma uns zahlt. Die Zeiten eines garantierten langfristigen Arbeitsvertrags sind vorbei. Wir sind alle »Freiberufler«.

Wenn wir vorwärtskommen wollen, müssen wir in uns selbst investieren. Wir müssen uns aufraffen, neue und bessere Verfahren zu lernen, mit deren Hilfe wir mehr leisten können. Die einzige Möglichkeit, den eigenen Arbeitsplatz einigermaßen zu sichern, besteht darin, sich unentbehrlich zu machen. Wie schafft man das? Indem man ständig seine Bereitschaft bekundet und mehr als nur seine Pflicht tut. Spezialisieren Sie sich und verbessern Sie Ihre Fertigkeiten.

Veränderung bewältigen

Der erste Schritt zur dauerhaften Veränderung besteht darin, zu erkennen, dass wir uns *nicht* dort befinden, wo wir gern wären. Sei es ein Job, unsere Beziehung oder unsere Gesundheit, solange wir nicht genau feststellen, was wir wirklich wollen, werden wir es garantiert nicht finden.

Der zweite Schritt besteht darin, in Schwung zu kommen. Versuchen Sie es mit dieser Übung: Notieren Sie auf der einen Seite eines Blatts Papier alle negativen Ereignisse, die eintreten werden, wenn Sie sich nicht verändern, und auf der anderen Seite alle positiven, die geschehen, *wenn* Sie sich verändern. Indem Sie die Fakten schriftlich fixieren, können Sie Pro und Kontra besser gegeneinander abwägen, und das hilft Ihnen vielleicht, genug Dynamik zum Handeln zu entwickeln.

Und schließlich: Hören Sie auf, über Veränderungen zu reden, und fangen Sie an, zu handeln, damit Verbesserungen geschehen können. Wir mögen den ganzen Tag darüber sprechen, wie wir unseren ungeliebten Job kündigen und eine Karriere aufbauen, die uns Spaß macht; aber solange wir nichts tun, wird sich auch nichts ändern. Wir können darüber schwadronieren, dass wir abnehmen und wieder in Form kommen wollen; doch wenn wir nicht mit den wichtigen kleinen Schritten zu unserem Ziel hin beginnen, werden wir fett und schlapp bleiben.

Der Psychologe Martin Seligman hat den Ausdruck »erlernte Hilflosigkeit« geprägt, der im Wesentlichen bedeutet, dass wir uns angesichts der äußeren Kräfte, die unser

Leben formen, machtlos fühlen. Das Schlüsselwort ist »erlernt«. Wir werden nicht mit dieser einschränkenden Überzeugung geboren, sondern erwerben sie irgendwann im Laufe des Lebens. Die gute Nachricht lautet aber, dass wir sie genauso gut wieder »*ver*lernen« können ...

Sie sitzen am Steuer Ihres Lebens. Achten Sie auf die Wegweiser und fürchten Sie sich nicht davor, gelegentlich die Spur zu wechseln.

Weise Worte

Wenn du tust, was du immer getan hast,
dann bekommst du,
was du immer bekommen hast.
Anonym

Inspiration zur Erinnerung

Jim Carrey

Frage zum Nachdenken

Welche Veränderung, die Sie vornehmen könnten, hätte die größte positive Auswirkung auf Ihr Dasein? Welcher Schmerz bliebe, wenn Sie auf diese Veränderung verzichteten, und welche Freude käme in Ihr Leben, sofern Sie diese Veränderung in die Tat umsetzten?

21. In guten wie in schlechten Zeiten

Wenn Arbeit, Hingabe und Vergnügen
eins werden und man den tiefen Brunnen
der Leidenschaft erreicht, ist nichts unmöglich.
Anonym

Manchmal sieht »eine Hälfte« ziemlich gut aus: Ein halbes Glas Wein ist besser als gar keins. Eine halbe Chance ist besser als keine. Aber bei dem, was im Leben wirklich wichtig ist, reicht »die Hälfte« einfach nicht:

Ein halber Plan, ein halber ethischer Grundsatz, eine halbe Verpflichtung – sie sind nichts wert. Sagen Sie einmal zu Ihrem oder Ihrer Liebsten: »Hallo, Schatz, ich liebe dich die Hälfte meiner Zeit«, und schauen Sie, wie das ankommt …!

Werden wir bei einem halbherzigen Versuch erwarten, dass wir den vollen Lohn erhalten? Werden wir zulassen, dass unsere Ängste, Ablenkungsmanöver oder einfach die alte Blindheit uns dazu verleiten, nur symbolisch etwas zu investieren? Wir sollten besser unser Engagement einbringen, statt unsere Energie nur zu verschwenden oder das Dasein »zu ertragen«. Immerhin ist das Leben, wie es in einem Spruch heißt, nicht nur eine »Generalprobe«. Wofür sparen wir es überhaupt auf? Unsere weltliche Existenz ist ein zeitlich begrenztes Angebot. Wenn wir es nicht nutzen, werden wir es verlieren.

»Das Leben«, so sagte Helen Keller, »ist entweder ein gewagtes Abenteuer oder gar nichts.« Wenn wir je darauf hoffen, in dieser Welt irgendein Ziel zu erreichen, dann gibt es nur einen Weg: *Wir müssen alles geben, was wir haben.* Welchen Sinn hätte es, etwas zurückzuhalten?

In früheren Jahrhunderten haben militärische Führer, wenn sie vom Meer aus angriffen, nach der Landung oft die Schiffe verbrannt, damit die Truppen keine andere Wahl hatten, als zu kämpfen und zu siegen. Und wenn ich von Hingabe und Verpflichtung spreche, dann meine ich – natürlich symbolisch – genau das!

Warum geben wir uns mit einem durchschnittlichen Leben zufrieden, wenn »dort draußen« so viel mehr auf uns wartet? Wie die Soldaten, die keine Fluchtmöglichkeit haben, müssen wir den Willen aufbauen, unserer Verpflichtung zu folgen und unsere Begabungen um jeden Preis voll auszuschöpfen.

Uns auf diese Weise zu verpflichten bedeutet, *alles* zu tun, was nötig ist. Erinnern Sie sich beispielsweise an die Verpflichtung der amerikanischen Gründerväter – »Unser Leben, unser Schicksal, unsere heilige Ehre« – für die Sache der Revolution? Reicht Ihre eigene Hingabe so tief? Sie müssen eisern an das glauben, was Sie tun, und das durch Ihr Handeln und Ihre Worte demonstrieren.

Wir begegnen immer wieder Herausforderungen, im Beruf, in der Ehe oder als Eltern. Aber wenn der Augenblick der Herausforderung kommt, müssen wir tun, was nötig ist und solange es nötig ist.

Aus der Narkose erwachen

Der Gedanke daran, wie wir mit unseren Verpflichtungen umgehen, erinnert mich an den alten Witz über den Ehemann, der nach einer schweren Operation aus der Narkose aufwachte. Seine Augenlider flatterten, er schaute seine Frau an und murmelte: »Du bist wunderbar!« Dann schlief er wieder ein. Eine Weile später öffneten sich seine Augen erneut ein wenig. »Du bist wunderschön!«, flüsterte er nach einem kurzen Blick auf seine Frau. Nach vielen Stunden öffnete er seine Augen schließlich weit, sah seine Frau an und sagte spontan: »Oh, hallo.«

»Was ist nun mit ›wunderbar‹ und ›wunderschön‹?«, fragte sie.

»Oh«, antwortete er, »die Betäubung hat nachgelassen.«

Auf ähnliche Weise verwandelt sich unser »Absolut« in ein »Vielleicht«, und unser »Für immer« wird zum »Für eine Weile«. Unruhe und alle möglichen Ängste sorgen viel zu oft dafür, dass wir uns von dem abwenden, was das Leben lebenswert machen kann: Verpflichtungen, die aus ganzem Herzen kommen und bei denen wir alles geben, was wir haben, und nichts zurückhalten.

Ein gutes Leben ist voll von solchen Verpflichtungen jeder Art und Größe. Ohne sie welken und sterben wir. Und doch zögern wir so häufig und halten die Augen offen in der Hoffnung auf ein besseres Angebot. Allzu oft sind unsere Verpflichtungen nur vorübergehende Parkplätze statt dauerhafter Wohnstätten.

Wenn wir uns voll und ganz verpflichten und keine Rückzugsmöglichkeit offen lassen, dann setzen wir eine enorme

Energie, Kreativität und Erfindungsgabe frei. Wie Kurt Warner in der Geschichte, die Sie als nächste lesen werden, verschwenden wir keinen Gedanken an die Möglichkeit des Misserfolgs – wir finden einfach einen Weg, es geschehen zu lassen.

Warum tun wir das nicht immer? Warum kneifen wir und geben uns mit einem Bruchteil dessen zufrieden, was wir wirklich wollen und brauchen? Wahrscheinlich hängt es damit zusammen, dass wir abgelenkt werden und vergessen, was unser Herz uns über unsere wirklichen Wünsche sagt. Die Geschäftigkeit des Lebens verwirrt uns, sodass wir vom Weg abkommen und in ein Dutzend verschiedene Richtungen gehen, wobei wir uns nur selten oder gar nicht mehr auf unsere echten Herzensbedürfnisse konzentrieren.

Kurt Warner

»Wenn man bereit ist, sich selbst und die eigenen Träume aufs Spiel zu setzen, wird man dabei auf jeden Fall eine innere Stärke entdecken, von deren Existenz man bisher vielleicht nichts gewusst hat.«

Als seine St. Louis Rams ihre 16-Punkte-Führung beim Endspiel um den Super Bowl vermasselt hatten und es so aussah, als würde eine Erfolgsstory zu einer Luftnummer werden, musste Quarterback Kurt Warner tief in sich hineinschauen, um zu einer Entscheidung zu kommen. »Es ist alles eine Frage der Perspektive«, erinnerte er sich später. »Ich dachte darüber nach, wo ich war und wie hart ich dafür gekämpft hatte, um dorthin zu gelangen.«

Warners Odyssee wird manchmal unter dem Titel »Vom Tütenpacker zum Millionär« beschrieben. Nur wenige Jahre bevor man ihn zum teuersten Spieler der nationalen Footballliga (NFL) ernannt hatte, tütete er für fünfeinhalb Dollar die Stunde in einem Supermarkt Waren ein, er hauste in einem kalten, feuchten Souterrain-Apartment und bezog Lebensmittelmarken. Als ihm einmal unterwegs das Benzin ausging, mussten er und seine Freundin unter die Autositze kriechen, um dort nach etwas Kleingeld für den Heimweg zu suchen ...

Jahrelang war Warner von Footballtrainern und Talentsuchern ignoriert und unterschätzt worden. Von außen betrachtet, wirkte er nicht wie ein außergewöhnlicher Spieler. Er galt als »unbedeutender Geselle, der Glück hatte, überhaupt in der NFL zu sein«.

Aber unter der Haut war Kurt Warner ein bemerkenswerter Mann: Er hatte ein unerschütterliches Gottvertrauen, ein brennendes Verlangen, seinen Lebenstraum vom Profispieler zu verwirklichen, und einen unbeirrbaren Glauben an sich selbst und sein Potenzial. In seinem Buch *All Things Possible* erinnert er sich: »Ich habe mir nie den Gedanken erlaubt, ich sei nicht gut genug, um es zu schaffen.«

Sein Bruder meinte einmal: »Alle Kinder sagen gelegentlich, dass sie Profisportler werden wollen. Aber Kurt hat wirklich daran geglaubt.« Dennoch wurde seine Hingabe immer wieder auf die Probe gestellt. In der Highschool verbrachte er die meiste Zeit auf der Ersatzbank. Das einzige College, das ihm ein Stipendium anbot, war die University of Northern Iowa, die nicht unbedingt als Eliteschmiede galt. Außerdem hatte die Uni schon einen erfolgreichen Starter-Quarterback, sodass Warner auch dort nur selten spielen konnte.

Schließlich ergatterte er einen Starterplatz, wurde aber bei der Auswahl für die Profimannschaft übergangen. Und die Green Bay Packers luden ihn zwar in ihr Trainingslager ein, musterten ihn aber nach nur drei Wochen wieder aus.

Ohne Chancen auf die NFL, ohne Job und ohne Geld war er gezwungen, mit in die Souterrainwohnung einzuziehen, die seine Freundin mit ihren beiden Kindern im Haus ihrer Eltern bewohnte. Er nahm den Job im Lebensmittelladen an und begann, die Fragen seiner Freunde, »wie lange ich noch versuchen wollte, diesen Traum zu leben«, abzuwehren.

Nach einer Weile erhielt er jedoch ein Angebot der Iowa Barnstormers, einer Hallenmannschaft von bescheidenem Ruf, für die er drei Jahre lang spielte. Ein weiteres Jahr war er in einer europäischen Mannschaft, aber der Sprung zu den Profis wollte immer noch nicht gelingen. Irgendwie war er ständig vom Pech verfolgt.

Während seiner Hochzeitsreise wurde er in Jamaika von einem Skorpion gestochen, wodurch sein rechter Ellbogen anschwoll, sodass er nicht mehr werfen konnte. Und das war natürlich genau der Moment, als die Chicago Bears beschlossen hatten, sich ihn anzusehen – und sich gegen ihn entschieden. Eine weitere Enttäuschung.

Im Frühjahr 1998, nachdem er fünf Jahre lang auf den Nebenstraßen des Profi-Footballs herumgehüpft war, luden die Rams Warner ihn in ihr Trainingslager ein und nahmen ihn schließlich als zweiten Ersatz-Quarterback in ihre Mannschaft auf.

Im ersten Jahr konnte er nur selten spielen, und die Mannschaft beendete die Saison mit vier Siegen und zwölf Niederlagen. Obwohl die Rams die schlechteste Profimannschaft des Jahres 1998 waren, sagte Warner seinen Teamkollegen: »Wir sind die beste Mannschaft! Wir werden um den Super Bowl spielen, und wir werden ihn gewinnen.« Und daran glaubte er mit jeder Faser seines Körpers. Nach einer Weile begannen auch seine Teamkollegen daran zu glauben.

Als der Starter der Rams verletzt war, bekam Warner schließlich die Chance, auf die er sein Leben lang gewartet hatte. Als völlig Unbekannter schaffte er in dieser Saison einundvierzig vollständige Pässe und erhielt die Auszeichnung als wichtigster Spieler. Aus dem Nichts heraus hatte er die schlecht angesehenen Rams zum Finale um den Super Bowl geführt.

Jetzt aber blieben nur noch zwei Minuten Spielzeit, und das Blatt hatte sich ganz klar zugunsten der Tennessee Titans gewendet, die aufgeholt und den Ausgleich erzielt hatten. Vor den Augen von zig Millionen Fans begab sich Warner für das größte Spiel seines Lebens aufs Feld, für die Rolle, von der er wusste, dass er dafür geschaffen war. »Ich dachte: ›Hier ist meine Chance‹«, erinnerte er sich.

Er dachte auch an seine Frau, seine Kinder, seine Freunde, seine Familie und seine Beziehung zu Gott, und ihm wurde klar, »mehr als je zuvor, wie wahrhaft gesegnet ich war. Als ich mich aufstellte und den Football schnappte, spürte ich, wie eine Kraft, die ich bis dahin nicht gekannt hatte, durch das Leder und in meine Adern schoss.«

Die nationale Meisterschaft stand auf dem Spiel, in weniger als zwei Minuten würde alles vorbei sein, und es stand sechzehn zu sechzehn. Warner bekam die Spielanweisung »999 H-Balloon« – eine lange »Bombe«, wie sie in der gesamten Saison noch nicht gespielt worden war. Während er sich zurückfallen ließ, warf sich ein 280 Pfund schwerer Lineman wie ein wild gewordener Bulle auf ihn. Kaum hatte Warner seinen Pass losgelassen, als er auch schon auf dem Boden lag. Als er durch die Körper hindurchspähte, die sich über ihm türmten, sah er, wie Isaac Bruce den Ball fing und die Torlinie überquerte.

Er hatte es geschafft. Sein Traum war vollständig in Erfüllung gegangen! Erst später wurde ihm klar, dass seine in diesem Spiel erzielten vierhundertvierzehn Passing-Yards den Rekord brachen, den sein Held Joe Montana in einem einzigen Spiel aufgestellt hatte. Und als Tüpfelchen auf dem i wurde er auch noch zum wertvollsten Spieler des Super Bowls ernannt. Plötzlich verschwanden seine dunklen Jahre als Unbekannter im gleißenden Licht der Kameras und Schlagzeilen.

Im Jahr darauf unterschrieb der junge Mann, der vorher für fünf Dollar und fünfzig Cent pro Stunde Tüten eingepackt hatte, einen Vertrag über dreiundvierzig Millionen Dollar, er wurde ein weiteres Mal wertvollster Spieler und konnte einen erneuten Gewinn des Super Bowl verzeichnen.

Alles geben, was man hat

Leider ist nicht jeder so aufrichtig wie Kurt Warner. Vielleicht haben Sie von dem Mann gehört, der seine Steuererklärung nicht ehrlich ausgefüllt hatte und anschließend unter Schuldgefühlen litt. Er schickte der Finanzbehörde einen Scheck mit folgendem Hinweis: »An den zuständigen Sachbearbeiter: 2007 habe ich in meiner Steuererklärung nicht mein gesamtes Einkommen angegeben. Deshalb lege ich einen Scheck über hundert Dollar bei. PS: Falls mich mein Gewissen weiter plagen sollte, werde ich den Rest schicken …«

Es ist faszinierend, wie viele Leute sich damit zufriedengeben, einfach nur zurechtzukommen, auch dann, wenn es um sehr viel Wichtigeres geht als eine Steuererklärung – nämlich darum, wirklich zu leben. Wollen wir hoffen, das Beste aus unseren Begabungen herauszuholen, dann dürfen Ausdrücke wie »zurechtkommen« oder »sich begnügen« nicht zu unserem Wortschatz gehören …

Es gibt viele Möglichkeiten, unsere Hingabe unter Beweis zu stellen – was wir in unserer Freizeit tun, wie viele Stunden wir arbeiten, wie wir unsere Fertigkeiten verbessern, die Intensität unserer Vision, die Stärke unserer Ethik, unsere Verpflichtung gegenüber anderen Menschen und unsere Integrität. Der angemessene Einsatz wird Ihnen und anderen beweisen, dass Sie an das glauben, was Sie tun. Und es ist diese Art von tief verwurzelter Hingabe, die

…ßartige Menschen von solchen unterscheidet, …ur großartig sein wollen.

Wurzeln sind notwendig

Warum ist unsere Hingabe oft so unbeständig und verschwindet wieder? Warum fällt es uns so leicht, ohne zurückzuschauen etwas aufzugeben, für das wir uns lange eingesetzt haben? Das hängt damit zusammen, dass viele unserer Verpflichtungen keine Wurzeln haben.

Wenn wir nicht mit dem Herzen dabei sind, wie können wir uns dann mit irgendetwas verbinden? Und wenn wir nicht unsere Ärmel aufgekrempelt und uns darum bemüht haben, uns selbst und andere zu verstehen, wie können wir dann erwarten, dass sich in unserem Inneren mehr als nur unfruchtbarer Müll befindet? Schließlich haben wir nichts aufgebaut, um unseren inneren Raum zu füllen.

Wird das mit uns geschehen? Werden wir uns mit einem verarmten Inneren zufriedengeben, indem wir nur Oberflächlichkeiten leben? Die Entscheidung liegt bei uns, und einen Teil dieser Entscheidung treffen wir jeden Tag. Wie wird das aussehen?

Unruhe und alle möglichen Ängste veranlassen uns viel zu oft, uns von dem Einzigen abzuwenden, was unser Leben lebenswert machen kann: Verpflichtungen, die aus ganzem Herzen kommen und für die wir uns voll einsetzen, ohne irgendetwas zurückzuhalten.

Wenn harte Zeiten anstehen und wir uns nicht wirklich verpflichtet fühlen, dann wird unsere stumpfsinnige Routine ihren Tribut fordern, und Stück für Stück wird die Verpflichtung, die wir so hoffnungsvoll eingegangen sind, uns keinen Spaß mehr machen. Das Leben wird schwieriger, und wir suchen vielleicht – ohne es selbst zu merken – nach einem Ausweg.

Es mag zwar sein, dass wir nicht wirklich flüchten, indem wir von einer Brücke springen oder einfach wegfahren, aber es gibt viele Möglichkeiten, auszusteigen, obwohl man körperlich noch anwesend ist: Alkohol, Drogen, exzessive Einkäufe, ständige Reisen, der vollkommene Rückzug auf die Arbeit, die Hobbys oder das »Spielzeug« ... wir finden reichlich Orte, an denen wir uns verstecken können.

Wir können uns ebenso unter einer Decke aus reinem Zynismus verbergen. Ich bin sicher, Sie sind auch schon Verkäufern begegnet, die kaum motiviert sind und die Kunden mit minimalem Aufwand missmutig bedienen. Oder Sie haben mitbekommen, wie Eheleute sich gegenseitig niedermachen. Ihr Einsatz füreinander ist offenbar nur dürftig.

Mehr als alles andere bilden Verpflichtung und Hingabe unseren Charakter. Ich bin überzeugt davon, dass Menschen, die sich ihrem Ziel voll und ganz verpflichtet fühlen – egal, wie weit der Weg dorthin ist oder welche Opfer sie dafür bringen müssen –, auf ähnliche Weise erfolgreich sein werden wie Kurt Warner. Glück ist natürlich unser Ziel, aber es kommt niemals direkt. Es ist nur das Nebenprodukt eines Lebens der Wahrheit und der Selbstverpflichtung, mit vollem Einsatz unsere Begabung zu entdecken und mit der Welt zu teilen.

Wenn Sie also ein lebenswertes Leben führen wollen, dann müssen Sie Ihre Furcht überwinden und sich mit allem, was Ihnen zur Verfügung steht, für die Nutzung Ihrer Begabung einsetzen, und Sie dürfen dabei nie zurückschauen. Die Wahrheit lautet: keine Verpflichtung, keine Aufopferung; keine Aufopferung, keine Liebe; keine Liebe, keine Freude.

Weise Worte

Wenn es eng wird und sich scheinbar alles gegen einen verschworen hat, bis es so aussieht, als könnte man es nicht eine Minute länger ertragen, darf man niemals aufgeben, denn genau an dieser Stelle und zu diesem Zeitpunkt wird sich das Blatt wenden.

Harriet Beecher Stowe

Inspiration zur Erinnerung

Kurt Warner

Frage zum Nachdenken

Wie tief reicht Ihre Hingabe?

22. Sich den Kämpfen des Lebens stellen

Entscheidend ist nicht, wo ein Mensch
in Zeiten der Ruhe und Sicherheit steht,
sondern wohin er sich in Zeiten
der Herausforderung und Kämpfe stellt.
Martin Luther King jr.

Es gibt eine Geschichte über einen Schmetterlingsexperten, der die zarten Insekten schon seit Jahren beobachtete. Manchmal hatte er zugesehen, wie sie Stunden oder sogar Tage darum kämpften, sich aus ihren Kokons zu befreien, damit sie ihre Flügel ausbreiten und fliegen konnten. Ihre Bemühungen erschienen ihm als eine nutzlose, schmerzliche Energieverschwendung.

Eines Tages beschloss er, Mutter Natur zu Hilfe zu kommen. Mit größter Vorsicht schlitzte er den Kokon auf, damit der Schmetterling davonfliegen konnte. Aber stattdessen fiel das kleine Geschöpf auf den Boden, schlug schwach mit den Flügeln und starb. Der Schmetterling hatte nicht fliegen können, weil er nicht genug Kraft hatte – die Kraft, die er nur hätte entwickeln können, wenn er sich hätte anstrengen müssen, um sich aus dem Kokon zu befreien.

Wir alle kennen den Kampf, den Schmerz und die Dunkelheit, die oft mit harten Zeiten verbunden sind. Unser Herz bricht, unser Körper scheint uns im Stich zu lassen, und unser Geist leidet Folterqualen. Von unserem ersten bis zu unserem letzten Atemzug hört der Kampf niemals auf. Was sich immer wieder ändert, ist nur seine Form. Aber solch widrige Umstände sind notwendig für die Entwicklung eines starken Charakters. Kriegszeiten, so heißt es in der militärischen Metaphorik, machen gute Männer besser und schlechte Männer schlechter. Und sicher kann man etwas Ähnliches auch über allgemeinere Lebenskonflikte sagen. Das hat damit zu tun, dass jedem von uns eine Kraft innewohnt, die uns helfen kann, auch mit den schwierigsten Situationen fertig zu werden. Deshalb sollten wir uns den Herausforderungen stellen, statt vor ihnen zu fliehen. Ohne Kampf kann es keinen Fortschritt geben. Es sind die harten Zeiten, die unseren Charakter stark machen.

»Charakter lässt sich nicht mühelos in der Stille entwickeln«, sagte Helen Keller. »Nur durch die Erfahrung von Prüfungen und Leiden kann die Seele gestärkt, die Vision verdeutlicht, der Ehrgeiz angeregt und der Erfolg erreicht werden.«

Probleme sind nicht das Problem

Wenn wir akzeptieren, dass Probleme die Katalysatoren des Fortschritts sind, machen wir uns keine Sorgen mehr darüber, sondern heißen sie willkommen. »Es war die Dunkelheit, welche die Lampe hervorbrachte«, schrieb

Victor Hugo. »Es war der Nebel, der den Kompass hervorbrachte. Es war der Hunger, der uns zu Entdeckungen trieb.« Oft ist eine Krise vonnöten, damit wir unsere Begabung entdecken und unserer Leidenschaft folgen. Wir alle haben unsere eigene Notfallausrüstung, die perfekt auf jede Etappe unserer Reise passt. Aber wir dürfen nicht vergessen: So wie Samen nicht von selbst und ohne das entsprechende Umfeld aufgehen und wachsen, können wir unsere Fähigkeiten im Umgang mit solchen Problemen nicht ohne Übung voll entwickeln.

W. Mitchell

»Die Erfahrung würde das sein, was ich aus ihr machte, nicht das, wovon andere meinten, ich sollte es daraus machen.«

W. Mitchells Gesicht – so beschreibt er es selbst – sieht aus wie ein schlechtes Leder-Patchwork, so grotesk, dass Kinder ihm nachliefen und »Monster, Monster!« schrien, wenn sie ihm auf der Straße begegneten.

Als Folge zweier entsetzlicher Unfälle ist sein Gesicht völlig verbrannt. Außerdem hat er keine Finger und ist von der Taille an abwärts gelähmt. Er sagt: »Dein Leben ist genau das, was du daraus zu machen entscheidest.« Er hat entschieden, sich darauf zu konzentrieren, was er tun *kann*, statt darauf, was er *nicht* kann. Während die meisten

Leute in seiner Situation wohl aufgegeben hätten, nutzt Mitchell die Schwierigkeiten, um sein Feuer zu nähren. Seine Leistungen wären für jeden Menschen bemerkenswert, ganz zu schweigen für jemanden, der so viele Rückschläge hat einstecken müssen wie er. Er ist mittlerweile ein angesehener öffentlicher Redner geworden, ein Radio- und Fernsehkommentator, ein Politiker, ein führender Umweltschützer, ein erfolgreicher Unterhalter und vor allem eine Inspiration für andere Menschen.

Seine Schwierigkeiten begannen im Jahr 1971 auf den Straßen von San Francisco, als er mit dem Motorrad seitlich in einen Lastwagen knallte. Benzin lief aus, traf auf den heißen Motor und setzte alles in Flammen. Mehr als fünfundsechzig Prozent seiner Hautoberfläche waren verbrannt. Sechs Wochen lag er im Koma und kämpfte um sein Leben. Eine Weile sah es so aus, als würde er es nicht schaffen. Während der nächsten vier Monate hatte er sechzehn Hautverpflanzungen, und seine schwer verbrannten Finger wurden amputiert.

Der ehemalige Marine sinnierte darüber, was aus seinem Körper geworden war, und kam zu dem Schluss: »Ich selbst entscheide darüber, welchen Sinn diese Veränderung hat. Ich kann es als Katastrophe, aber auch als Herausforderung betrachten.« Er entschied sich für Letzteres.

Er organisierte seine Versorgung und Pflege, und sobald er aus dem Krankenhaus entlassen war, versuchte er, so gut es ging, damit zurechtzukommen, dass er nicht mehr ohne fremde Hilfe essen, den Fernseher einschalten, das Telefon benutzen oder irgendeine der Millionen anderen Alltäglichkeiten erledigen konnte.

»Ich erinnere mich daran, dass ich schreiend und weinend auf dem Rücken lag, den Blick starr auf einen Türknauf gerichtet, den ich beim besten Willen nicht zu drehen vermochte. Ich hatte mich noch nie so nutzlos gefühlt. Und dann, während ich dort lag, kam mir eine Idee. Ich streifte meine Slipper ab, streckte die Füße nach oben und drehte den Knauf mit ihnen.«

Das war der entscheidende Moment seiner Genesung. »Während sich der Knauf drehte und die Tür sanft aufschwang, nahm die Botschaft langsam Form an. Ich hatte mich aus einem weiteren Gefängnis befreit.«

Binnen weniger Monate konnte er nicht nur ohne Hilfe essen, sondern er lernte auch wieder, zu fliegen – eine Leidenschaft, die er für immer verloren geglaubt hatte.

Mit dem Geld, das er als Schadensersatz für den Unfall bekommen hatte, kaufte er Land in Colorado und investierte in einige Projekte, deren Wert stieg. Bald war er Millionär. Er bekam seine Berufspilotenlizenz und kaufte eine Cessna 2006.

Als er eines Tages gerade Richtung San Francisco gestartet war, geschah das Undenkbare: Der Motor versagte mitten im Steigflug, die Maschine stürzte ab. Er überlebte, aber als Folge des Unfalls war er von der Taille abwärts gelähmt.

»Ich hatte vier Jahre damit verbracht, mich von den wohl verheerendsten Verletzungen zu erholen, die ein Mensch überleben kann. Es war der Kampf meines Lebens gewesen, und ich hatte ihn gewonnen. Wenn irgendjemand für den Rest seines Daseins eine angenehme Zeit verdient hätte, so sollte man meinen, dann war das doch wohl ich.«

Aber weil er wusste, dass es so nicht sein würde, machte er sich daran, sich auf sein neues Leben einzustellen. Als er eines Tages in einem Fitnesscenter seine Rehabilitationsübungen absolvierte, sah Mitchell einen jungen Mann – einen ehemaligen Sportler, der gelähmt war und nun bitter und entmutigt wirkte. In seinem Buch *It's Not What Happens to You, It's What You Do About It* erinnert sich Mitchell, dass er dem Sportler sagte: »Bevor mir das alles passiert ist, gab es zehntausend Dinge, die ich tun konnte. Jetzt sind es neuntausend. Natürlich könnte ich bei den tausend Sachen verweilen, die ich nicht mehr tun kann, aber ich denke lieber an die neuntausend, die mir geblieben sind.«

Obwohl er jetzt gelähmt war, lernte Mitchell wieder zu fliegen, und er wurde zum Bürgermeister von Crested Butte, Colorado. Der Autor und Fernsehmoderator ist ein erfolgreicher Geschäftsmann, ein engagierter Naturschützer und ein gefragter Referent geworden, der seine Zuhörer drängt, ihre »mentalen Rollstühle« zu verlassen und das Leben bei den Hörnern zu packen. »Schwierigkeiten«, so sagt er, »sorgen dafür, dass wir uns selbst kennenlernen.«

Stellen Sie sich den Kämpfen des Lebens

Was sollen wir mit widrigen Umständen anfangen, diesen ungebetenen Gästen, die immer wieder in unserem Leben auftauchen? Im ersten Moment sind wir versucht, vor ihnen davonzulaufen oder die Augen zu schließen und zu leugnen, dass es irgendein Problem gibt. Das mag schnell und einfach sein, aber es wird ganz sicher nicht funktionieren. Dasselbe gilt für die andere Form des Weglaufens: Bitterkeit und Selbstmitleid, die dafür sorgen, dass wir am Eingangstor zum Leben stecken bleiben.

Wie jeder Schmetterling uns sagen könnte, bleibt uns angesichts von Schwierigkeiten nur eine einzige Option: Wir müssen ihnen ins Auge schauen, so wie W. Mitchell es getan hat, und dann mitten hindurchgehen – nicht außen herum –, Schritt für Schritt.

Gertrude Ederle wäre beispielsweise im Alter von sieben Jahren fast in einem Teich ertrunken. Statt ihrer Furcht vor dem Wasser nachzugeben, lernte sie nicht nur, zu schwimmen, sondern wurde auch die erste Frau, die den Ärmelkanal durchschwamm. Ihre Zeit von vierzehn Stunden und einunddreißig Minuten war um fast zwei Stunden besser als der bis dahin von einem Mann gehaltene Rekord.

Bernie Marcus und Arthur Blank wurden 1978 beide vom Handy Dan Home Improvement Center gefeuert. Aber die Entlassung eröffnete ihnen eine Reihe neuer Möglichkeiten, denn nun bauten sie Home Depot auf, eine weltweit vertretene Baumarktkette, die jährlich über achtundfünfzig Milliarden Dollar umsetzt.

Da Leonardo da Vinci unehelich geboren war, konnte er nicht den Beruf seines Vaters ausüben, der ein angesehener Notar war. Stattdessen wurde er als Lehrling zu Meistermaler und Bildhauer Andrea del Verrocchio geschickt – und der Rest ist Kunstgeschichte.

Beispiele lehren uns, dass wir alle unsere Schlach-
gen und unseren Dämonen ins Gesicht sehen müs-
sen. Der einzige Weg, unsere Schwierigkeiten zu überwinden, führt mitten durch sie hindurch.

Von den Stürmen des Lebens lernen

Ein junges Paar brauchte eine Pause vom hektischen Leben in der Stadt. Also beschlossen sie, ein ruhiges Wochenende in einer malerischen kleinen Dorfpension zu verbringen. Der Ort war ruhig – oder besser gesagt: absolut tot! Es gab nichts zu tun, und zu allem Überfluss regnete es das ganze Wochenende. Am Sonntagmorgen waren sie restlos genervt!

Nach einem ausgiebigen Frühstück gingen sie hinaus auf die überdachte Veranda, wo ein älterer Mann zufrieden in einem Schaukelstuhl saß und einfach in den Regen hinausschaute. »Wie in aller Welt finden Sie zu dieser Gelassenheit?«, fragten sie ihn.

»Das ist nicht weiter schwierig«, sagte der alte Mann. »Wenn der Sturm beginnt … dann lasse ich ihn.« Stürme kommen in jedes Leben. Manche können gefährlich sein, andere sind lediglich unangenehm. Große und kleine Stürme treffen unsere Familienbeziehungen und Freundschaften, unsere Körper und unsere Bankkonten und so ziemlich alles andere auch. Und wenn wir meinen, wir hätten sie alle hinter uns, dann scheint immer noch ein neuer zu kommen.

Was sollen wir also tun, wenn ein Sturm am Horizont

aufzieht? Einige Menschen versuchen, davor wegzulaufen, aber das schiebt die Agonie lediglich hinaus. Andere tun so, als gäbe es keinen Sturm, doch auch das ändert nichts an den Auswirkungen. Und manche geben sich ihrer Angst, Verbitterung oder hilflosen Unruhe hin.

Hal Sperlich, einem altgedienten Ingenieur bei Ford, hätte man verzeihen können, wenn er sich entmutigt gefühlt hätte, nachdem er 1976 Henry Ford II. seine revolutionäre Idee eines Minivans vorgestellt hatte. Immerhin lehnte Ford die Idee nicht nur ab, sondern feuerte Sperlich. Ungebeugt folgte dieser Lee Iacocca zu Chrysler, wo der Minivan schließlich doch gebaut wurde und die Automobilgeschichte verändern sollte.

Emmitt Smith betont, wie wichtig es ist, den »Staub von den Füßen zu schütteln« und in Bewegung zu bleiben. Er sollte es wissen. Weil er »nur« knapp eins achtzig groß und hundert Kilo schwer war, sagte man ihm, er sei zu klein, um ein guter Running Back in einer Collegemannschaft oder gar im Profi-Football zu sein. Er schlug diesen Rat in den Wind. Er wurde in die Mannschaft der Dallas Cowboys aufgenommen, schaffte elf Spielzeiten, in denen er jeweils tausend Yards zurücklegte, gewann mit seiner Mannschaft dreimal den Super Bowl, und 2002 übertraf er Walter Payton und wurde All-time Leading Rusher der NFL.

Was sollten Sie also tun, wenn es stürmisch wird? Vor allem sollten Sie sich dem Sturm stellen. Und dann sollten Sie nach dem Geschenk Ausschau halten, das sich im Innern des Unwetters verbirgt. Denn in jeder Sturmwolke steckt ein solches Präsent – eine neue Freiheit, eine neue

Einsicht oder eine neue Kraft. Aber wenn Sie nicht genau hinsehen, werden Sie es nicht finden und den Sturm vergeblich ausgehalten haben ...

Erfolglose Menschen reagieren auf eine Krise etwa mit den Fragen »Wie konnte mir das passieren?« oder »Wer hat mir das angetan?«. Sie wollen nicht untersuchen, ob sie das Problem vielleicht selbst verursacht haben, oder akzeptieren, dass Schlimmes manchmal einfach geschieht. Erfolgreiche Menschen hingegen verzichten auf jegliche Schuldzuweisungen und fragen: »Wie kann ich diese Situation umkehren? Was kann ich aus dieser Erfahrung lernen?«

Jeffrey Gries, einer von den Menschen, die ich für dieses Buch interviewt habe, wuchs in der Bronx auf, wurde von seinem Vater misshandelt und musste sich von ihm sagen lassen, er würde es nie zu etwas bringen.

Er machte sich daran, seinem alten Herrn das Gegenteil zu beweisen – mit einer erfolgreichen Karriere, bei der er viel Geld verdiente. Dreimal wurde er als Handelsvertreter entlassen, und dreimal fand er einen neuen Job mit einem höheren Gehalt. »Wenn man entlassen wird, muss man sich mit sich selbst auseinandersetzen«, sagt er. Und heute verdient er über eine Million Dollar pro Jahr.

Wenn wir uns weigern, die Verantwortung für unsere Missgeschicke zu übernehmen, sorgen wir garantiert dafür, dass sich die Situation nicht ändert. Wir nehmen uns selbst die Chance, zu wachsen, unseren Horizont zu erweitern und unser Leben auf ein neues Niveau zu bringen.

Der Umgang mit Sackgassen

Manchmal gibt es nichts, was uns hinter dem Ofen hervorlocken kann. Die besten Zeiten liegen vermeintlich hinter uns, und alles, was uns noch bevorsteht, scheint ein langsamer Trott in Richtung Ende unseres Lebens zu sein.

Das kann einem in jedem Alter passieren: Die ehemalige Cheerleader, die nicht mehr attraktiv und begehrt ist, eine Sportskanone von der Schule, die mit zweiundzwanzig feststellt, dass die früheren Ovationen ausbleiben, die Hausfrau, die sich von Windeln und stumpfsinniger Plackerei erdrückt fühlt, der erfolgreiche Manager, der plötzlich seinen Job verloren hat. Früher oder später hat jeder einmal das Gefühl, in einer Sackgasse gelandet zu sein.

Eins dürfen wir nicht vergessen – während des gesamten Lebens, aber besonders, falls wir das Gefühl haben, stecken zu bleiben –: Wenn die innere Tür zu unserem Verstand und zu unserem Herzen geöffnet ist und wenn wir genug Vertrauen haben, neue Wege und neue Ebenen des Lebens zu erkunden, von denen wir bisher keine Ahnung hatten, dann werden aus den vermeintlichen Sackgassen schnell kleinere Umwege. Die Stürme lehren uns, sonnige Tage zu genießen. Sogar wenn heftige Stürme über dem Meer toben, ist das Wasser in der Tiefe still und ruhig. Versuchen Sie während harter und stürmischer Zeiten, diesen stillen, friedlichen Platz in Ihrem Inneren zu finden – und ruhen Sie dort in dem sicheren Gefühl, dass Sie nicht allein sind.

Weise Worte

Wenn du durch die Hölle gehst, dann geh weiter.

Winston Churchill

Inspiration zur Erinnerung

W. Mitchell

Frage zum Nachdenken

Wie können Sie den Schwierigkeiten und Kämpfen Ihres Lebens einen Sinn geben?

23. Wie man seinen Ängsten gegenübertritt

Harte Zeiten gehen vorüber,
starke Menschen überdauern.
Dr. Robert H. Schuller

Furcht. Sogar die Mächtigsten kennen sie. Napoleon fürchtete sich vor schwarzen Katzen. Caesar hatte Angst vor Träumen. Peter der Große erstarrte, wenn er Brücken überqueren musste. Sokrates fürchtete sich vor dem bösen Blick. Und was ist nun Furcht? Ich interpretiere sie gern als eine schlechte Art und Weise, unsere Vorstellungskraft zu benutzen. Wie Mark Twain einmal sagte: »Ich habe in meinem Leben entsetzliche Dinge ertragen, von denen einige tatsächlich passiert sind.« Wie Twain erkannt hat, ist Furcht nicht real. Wir können sie nicht sehen, berühren, begraben oder verbrennen.

Furcht raubt uns die Gegenwart – und die Zukunft

Natürlich passiert täglich viel Schlimmes auf der Welt, das ein legitimer Anlass zur Sorge sein kann: Kriege, Krankheiten, Armut, Habgier, Völkermord, Rassismus und Ignoranz sind nur einige Beispiele. Wir verlieren unsere Gesundheit, unser Vermögen, unser gutes Aussehen, geliebte Menschen und manchmal auch unseren Verstand. Am Ende verlieren wir alle unser Leben. Und nichts davon geschieht auf faire oder angemessene Weise. Wenn man so darüber nachdenkt, kann das Leben manchmal tatsächlich ziemlich furchterregend sein.

Aber allzu leicht kann es zur Gewohnheit werden, sich der Furcht zu beugen. Zwanghafte Sorgen über die Zukunft rauben uns das Einzige, was wir haben: die Gegenwart. Große Teile unseres Lebens werden durch falsche Ängste gestohlen. Dabei geht es nicht um die Furcht vor wirklichen Katastrophen wie etwa einem atomaren Holocaust, sondern es sind die elenden kleinen Ängste, die uns den besten Teil des Lebens nehmen: Der neue Chef wird mich hassen. In dieser Aufmachung werde ich entsetzlich aussehen. Meine Freunde werden mir sagen, ich sei zu fett. Ich werde diese Beförderung nicht bekommen.

Gleichzeitig raubt uns die Furcht unsere Zukunft. Wir alle besitzen eine enorme Kapazität, uns die Zukunft zu schaffen, die wir wollen. Aber Furcht schränkt uns ein, lässt uns zurückschrecken und macht unsere Träume schließlich kleiner.

Der Kampf gegen die Furcht

Furcht ist insoweit nützlich, als sie uns davon abhält, uns unnötigen körperlichen Gefahren auszusetzen, beispielsweise russisches Roulette zu spielen oder über eine vielbefahrene Straße zu rennen, ohne nach rechts und links zu schauen. In den meisten Fällen hat sie jedoch negative Auswirkungen. Sie kann uns lähmen, wenn wir eigentlich handeln müssten; sie kann uns dazu veranlassen, zu flüchten, wenn wir eigentlich standhalten und ein Problem lösen müssten, oder sie kann uns zu einem blinden Angriff verleiten, wenn es besser wäre, bedächtig zu verhandeln.

Wir wissen, dass Furcht und Sorgen uns nicht ans Ziel bringen. Doch allzu oft geben wir der Furcht nach, weil die Gefahren des Lebens zu groß scheinen und die Verletzungen, die es uns zufügt, zu schmerzhaft, vor allem wenn wir ohnehin schon müde und verwundet sind. Ich rede hier nicht von alltäglichen Ängsten vor Schlangen oder großen Höhen. Ich meine Ängste, die unser Leben wirklich einschränken und uns beispielsweise daran hindern, einen Job zu kündigen, weil die Wirtschaftslage so schlecht ist, die uns davon abhalten, das Geschäft zu eröffnen, von dem wir schon immer geträumt haben, an einen Ort zu ziehen, wo wir schon immer leben wollten, oder noch einmal die Schulbank zu drücken und etwas Neues zu lernen.

Viele von uns klammern sich an ihre Sorgen und Ängste, als seien sie unsere besten Freunde – als könnten sie uns vor Fehlern und Verletzungen bewahren. Aber natürlich vermögen sie das nicht. Stattdessen ist die Furcht eine kleine Stimme, die uns dauernd ins Ohr flüstert: »Riskier nicht zu viel; du könntest verlieren oder verletzt werden. Spar deine Kraft für später auf.«

An jeder Weggabelung warnt uns die Furcht davor, in einen Augenblick, eine Person oder eine Gelegenheit zu investieren, weil es keine Versicherung für den Sieg gäbe, keine »Geld-zurück-Garantie« dafür, dass aus unseren Kindern etwas wird, dass unser Ehepartner treu ist oder dass unsere gute Arbeit Früchte trägt. »Es gibt keine Garantie«, rät uns die kleine Stimme, »also bleib einfach sitzen. Sicherheit ist besser als spätere Reue.«

Wir alle haben eine sehr wichtige Aufgabe im Leben. Aber werden wir erfolgreich sein und unsere Spur in dieser Welt hinterlassen? Werden wir unsere Mission erfüllen? Eins ist gewiss: Es hilft nichts, unserer Furcht auszuweichen; wir müssen mitten durch sie hindurchgehen.

Beck Weathers

»Du kannst dich nicht mit Kleinkram abgeben, sagte ich mir. Du musst dich auf das konzentrieren, was zu tun ist, und genau das musst du tun.«

Beck Weathers, ein rastloser Pathologe aus Dallas, hatte acht der welthöchsten Berge bestiegen und wollte sich nun den höchsten von allen vornehmen, den Mount Everest.

Im Grunde, so wurde ihm später klar, war er vom Bergsteigen besessen. Er vernachlässigte seine Frau und seine Kinder und benutzte das Bergsteigen als Mittel, um mit der schweren Depression fertig zu werden, die ihn seit Jahrzehnten quälte.

Im Mai 1996 begann der neunundvierzig Jahre alte Weathers zusammen mit neun anderen Männern seinen

Aufstieg zum höchsten Gipfel der Welt. Aber während sich die Gruppe dem Ziel näherte, brach ein gewaltiges Unwetter mit scharfem Wind und rasch sinkenden Temperaturen über den Everest herein.

Der Teil des Berges, der oberhalb von siebeneinhalbtausend Metern liegt, die so genannte »Todeszone«, kann einen Bergsteiger wegen der extremen Kälte und des Sauerstoffmangels umbringen. Als sie bei ungefähr achteinhalbtausend Metern angekommen waren, litt Weathers wie der Rest der Gruppe unter dem Sturm, der Kälte und der dünnen Luft, aber zusätzlich konnte er kaum noch etwas sehen, weil die Folgen einer früheren Augenoperation sich in der großen Höhe negativ bemerkbar machten. Deshalb gab er kurz vor dem Gipfel auf, während die anderen weiter nach oben stiegen. Er versprach, darauf zu warten, dass sein Führer, der berühmte neuseeländische Bergsteiger Rob Hall, ihn auf dem Rückweg abholen würde.

Weathers wartete den ganzen Tag, aber Hall und der Rest der Gruppe tauchten nicht wieder auf. Als es dunkel wurde, wusste Weathers, dass er zu lange gewartet hatte und erfrieren würde.

Halluzinierend und apathisch schloss er sich einigen anderen Bergsteigern an, die auf dem Rückweg waren. Doch bald gerieten sie in ein heftiges Unwetter, das die Temperaturen weiter fallen ließ und die Sicht auf nahezu null reduzierte, ausgerechnet an einer Stelle, wo ein Fehltritt gereicht hätte, um zweieinhalbtausend Meter in die Tiefe zu stürzen.

Die stärksten Mitglieder der Gruppe drängten weiter, aber Weathers und ein anderer Bergsteiger waren so geschwächt, dass man sie zurückließ – in der Hoffnung, sie bergen zu können, wenn der Sturm nachließ. Als die Retter schließlich kamen, fanden sie Weathers im Kältekoma. Sie waren sicher, dass er sterben würde und dass sie mit dem Versuch, ihn nach unten zu tragen, weitere Menschenleben aufs Spiel setzten.

Also beschloss man, ihn aufzugeben, und funkte diese Nachricht ins Lager. Weathers' Familie in Texas teilte man mit, er sei umgekommen.

Doch dann geschah ein Wunder: Nach zweiundzwanzig Stunden im Sturm öffnete Weathers – nun allein – die Augen. Seine Familie erschien ihm, und er sagt rückblickend: »Mir war vollkommen klar, wenn ich jetzt nicht sofort aufstand, dann würde ich eine Ewigkeit an dieser Stelle verbringen.« Einen ganzen Tag lang hatte er bewusstlos dagelegen, halb begraben unter dem Schnee. Seit drei Tagen hatte er nichts gegessen und seit mindestens zwei Tagen nichts getrunken. Er hatte die Orientierung verloren und war fast vollständig blind.

Aber irgendwie kämpfte er sich auf die Füße und bewegte sich Richtung Lager. Seine Axt und seinen Rucksack warf er weg – es ging ums nackte Überleben –, und er stürzte viele Male, aber er schaffte es zurück zu den anderen.

Obwohl er nun im Schutz eines Zeltes lag, verbrachte er eine weitere Nacht allein, weil seine Gefährten immer noch meinten, er würde sterben. Doch er überlebte und wurde schließlich in einem waghalsigen Flug von einem Hubschrauber der königlich nepalesischen Armee gerettet.

Wieder zu Hause, musste Weathers elfmal operiert werden. Er verlor seine Nase, seine rechte Hand und einen Teil der linken. Vielleicht ähnlich zermürbend war die Auseinandersetzung mit sich selbst, seiner Familie, seiner Vergangenheit und seiner ungewissen Zukunft. Am Ende überlebten seine Ehe und seine medizinische Praxis (er benutzt Fußpedale und einen Sprachcomputer als teilweisen Ersatz für seine fehlenden Finger), und seine Prioritäten änderten sich.

In seinem Buch *Left for Dead* (deutsch: *Für tot erklärt*) erinnert er sich: »Ich suchte auf der ganzen Welt nach etwas, was mich erfüllen würde, dabei befand es sich die ganze Zeit im Garten hinter meinem eigenen Haus. An jenem Tag auf dem Berg habe ich meine Hände für meine Familie und für meine Zukunft hergegeben. Das ist ein Geschäft, das ich bereitwillig akzeptiere.«

Trotz der Furcht handeln

Ironischerweise hatte Weathers keine Angst vor dem Berg. Was er fürchtete, war seine ungelöste Identitätskrise, die daheim auf ihn wartete.

Eine Untersuchung der University of Michigan ist zu dem bemerkenswerten Ergebnis gekommen, dass sechzig Prozent unserer Ängste völlig unbegründet sind, weil das, wovor wir uns fürchten, niemals eintritt; zwanzig Prozent der Ängste beziehen sich auf die Vergangenheit, die sich unserer Kontrolle vollständig entzieht, und zehn Prozent haben mit unwesentlichen Angelegenheiten zu tun, die ohnehin keine Rolle spielen. Von den restlichen zehn Prozent unserer Ängste können nur vier bis fünf Prozent als berechtigt bezeichnet werden.

Wenn wir wissen, dass die meisten unserer Ängste nichts mit der Realität zu tun haben, warum geben wir dann der Furcht eine solche Macht über uns? Die kurze Antwort lautet: Die meisten Leute sind sich nicht einmal bewusst, dass Ängste ihr Leben kontrollieren. Sie versuchen sich damit zu rechtfertigen, dass sie sagen: »Ich spiele einfach auf Sicherheit.« Oder sie versuchen, sich davon zu überzeugen, dass es ihrem Interesse am meisten dient, wenn sie nicht handeln und sich ihren Ängsten nicht stellen. Einige von uns versuchen sich auch selbst zu belügen und reden sich ein, dass sie in ihrem Job, ihrer Ehe und ihrem Leben glücklich sind, um sich nicht dem stellen zu müssen, was sie am meisten fürchten: die Wahrheit.

Doch wie gehen erfolgreiche Menschen mit ihren Ängsten um? Sie sehen ihnen ins Auge und nehmen sie an. Sie machen es sich zur Gewohnheit, nicht im bequemen Alltag zu verharren. Wenn wir Risiken eingehen, ist es natürlich für uns, Furcht zu empfinden. Falls wir uns niemals fürchten, nutzen wir vielleicht nicht genug Chancen. Wenn wir wachsen und uns entwickeln wollen, *müssen* wir Risiken eingehen. Und überall, wo es ein Risiko gibt, lauert die Furcht hinter der nächsten Ecke.

Obwohl inzwischen Anfang sechzig, fürchtet sich Barbra Streisand immer noch zu Tode, wenn sie die Bühne betreten soll. Aber sie tut es trotzdem. Nachdem man ihn einmal furchtbar ausgelacht hatte, erstarrte Jim Carrey, wenn er seine Vorstellung geben sollte, aber er tat es trotzdem. Winston Churchill fürchtete sich wegen eines schweren Sprachfehlers davor, öffentliche Reden zu halten, aber er tat es trotzdem.

Können Sie sich vorstellen, wie viele Leistungen es im Laufe der Geschichte nicht gegeben hätte, wenn solche Menschen sich ihren Ängsten nicht gestellt hätten? Zu einer Zeit, als andere Seefahrer immer in Küstennähe blieben, weil sie Angst hatten, von der Erde herunterzufallen, segelte Christoph Columbus einfach Richtung Westen. Wenn Lincoln seiner Furcht vor der Sezession nachgegeben hätte, würde das Land, in dem ich lebe, heute dann *Vereinigte* Staaten von Amerika heißen?

Furcht kann man verlernen

Wissenschaftler behaupten, ein neugeborenes Baby habe nur zwei Urängste: die Furcht vor lauten Geräuschen und die Furcht zu fallen. Was bedeutet das nun? Es bedeutet, dass alle anderen Ängste erlernt sind. Und was man gelernt hat, kann man genauso leicht wieder *ver*lernen. Erfolgreiche Menschen haben häufig dieselben Ängste wie alle anderen, aber sie lernen, anders damit umzugehen.

Wenn wir zögern, unserem Leben eine neue Richtung zu geben, dann hat das oft mit unserer Angst vor dem Versagen zu tun. Wenn wir lernen könnten, den Begriff »Versagen« aus unserem Wortschatz zu streichen, hätten wir schon halb gewonnen.

Es ist in Ordnung, zu versagen, solange Sie sich nicht

selbst als Versager betrachten. Ein Loser ist nur, wer aufgegeben hat. Solange Sie entschlossen und beharrlich bleiben, können Sie gar kein Versager sein. Also geben Sie einfach nicht auf!

Kontrollieren, was kontrollierbar ist – das ist ein wichtiges Lebensmotto für mich. Im Grunde bedeutet das: Wir brauchen uns über die Kontrolle dessen, was wir kontrollieren *können*, keine Sorgen zu machen – weil wir es kontrollieren *können.* Und über das, was wir nicht kontrollieren können, brauchen wir uns ebenfalls keine Sorgen zu machen, eben weil wir es nicht ändern können.

Mut entwickeln wir nicht, wenn wir keine Furcht haben, sondern wenn wir trotz unserer Furcht handeln. Mut zu entwickeln ist so ähnlich, als würden wir einen Berg besteigen. Anfangs ist man wahrscheinlich starr vor Angst. Aber sobald man das Klettern erlernt hat, sind die Berge nicht mehr so furchterregend. Nach vielen Versuchen, mannigfaltigen Rückschlägen und später dann zahlreichen Erfolgen werden Sie feststellen, dass sich Ihre Ängste in Faszination verwandelt haben! Sie werden schließlich erkennen, dass die andere Seite der Furcht dort ist, wo man das Leben findet.

Weise Worte

Was man fürchtet, dem gibt man Macht über sich.

Maurisches Sprichwort

Inspiration zur Erinnerung

Beck Weathers

Frage zum Nachdenken

Welche Ängste stehlen Ihnen Ihr Leben?

24. Trotz Versagens zum Erfolg kommen

Menschen haben Erfolg, wenn sie erkennen, dass ihre Niederlagen die Vorbereitungen für ihre Siege sind.
Ralph Waldo Emerson

Misserfolge führen zum Erfolg. Das mag zwar seltsam klingen, es ist aber zutreffend. Um irgendetwas im Leben zu meistern, brauchen wir Misserfolge. Winston Churchill hat das so ausgedrückt: »Erfolg ist die Fähigkeit, von einem Misserfolg zum anderen zu gehen, ohne seine Begeisterung zu verlieren.«

Im Grunde entwickelt sich praktisch nichts – kein Projekt im Beruf oder in der Schule, keine Hausrenovierung, auch nicht unsere Kinder – genau so, wie wir es ursprünglich gehofft hatten. Warum sollten wir uns also von ein paar kleinen Schritten in die falsche Richtung entmutigen lassen? Man bleibt den Leuten nicht durch die Zahl seiner Misserfolge, sondern durch die Zahl seiner Erfolge im Gedächtnis.

Wussten Sie, dass es Michelangelo mehr als zweihundertmal *nicht* gelungen ist, die perfekte Skizze für die Decke der Sixtinischen Kapelle zu zeichnen? Dass Oprah Winfrey nur deshalb eine Talkshow moderiert, weil sie als Nachrichtenreporterin erfolglos war? Dass Henry Ford erst nach zwei erfolglosen Unternehmen und acht Automodellen das Modell T entwickelte? Dass Elvis Presley von seinem Musiklehrer in der Highschool nur die Note »befriedigend« bekam? Oder dass Bill Cosby die Highschool nicht beendete und erst einmal als Schuster und in einem Auspuffladen arbeitete?

Wenn wir Berühmtheiten, Superstars oder erfolgreiche Geschäftsleute sehen, dann beeindruckt uns sozusagen das »Endprodukt«. Über die einzelnen Etappen und die erfolglosen Prototypen, die zu dieser Perfektion geführt haben, wissen wir gewöhnlich nichts.

Der Misserfolg ist nur ein Umweg zum Erfolg

Ob es uns gefällt oder nicht, wir alle versagen hin und wieder. Das gehört zum Leben. Wenn jeder versagt, was unterscheidet dann die Gewinner von den Verlierern? Letztlich dies: *Gewinner lernen aus ihren Fehlern und versuchen es weiter; Verlierer wiederholen immer wieder dieselben Fehler und geben schließlich auf*. Wie Cicero sagte: »Jeder Mensch kann irren. Unsinnige nur verharren im Irrtum.«

Wenn wir verstehen, dass Fehler und Misserfolge ein natürliches Nebenprodukt des persönlichen Wachstums sind, können wir allmählich anerkennen, dass sie uns nicht schaden, sondern eher nützen und helfen. Es ist jedoch sehr wichtig, zwischen der *Leistung* und dem *Menschen*, der sie erbringt, zu unterscheiden. Nur weil wir versagt haben –

geschäftlich, beruflich oder privat –, sind wir noch lange keine Versager. *Als Loser kann man nur jemanden bezeichnen, der auf Sicherheit spielt und nirgendwo Erfolg hat.*

Ein wichtiger Bestandteil des geheimen Erfolgsrezepts ist: *Man muss aus den eigenen Fehlern lernen und die Zahl der Misserfolge verdoppeln.* Die meisten von uns halten den Misserfolg für einen Feind, aber das ist er überhaupt nicht. Wir können uns von Flops entweder entmutigen lassen oder davon lernen und es erneut versuchen. »Also gehen Sie los und machen Sie Fehler«, predigte der IBM-Gründer Thomas J. Watson sr. »Machen Sie alle Fehler, die Sie machen können, denn das ist der Weg zum Erfolg.«

Manchmal wird das, was wir für unseren größten Flop halten, langfristig zu unserem größten Erfolg. So haben sich beispielsweise die Misserfolge einiger der größten Entdecker in der Geschichte nachträglich als riesige Triumphe entpuppt. 1786 endete der erste Versuch von Thomas Jefferson, die Nordwestpassage durch Nordamerika zu entdecken, mit einem Misserfolg, als sein sorgfältig ausgewählter Entdecker verhaftet wurde. Aber Jefferson gab nicht auf. Fünfzehn Jahre später versuchte er es erneut und beauftragte Meriwether Lewis und William Clark. Auch sie haben es zwar nicht geschafft, die Nordwestpassage zu finden, stattdessen ist ihnen aber etwas gelungen, was letztlich sehr viel wichtiger war: Sie haben das ausgedehnte, reiche Gelände westlich des Mississippi kartiert.

Christoph Columbus segelte von Spanien aus nach Westen in der Hoffnung, Indien zu finden. Er war sicher, dass die karibische Insel, die er 1492 entdeckte, vor der Küste von Indien oder China lag. Natürlich war das ein Irrtum, aber seine Entdeckung der Neuen Welt war wesentlich bedeutsamer. 1519 segelten Ferdinand Magellan und zweihundertsiebzig andere Männer auf fünf Schiffen los, um die Gewürzinseln zu suchen. Sie folgten dabei einem Kurs, der später den Namen Magellans tragen würde und zwischen Nord- und Südamerika hindurch zu den Ostindischen Inseln führte. Magellan erreichte zwar nicht sein Ziel, aber er wird uns immer als der erste Weltumsegler in Erinnerung bleiben.

Uns selbst als Entdecker zu betrachten ist eine machtvolle Metapher, der wir auf unserer eigenen Reise gut folgen können. Wenn wir uns auf den Weg machen, sollten wir eine Strategie haben, einen Spielplan und ein paar Vorräte. So wie Lewis und Clark, Columbus und Magellan wissen wir nie im Voraus, was wir auf unserem Weg entdecken werden. Aber solange wir die Reise fortsetzen und nicht aufgeben, werden wir immer wieder etwas Neues und Aufregendes finden.

Abraham Lincoln

»Ich bin oft in die Knie gezwungen worden
von der überwältigenden Überzeugung, dass ich
keinen anderen Weg einschlagen konnte.«

In der Schule lernen alle Amerikaner die inspirierende Geschichte von Abraham Lincoln, der sich aus bescheidenen

Anfängen zu einem der größten Präsidenten der USA entwickelt hat.

Im Jahr 1809 wurde er als Sohn armer Bauern in Kentucky geboren, wo die Familie in einer Hütte lebte, die nur aus einem einzigen Raum bestand. Lincoln war erst neun Jahre alt, als seine Mutter starb. Er brach die Schule ab und arbeitete auf einer benachbarten Farm, um Geld für seine Familie zu verdienen.

Aber auch wenn seine formale Bildung nach nur einem Schuljahr endete, fing das Lernen für ihn gerade erst an. Manchmal legte er viele Meilen zurück, um sich ein Buch auszuleihen und seine Lektionen im Licht des Kaminfeuers durchzuarbeiten. Er las alles, was er in die Finger bekam, auch juristische Bücher, und im Laufe der Zeit bildete er sich selbst zum Rechtsanwalt aus.

Da er meinte, die Regierung müsse eine positive Kraft im Leben der Menschen sein, wollte Lincoln unbedingt etwas in der Gesellschaft bewegen. Er sehnte sich nach einer einflussreichen Position in der Regierung und wäre selbst gern Präsident geworden. Schließlich kandidierte er erfolgreich für einen Sitz im Parlament von Illinois, wo er sich den Ruf als sehr fähiger und aufrichtiger Politiker erwarb. Obwohl er die gesamte Legislaturperiode von vier Jahren durchhielt, erlebte er während des nächsten Jahrzehnts zahlreiche geschäftliche und politische Rückschläge.

Doch Lincoln ließ sich durch die Misserfolge nicht davon abbringen, seinen Traum weiterzuverfolgen. Er gewann die Kongresswahl 1846 und machte sich unbeliebt, weil er sich gegen den mexikanischen Krieg aussprach. Die nächsten fünf Jahre zog er sich aus der Politik zurück und konzentrierte sich auf seine Anwaltspraxis, aber auch hier erlebte er Rückschläge und Misserfolge.

Als die Auseinandersetzungen über die Sklaverei hitziger wurden, kehrte Lincoln in die politische Arena zurück und sprach sich gegen den Kansas-Nebrasca Act aus, der mit einer Ausdehnung der Sklaverei auf andere Staaten drohte. Als er 1855 für den Senat kandidierte, erlitt er eine Niederlage, ebenso bei seiner Kandidatur als Vizepräsident im folgenden Jahr, und auch seine zweite Kandidatur für den Senat im Jahr 1858 war nicht erfolgreich.

1860 wurde er schließlich zum sechzehnten Präsidenten gewählt, gerade als der Bürgerkrieg ausbrach. Lincolns Emanzipationsproklamation und die Gettysburg Adresse gehören zu den Höhepunkten seiner Präsidentschaft, die durch seine Ermordung 1865 vorzeitig endete. (Die Gettysburg Addresse gehört zu seinen berühmtesten Reden. Er hielt sie anlässlich der Einweihung des Soldatenfriedhofs auf dem Bürgerkriegsschlachtfeld in Gettysburg und fasste darin das demokratische Selbstverständnis der USA zusammen.) Aber sein Geist lebt auch heute noch: Seine Ideale drängen uns zu Eigenständigkeit, Toleranz und Humanität. Das ist die Standardbiographie, und das ist auch alles wahr. Aber wie die meisten Biographien lässt sie Lincolns Aufstieg zur Spitze müheloser erscheinen, als er tatsächlich war.

Als Lincoln ein junger Mann in seinen Zwanzigern war, wusste weder er noch irgendjemand sonst, welche Karriere er letztlich einschlagen würde. Er arbeitete als Tagelöhner und spaltete Holz für Zaunpfähle; nebenbei verdiente er ein paar Dollar als Geschworener bei Gericht oder als

Bürohilfe bei Wahlen. Außerdem besserte er sein Einkommen auf, indem er als Leiter der Poststelle eines kleinen Dorfes arbeitete. Im Grunde nahm er praktisch jeden Job an, der sich ihm darbot: Flussschiffer, Schreiner, Ladengehilfe, Soldat, Kaufmann, Schmied, Landvermesser, Rechtsanwalt und Politiker. Als er dreißig war, hatte er sich halbwegs entschieden, sich auf die letzten beiden Berufe zu konzentrieren.

Er sollte acht Wahlen verlieren, mehrmals geschäftliche Misserfolge erleben, einen Nervenzusammenbruch erleiden und durch andere persönliche Rückschläge unter Druck geraten. Aber er kämpfte immer weiter, bis er sein Ziel erreicht hatte.

Es fällt uns schwer, die Irrungen und Wirrungen dieses »ganz gewöhnlichen Mannes« zu verstehen, der sich zu einem der außergewöhnlichsten Menschen überhaupt entwickelte. Wenn Sie nächstes Mal einen vorübergehenden Rückschlag oder sogar einen Misserfolg erleben, dann denken Sie an den guten alten Abe und seine Liste von Misserfolgen und persönlichen Rückschlägen, und vergessen Sie nicht: *Ein Versager können Sie nur sein, wenn Sie aufgeben.*

Misserfolg im Geschäft	1831
Niederlage bei der Kandidatur für das Parlament von Illinois	1832
Erneuter Misserfolg im Geschäft	1833
Tod der Verlobten	1835
Nervenzusammenbruch	1836
Niederlage bei der Kandidatur zum Speaker of Illinois House	1838

Niederlage bei der Kandidatur zum Wahlmann	1840
Niederlage bei der Nominierung für den Kongress	1843
Erneute Niederlage bei der Nominierung für den Kongress	1848
Abgelehnt als Gouverneur des neuen Territoriums Oregon	1849
Niederlage bei der Wahl zum US-Senat	1854
Niederlage bei der Nominierung zum Vizepräsidenten	1856
Niederlage bei der Wahl zum US-Senat	1858
Zum Präsidenten der Vereinigten Staaten gewählt	1860

Wenn Sie das, was Sie tun, wirklich mögen, ist ein Misserfolg unmöglich

Ist Ihnen auch schon einmal aufgefallen, dass wir meist dann erfolglos bleiben, wenn es um Themen und Beschäftigungen geht, die uns eigentlich gar nicht interessieren? Sei es ein Job, den wir furchtbar finden, eine Beziehung, die uns nichts mehr bedeutet, oder ein Spiel, das uns gleichgültig ist – wenn wir unserer Beschäftigung nicht mit der entsprechenden Zuwendung nachgehen, fehlt uns einfach das Engagement. Und der größte Teil unserer Misserfolge kommt genau dadurch zustande, dass wir uns nicht wirklich für etwas eingesetzt haben.

Nehmen wir beispielsweise den amerikanischen Fernsehkoch Emeril Lagasse. Fast hätte er es nicht geschafft, bekannt zu werden. Seine erste Show »How to Boil Water« startete 1993 nämlich ohne großes Aufsehen. Das Ergebnis? Sie kam nicht an.

Aber Lagasse und das Food Network beschlossen, es noch einmal zu versuchen. In der nächsten Runde starteten sie die zweite Show, »Emeril and Friends«. Sie wurde ebenfalls ein Flop. Das Drehbuch ließ ihn steif und gehemmt wirken. Die Produzenten hatten es einfach nicht begriffen: Ihnen war nicht klar, dass das Wesentliche von Emeril nicht seine Kochkunst war, sondern vielmehr seine Ausstrahlung und seine Fähigkeit, Kontakt zu Menschen zu finden.

Er überredete das Network, ihm eine letzte Chance zu geben. Diesmal übernahm er die Verantwortung. Er suchte selbst seine Rezepte aus, sprach in seinen eigenen Worten und produzierte im Grunde seine eigene Show. Außerdem bestand er darauf, dass das Publikum ins Studio eingeladen wurde. Das Ergebnis? Bingo! Zwei der beliebtesten Shows, die es heute im amerikanischen Fernsehen gibt ...

Chancen verkleiden sich als Misserfolge

Waren Sie nicht auch schon einmal enttäuscht von einem Rückschlag oder einer verpassten Gelegenheit, nur um später feststellen zu können, dass sich dahinter eigentlich ein Segen verbarg?

Frank Epperson vergaß als Elfjähriger 1905 ein Glas mit seiner Lieblingslimonade, in dem sich noch ein Rührstäbchen befand, auf der Veranda. Nachts fielen die Temperaturen unter null – und voilà! Die Idee zu einem neuen Dessert war geboren. Fast zwanzig Jahre später begann er, seine neuen Leckereien bekannt zu machen. Er nannte sie

»Ep-Sicles«. Heute kennen die Amerikaner Eis am Stiel als Popsicles.

Im Jahr 1894 bat Dr. John Harvey Kellogg seinen jüngeren Bruder, ein auf Getreide basierendes gesundes Nahrungsmittel für seine Patienten zu entwickeln. Will Kellogg mischte eines Tages eine frische Charge Teig und beschloss, das Labor etwas früher zu verlassen. Als er am nächsten Morgen zurückkam, stellte er fest, dass der gekochte Teig seine Konsistenz völlig verändert hatte und knusprig geworden war. Er hatte unbeabsichtigt das erfunden, was wir heute als »Kellogg's Cornflakes« kennen.

Im Jahr 1902 versuchte Willis Carrier, ein Gerät zu konstruieren, das die Feuchtigkeit aus der Luft in Druckereien beseitigen sollte. Kurz nachdem er seine neue Erfindung öffentlich vorgestellt hatte, wurde er mit Aufträgen überschüttet – wobei es den Kunden nicht um eine Verringerung der Luftfeuchtigkeit, sondern um die Kühlung der Luft ging. Carrier hatte damals keine Ahnung, dass er gerade die Klimaanlage erfunden hatte.

Und dann ist da natürlich noch Alexander Fleming, der britische Bakteriologe, der die Wechselwirkung zwischen Staphylokokken und Schleim untersuchen wollte. Er vergaß, sein Labor vor dem Urlaub gründlich zu säubern. (Ganz schön heftig, oder?) Bei seiner Rückkehr fand er eine gelbe, schimmelartige Substanz in einer Petrischale. Flemings »Misserfolg« – den wir heute als Penicillin kennen – hat Millionen Leben gerettet.

Wenn Sie lernen, in einer schlechten Erfahrung nach dem Guten zu suchen, werden Sie erstaunt sein, welche neuen Chancen Sie dabei entdecken.

Risiko und Belohnung

Jede Belohnung birgt ein Risiko. Alles, was der Mühe wert ist, hat einen Preis. Wenn wir wirklich zu unserer Bestimmung finden wollen, müssen wir bereit sein, ein Risiko zu akzeptieren und den Preis zu bezahlen, worin auch immer er bestehen mag. Ob wir nun aus einer vielversprechenden beruflichen Laufbahn aussteigen, um das Unternehmen zu gründen, von dem wir immer geträumt haben, oder ob wir Verwandte und Freunde zurücklassen, um in einem Paradies zu leben, wie wir es uns immer vorgestellt haben, auf jeden Fall müssen wir aus unserer vertrauten kleinen Welt ausbrechen, um nach dem zu greifen, was wir wollen.

»Wer nicht wagt, der nicht gewinnt«, lautet ein Sprichwort. Es war riskant für Amy Tan, das Doktorandenprogramm in Berkeley gegen den Willen ihrer Mutter zu verlassen, um ihrer Leidenschaft für das Schreiben zu folgen. Es war riskant für Howard Schultz, seinen repräsentativen und lukrativen Job als Verkaufsmanager aufzugeben, sein Haus zu verkaufen und in einen weit entfernten Teil des Landes zu ziehen, um bei einer kleinen Kaffeehauskette einzusteigen, aus der schließlich Starbucks wurde. Es war riskant für Bill Gates, Harvard zu verlassen, um an einem wenig bekannten Computerprogramm namens DOS zu arbeiten.

Woher nehmen wir den Mut, uns unseren Ängsten zu stellen und Risiken einzugehen? Die Antwort: aus der innersten Essenz unseres Seins. Sobald wir unsere Begabung entdeckt und unser Lebensziel gefunden haben, vollzieht sich in unserem Denken ein Paradigmenwechsel. Dann, und nur dann, beginnen wir, zu verstehen, dass es das größte Risiko bedeutet, kein Risiko eingehen zu wollen.

Weise Worte

Bei einem Misserfolg ist man vielleicht enttäuscht, aber es ist verhängnisvoll, nicht wenigstens den Versuch zu unternehmen.

Beverly Sills

Inspiration zur Erinnerung

Abraham Lincoln

Frage zum Nachdenken

Wenn Sie sich mit jeder Faser Ihres Seins engagieren, sich weigern, aufzugeben, aus Ihren Fehlern lernen und es immer und immer wieder versuchen, wie sollte dann ein Misserfolg überhaupt möglich sein?

25. Zurückfinden zur Lebensfreude

Bei jeder Entscheidung ist es das Beste,
das »Richtige« zu tun, das Nächstbeste,
das »Falsche« zu tun, und das Schlechteste,
»gar nichts« zu tun.
Theodore Roosevelt zugeschrieben

Damals im siebzehnten Jahrhundert, als der junge Isaac Newton einen Apfel vom Baum fallen sah, begann er, über Bewegung und Stillstand zu theoretisieren. Auf diese Weise schuf er einen Grundstein für das, was wir heute als Wissenschaft der Physik kennen. Unbeabsichtigt hat er uns dabei vielleicht auch einiges über die menschliche Natur gelehrt.

Newtons erstes Gesetz (das Trägheitsprinzip) sagt aus, dass ein Objekt in Bewegung dazu tendiert, weiter in Bewegung zu bleiben, während ein Objekt in Ruhe dazu neigt, weiter in Ruhe zu bleiben. Alle Objekte sperren sich gegen eine Veränderung ihres Bewegungszustandes. Kurz gesagt, sie neigen dazu, weiterhin das zu tun, was sie bisher getan haben.

Das klingt doch in gewisser Weise nach uns, oder? Der Couchpotato bleibt auf dem Sofa sitzen, während der Macher durch die Gegend wirbelt und seine Projekte auf den Weg bringt. Eins der größten Hindernisse auf unserem Weg zum Erfolg ist die Trägheit – aller Anfang ist schwer, und es ist einfach, im gewohnten Trott weiterzumachen. Aber wenn wir uns erst einmal aufgemacht haben, ist es fast unmöglich, wieder anzuhalten ...!

Die Tore bleiben nicht ewig geöffnet

Im neunten Kapitel seines Romans *Der Prozess* lässt Franz Kafka »den Geistlichen« eine Parabel erzählen: Vor dem »Gesetz« steht ein Türhüter. Zu diesem kommt ein Mann »vom Lande« und bittet um Eintritt »in das Gesetz«. Aber der Türhüter sagt, er könne ihm den Eintritt jetzt nicht gewähren. Der Mann überlegt und fragt dann, ob er später eintreten dürfe. Das sei möglich, sagte der Türhüter, jetzt aber nicht. Weil das Tor zum Gesetz offen steht und der Türhüter immer beiseitetritt, bückt sich der Mann, um durch das Tor in das Innere zu sehen. Der Türhüter sagt: »Wenn es dich so lockt, versuche es doch, trotz meines Verbotes hineinzugehen. Merke aber: Ich bin mächtig. Und ich bin nur der unterste Türhüter. Von Saal zu Saal stehen aber Türhüter, einer mächtiger als der andere. Schon den Anblick des dritten kann nicht einmal ich mehr ertragen.« Also setzt der Mann sich hin und wartet darauf, dass der Türhüter ihm Anweisungen gibt oder ihm einzutreten erlaubt. Der Wächter tut nichts und sagt nichts, und so unternimmt der Mann mehrere Versuche, besticht ihn und dergleichen. Da er während der jahrelangen Beobachtung des Türhüters auch die Flöhe in dessen Pelzkragen erkannt hat, bittet er sogar die Flöhe, ihm zu helfen und den Türhüter umzustimmen. Sein Leben lang ist er dort und wartet. Schließlich fragt der Mann: »Alle streben doch nach dem Gesetz … wie kommt es, dass in den vielen Jahren niemand außer mir Einlass verlangt hat?« Der Türhüter erkennt, dass der Mann am Ende seines Daseins ist, und brüllt ihn an, »um sein vergehendes Gehör noch zu erreichen«: »Hier konnte niemand sonst Einlass erhalten, denn dieser Eingang war nur für dich bestimmt. Ich gehe jetzt und schließe ihn.«

Für jeden von uns existiert ein eigener Durchgang. Die einen führt er vielleicht zu einem neuen Beruf. Andere könnte er zu einer schlankeren Taille führen. Und wieder andere finden eine neue Beziehung, einen neuen Wohnort, ein neues Hobby oder ein neues Gefühl von Spiritualität. Wohin der Durchgang uns auch führen mag, eins ist gewiss: Wenn wir die Tür nicht passieren, werden wir niemals wissen, was auf der anderen Seite liegt!

Wir können einfach nicht auf die idealen Bedingungen warten, um den ersten Schritt durch unsere Tür zu machen. Die Zeit und die äußeren Umstände sind nie genau richtig. Wer sein Handeln so lange hinausschiebt, bis *alles* perfekt ist, wird am Ende wahrscheinlich gar nichts tun.

Wenn jeder wartete, bis alles perfekt und gesichert wäre, bevor man den ersten Schritt täte, was würde dann geschehen? Man würde niemals heiraten und Kinder bekommen, Firmen würden nie gegründet, Häuser nie gebaut, Rennen nie durchgeführt und Glück nie erlangt werden. Es heißt: Wenn man eine einfache Sache hinauszögert, wird sie schwierig, und wenn man eine schwierige Sache hinauszögert, wird sie unmöglich. Wir alle haben unsere Entschuldigungen, warum wir etwas auf die lange Bank schieben. Aber wir müssen uns darüber im Klaren sein, dass nichts geschieht, wenn wir nicht dafür sorgen, dass es geschieht.

Benjamin Franklin

»Willst du nicht vergessen sein schon kurze Zeit nach deinem Tod, dann schreib etwas, was lesenswert ist, oder tu etwas, was es wert ist, geschrieben zu werden.«
(Poor Richard's Almanack)

Das Bild, das wir seit Jahrhunderten am häufigsten von Benjamin Franklin haben, ist das eines alten, glatzköpfigen Mannes in Kniehosen und einem langen Mantel, der etwas töricht einen Drachen durch einen Gewittersturm fliegen lässt. Wahrscheinlich ist uns vage bewusst, dass er eine wichtige Rolle in Wissenschaft und Politik gespielt hat. Weniger klar ist uns vermutlich, dass er, wie ein Historiker es ausdrückte, »der erste große Amerikaner« war – ein Selfmademan, der immer wissbegierig blieb und seine Leidenschaft kultivierte, etwas in die Tat umzusetzen.

Als zehnter Sohn eines Seifenmachers konnte Franklin nur ein einziges Jahr zur Schule gehen, bevor er zum Lebensunterhalt seiner Familie beitragen musste, indem er bei seinem Bruder das Druckerhandwerk erlernte. Der Bruder gab später in Boston eine Zeitung heraus, und der Teenager Ben Franklin wurde schon früh zum Auflagenhit, als er unter dem Pseudonym »Silence Dogood« heimlich sozialkritische Kommentare für diese Zeitung schrieb.

Im Alter von siebzehn Jahren war der junge Franklin bereit, sich in der Welt zu behaupten. Mitten in der Nacht schlich er sich an Bord eines Frachtschiffs, dessen Zielhafen New York war. Schließlich ließ er sich in Philadelphia nieder, wo er ein erfolgreicher Drucker und Ladeninhaber wurde. Im Laufe der Zeit richtete er auch in anderen Städten Druckereien ein, die er dortigen Druckern gegen einen Anteil an den Umsätzen überließ – eine frühe Version des Franchisings.

Franklin war fasziniert von allem und begierig, diese Faszination mit seinen Mitmenschen zu teilen. Insofern war er verantwortlich für eine verblüffende Zahl von »Erstlingen« in seinem langen Leben als Wissenschaftler, Erfinder, Diplomat, Autor, Geschäftsmann und politischer Denker.

Als Wissenschaftler wurde er berühmt durch seinen Beweis, dass der Blitz eine elektrische Entladung ist. Später entwickelte er den Blitzableiter zum Schutz von Schiffen und Häusern. Er war ein früher Wettervorhersager und untersuchte alles, von der Landwirtschaft bis zur Poesie. Er fand heraus, wie man Schiffe sicherer bauen konnte, indem man sie mit einem wasserdichten Bugschott ausstattete. Er erfand den rauchfreien Kamin, den Urinkatheter, ein Hodometer, die Bifokalgläser, Schwimmflügel und sogar ein klauenähnliches Werkzeug, mit dem man Bücher aus dem obersten Regal in einer Bibliothek entnehmen konnte.

Als überzeugter Anhänger ehrenamtlicher Tätigkeiten und des bürgerlichen Aktivismus half er bei der Einrichtung von Institutionen wie Bibliotheken, Krankenhäusern, Versicherungsgesellschaften, freiwilligen Feuerwehren, landwirtschaftlichen Schulen und Gruppen von Geschäftsleuten. Er war Mitautor der Unabhängigkeitserklärung und einer der Architekten der amerikanischen Verfassung. Als geschickter Diplomat handelte er Verträge mit Großbritannien, Frankreich, Deutschland und Spanien aus.

Als produktiver Autor korrespondierte er mit einigen der größten Geister des achtzehnten Jahrhunderts. Außerdem schrieb er Tagebücher, Essays, Artikel, Bücher, Balladen und eine gefeierte Autobiographie. Er zeichnete den ersten politischen Cartoon. Er publizierte *Poor Richard's Almanack*, ein alljährliches Potpourri aus Rezepten, Vorhersagen und Aphorismen, von denen viele noch heute im amerikanischen Sprachgebrauch sind (zum Beispiel »Ein gesparter Penny ist ein verdienter Penny«). Im Grunde haben *Poor Richard's* hausgemachte Weisheiten den Weg für eine ganze Reihe bodenständiger Humoristen bereitet, von Mark Twain bis Garrison Keillor.

Weil er gern persönliche Credos formulierte, arbeitete Franklin intensiv an pragmatischen Regeln für den Erfolg (etwa »Iss nicht bis zum Stumpfsinn; trink nicht bis zum Abheben«) und dachte sich so viele Pläne zur persönlichen Weiterentwicklung aus, dass er in dieser Hinsicht gewissermaßen der erste Guru wurde. Als stellvertretender Postminister von Philadelphia entwickelte er die Idee, den

Empfängern die Briefe ins Haus zu liefern, und richtete ein Büro für unzustellbare Briefe ein. Als begeisterter Geldbeschaffer für Bürgergruppen baute er das auf, was später als »Matching Grant« bekannt wurde (eine Form der komplementären Finanzierung für kulturelle Institutionen bzw. Non-Profit-Organisationen).

Seit jeher ein Feind von Elitismus und Intoleranz, pries Franklin die Werte der Mittelschicht und trug auf diese Weise zur Veränderung des amerikanischen Charakters bei. Eine seiner letzten öffentlichen Aktivitäten bestand darin, eine Abhandlung gegen die Sklaverei zu schreiben. Das war ein Jahr vor seinem Tod, 1790 – und damit rund fünfundsiebzig Jahre bevor die Nation sich dazu durchrang, die Sklaverei abzuschaffen. Obwohl er nie damit aufgehört hatte, sich selbst lediglich als »B. Franklin, Drucker« zu bezeichnen, war er vielleicht der vollendetste Amerikaner seiner Zeit und ein Testimonium für das, was ein wissbegieriger Geist mit einer Neigung zum Handeln bewirken kann.

Der Furcht direkt ins Gesicht sehen

Anders als Franklin tun die meisten von uns nicht das, von dem wir wissen, dass wir es tun sollten – egal, ob es nun um die richtige Ernährung oder den richtigen Umgang mit Geld geht. Aber warum?

Ich denke, die Antwort hat teilweise etwas mit unserer

Furcht zu tun. Wir fürchten uns vor etwas. Vielleicht haben wir Angst, uns zum Narren zu machen, in den Augen unserer Angehörigen zu versagen oder irgendwelche Prestigeobjekte zu verlieren. Furcht ist wie ein Gift, das unsere Träume, unseren Ehrgeiz und unsere Handlungsfähigkeit tötet. Einer der wichtigsten Unterschiede zwischen erfolgreichen und erfolglosen Menschen liegt darin, dass Erstere bereit sind, im Angesicht von Furcht und Unsicherheit zu handeln – im Gegensatz zu den Verlierern. Ich habe festgestellt, dass es für erfolgreiche Menschen schmerzlicher ist, passiv zu bleiben, als etwas zu machen. Weil sie überzeugt sind, dass aktives Tun mehr Vergnügen bereitet, während Passivität nur wehtut, fühlen sie sich genötigt, zu handeln.

Dabei geht es ihnen offensichtlich nicht allein um die Aktivität, sondern um das Ergebnis. *Solange wir nicht präzise wissen, welches Ziel wir erreichen wollen – unseren Erfolg, unseren Traum –, stehen die Chancen für eine entsprechende Leistung schlecht.* Es ist schwierig, eine Zielscheibe zu treffen, die man nicht sehen kann.

Wenn es nichts gibt, was Sie spannend finden und leidenschaftlich als Belohnung für Ihr Handeln anstreben, dann haben Sie gerade genug Antrieb, um irgendwie weiterzumachen. Aber wenn Sie ein angestrebtes Ergebnis in einer kristallklaren Vision vor sich sehen, ist das wahrscheinlich so, als würden Sie Raketentreibstoff in Ihren Tank füllen: Es ist nur noch eine Frage der Zeit, wann Sie abheben.

Entwickeln Sie einen Plan

Ist Ihnen schon einmal aufgefallen, wie produktiv Sie in den Tagen und Wochen vor einem längeren Urlaub sind? Alles wird geplant, denn Sie brauchen jemanden, der ein Auge auf das Haus oder die Wohnung hat, jemanden, der die Pflanzen gießt, den Briefkasten leert, und eventuell jemanden, der die Haustiere füttert. Sie müssen am Arbeitsplatz alles für die Zeit Ihrer Abwesenheit regeln, und Sie müssen die Koffer packen. Sie bereiten sich so gut vor, dass Sie eine Checkliste für die Checklisten haben …!

Wenn die Organisation eines zweiwöchigen Urlaubs Sie schon so produktiv machen kann, wie würde es dann erst aussehen, falls Sie »den Rest Ihres Lebens« planten? Haben Sie einen strategischen Plan für das, was Sie auf Erden erreichen wollen? Oder wandern Sie nur ziellos herum und reagieren lediglich auf das, was Ihnen das Schicksal »so vor die Füße wirft«?

Die meisten haben Träume, Fantasien oder sogar Ziele, aber nur wenige schaffen den entscheidenden nächsten Schritt, schriftliche Pläne zu entwickeln, die bestimmte Handlungsabläufe und Etappenziele festlegen. Können Sie sich vorstellen, was passieren würde, wenn Manager in Unternehmen jede Menge großartiger Ideen hätten, sie aber nicht in Geschäftsplänen festschrieben? Oder wenn das Parlament sich eine Vielzahl wunderbarer Projekte vornähme, ohne dass irgendjemand sie protokollierte? Kurz: Im Lauf der Jahre habe ich konstatieren müssen, dass alles, was nicht schriftlich fixiert ist, einfach nicht geschehen wird!

Sieger haben gelernt, dass der Schlüssel zu ihrem Erfolg darin liegt, nicht den Regeln anderer zu folgen, sondern ihre eigenen aufzustellen. Sie entwickeln einen detaillierten Spielplan für jeden Tag, jede Woche, jeden Monat und jedes Jahr. Sie planen jede Stunde eines jeden Tages, als sei sie ein winziges Meisterstück in ihrer Wandmalerei des Lebens.

Dies ist eine mögliche Betrachtungsweise. Wenn jemand von Los Angeles nach New York fahren will, setzt er sich wahrscheinlich auch nicht ins Auto und fährt grob Richtung Osten, oder? Nein, natürlich nicht. Auch wenn er ein Navigationsgerät hat, studiert er vor Antritt der Fahrt wahrscheinlich einen Routenplaner, denkt über seine Etappen nach und markiert bestimmte Haltepunkte beziehungsweise »Meilensteine«.

Diese Art detaillierter Planung, bei der wir unser Ziel im Kopf haben, lässt die Reise »real« wirken. Sie lässt uns erkennen, welche Schritte nötig sind, um unseren Bestimmungsort wirklich zu erreichen. Genauso wichtig ist die damit verbundene Zuversicht und *Überzeugung*, dass wir »es« tatsächlich schaffen können.

Aber was geschieht, wenn Ihr erster Plan nicht funktioniert? Dann ändern Sie ihn wieder und wieder und wieder. Zahllosen Menschen ist es nicht gelungen, weil sie zu früh aufgegeben haben – sie hatten keine neuen Pläne entworfen, wenn sich die alten als nicht praktikabel erwiesen.

Ohne ein widerspruchsfreies, wiederholbares System werden wir zwangsläufig erfolglos bleiben. *Wenn wir nicht für die Zukunft planen, dann werden wir garantiert zu Opfern der Vergangenheit.*

Beständigkeit erzeugt Schwung

Was tun Sie, wenn Sie mit dem Fahrrad unterwegs sind und die Kette plötzlich aus der Führung springt? Sie treten so schnell wie möglich in die Pedale, aber nichts passiert. Wenn Sie jedoch weiterstrampeln, dann rastet die Kette in der Regel plötzlich wieder ein, und das Rad bewegt sich dennoch vorwärts.

Das Leben funktioniert ganz ähnlich. Es kann sein, dass wir eine Weile in die Pedale treten müssen, bevor wir irgendeine Bewegung sehen. Aber solange wir das tun, können wir relativ sicher sein, dass die Ergebnisse irgendwann kommen werden. Wie Newton uns gelehrt hat, ist der Schwung alles. Und diesen Schwung können wir nur durch beständiges Handeln erzeugen.

Wenn wir uns jenes »beständige Handeln« nun etwas genauer ansehen, entdecken wir, dass es sich dabei immer nur um eine Menge kleiner Schritte handelt, einen nach dem anderen. Eine gute Tat ist nett, sie wird uns aber wahrscheinlich nicht den Eintritt durch das Himmelstor gewähren. Ein Tag im Fitnesscenter ist besser als keiner, er wird uns aber sicher nicht von unseren Rettungsringen befreien. Wenn man etwas schaffen will, das der Mühe wert ist, dann braucht das Zeit, Energie, Engagement und Mühe. Das gilt ganz besonders, wenn es darum geht, unsere Begabungen gut einzusetzen.

Träume geschehen lassen

Wenn wir wahrhaft unser höchstes Potenzial im Leben verwirklichen wollen, dann müssen wir uns selbst gegenüber ehrlich sein und zur Kenntnis nehmen, dass unsere Rechtfertigung für unterlassene Aktivitäten nur eine fadenscheinige Ausrede ist. Statt »Ich *müsste* …« oder »Ich *könnte* es tun« heißt die Handlungsanweisung: »Ich *muss* es tun.« Getan wird anscheinend immer nur das, was getan werden *muss*. Deshalb haben wir die Fristsetzung erfunden. Nehmen Sie sich doch einmal die Zeit, über alle Gründe nachzudenken, warum Sie Ihren Traum entwickelt oder Ihr Ziel aufgestellt haben. Denken Sie an all die erstaunlichen Phänomene, die Ihnen begegnen werden, wenn Sie sich in Bewegung setzen, und an den Schmerz, den Sie erleiden werden, wenn Sie passiv bleiben.

Finden Sie eine Möglichkeit, dem, was Sie erreichen wollen, eine gewisse Dringlichkeit zu verleihen, denn wenn wir zaudern, beginnt sich alles zu einem Berg aufzutürmen, und das Gewicht der Passivität wird schwerer und schwerer, bis sich unsere Hoffnungen und Träume unter dem Druck verbiegen. Wenn wir nicht aufpassen, ergreift das Zaudern von allen Facetten unseres Lebens Besitz – von unserer Gesundheit bis hin zu unserem Wohlstand und unseren Beziehungen.

Es gibt einen wunderbaren chinesischen Spruch, der die Bedeutung dieser Botschaft zusammenfasst: »Der eine knüpft ein Netz, der andere steht nur da und wünscht sich einen guten Fang. Sollen wir wetten, wer von beiden die Fische fängt?«

Weise Worte

Aktivität macht uns vielleicht nicht immer glücklich.
Aber es gibt kein Glück ohne Aktivität.
Benjamin Disraeli

Inspiration zur Erinnerung

Benjamin Franklin

Frage zum Nachdenken

Wenn Sie wissen, was Sie tun müssen, um glücklich zu werden, warum tun Sie es dann nicht einfach?

26. Nutzen Sie Ihre Begabung

Auch auf dem falschen Weg wird man überfahren, wenn man dort nur herumsitzt.
Will Rogers

Vielleicht kennen Sie eine Variante dieser klassischen Geschichte, die ursprünglich von Russell H. Conwell, dem Gründer der Temple University in Philadelphia, erzählt wurde. Sie handelt von einem reichen Farmer im Mittleren Osten, der vollkommen zufrieden war mit seinen üppigen Feldern, fruchtbaren Obsthainen und großartigen Gärten. Doch eines Tages erzählte ihm ein buddhistischer Priester, wer Diamanten entdecke, würde unvorstellbar reich werden.

Nachdem der Landmann erfahren hatte, wie viel Diamanten wert waren, ging er als armer Mann zu Bett. Noch immer hatte er seine Felder, Obsthaine und Gärten, aber er hatte keine Diamanten. Also verkaufte er seinen Hof, steckte das Geld in die Tasche und machte sich auf die Suche nach Diamanten. Er suchte jahrelang, reiste von Palästina nach Spanien – bis er eines Tages sein ganzes Geld ausgegeben hatte und nur noch Lumpen trug. Da kam er zu dem Schluss, dass er sein Elend nicht länger ertragen konnte, und wählte den Freitod.

Unterdessen war der Käufer der Farm eines Tages an einem Bach entlanggegangen, hatte dort ein Funkeln bemerkt und einen glänzenden Stein aufgehoben, der am Wasserrand lag. Ohne groß darüber nachzudenken, steckte er den Stein in seine Tasche; und als er wieder zu Hause war, legte er ihn auf den Kaminsims. Später besuchte ihn derselbe alte Priester und staunte über das, was er dort sah: Es war ein Diamant!

Begeistert liefen der Eigentümer und der Priester nach draußen, wo sie entdeckten, dass im gesamten Bachbett überall Diamanten lagen. Die Botschaft der Geschichte lautet natürlich: *Die Diamanten findet man nicht in der Ferne, sondern sie können direkt vor der eigenen Nase verborgen sein. Man muss nur ein wenig suchen.*

Glauben Sie, dass Ihre Diamanten irgendwo »dort draußen« liegen? Sind Sie ständig auf der Jagd nach dem vermeintlichen Schatz – ein besserer Job, ein größeres Haus, ein höherer Rang auf der sozialen Leiter oder ein heißer Anlagetipp? Viele von uns suchen überall, nur nicht da, wo die Edelsteine ganz sicher zu finden sind: in unserem Kopf und in unserem Herzen. Dort werden wir unsere Begabung finden, die wie ein roher Diamant ist, der entdeckt und geschliffen werden muss, damit er seine Brillanz offenbaren kann.

Oprah Winfrey

»Mein persönliches Ziel besteht darin, das höchste Niveau der Menschlichkeit zu erreichen, zu dem ich fähig bin.«

Zum Glück für uns hat Oprah Winfrey ihre Begabung sehr früh im Leben entdeckt. Schon im Alter von drei Jahren hielt sie Predigten in einer Kirche in Mississippi, und wann immer zu Hause Besucher waren, zitierte sie Bibelverse. Als sie sieben Jahre alt war, trug sie »Invictus« von William Ernest Henley vor. Die Leute sagten: »Wow, dieses Kind kann sprechen!«

»Andere Leute waren bekannt dafür, dass sie gut singen konnten«, erinnert sie sich, »ich war bekannt dafür, dass ich gut sprechen konnte.«

Ihre Gaben – rhetorisches Talent, empathisches Zuhören und eine echte Herzensfreundlichkeit – haben ihr enormen Ruhm, Glück und weltweiten Einfluss verschafft.

Aber der Weg, der sie dazu geführt hat, mit ihren Gaben Millionen zu helfen, war voller unerwarteter Drehungen und Wendungen. Außerehelich geboren, wuchs sie armselig im ländlichen Mississippi auf, wo sie zunächst bei ihrer Großmutter auf einem Bauernhof lebte. Später wohnte sie bei ihrer Mutter, die in Milwaukee als Putzfrau arbeitete; und während dieser Zeit wurde sie körperlich und emotional immer wieder entsetzlich missbraucht. Bald lief sie weg, log, stahl der Mutter Geld und ließ sich mit älteren

Jungen ein. Als noch sehr junges Mädchen experimentierte sie mit Drogen, brachte ein Baby zur Welt, das jedoch als Frühgeburt nicht überlebte, und als Dreizehnjährige entging sie der Jugendstrafanstalt nur, weil es dort keinen freien Platz mehr gab.

Schließlich wurde sie nach Nashville zu ihrem strengen Vater geschickt, der »nicht bereit war, weniger zu akzeptieren als das, was er für mein Bestes hielt«. Seine Aufmerksamkeit und fürsorgliche Disziplin ließen sie aufblühen: Sie wurde eine ausgezeichnete Schülerin und bekam mit sechzehn einen Job als Nachrichtensprecherin beim Rundfunk.

Sie gelangte zu der Überzeugung, ihre früheren Schwierigkeiten wären darauf zurückzuführen, dass sie sich selbst nicht genug geschätzt und sich ständig Sorgen darüber gemacht hätte, was andere über sie dachten. Sie beschloss, die Architektin ihres eigenen Lebens zu werden. Wie sie später in einem Interview für Lerner Publications sagte: »Ich sehe mich nicht als armes, sozial benachteiligtes Mädchen aus dem Ghetto, das es zu etwas gebracht hat. Ich sehe mich als einen Menschen, der von früher Kindheit an wusste, dass er selbst für sein Leben verantwortlich war und es zu etwas bringen musste.«

Mit neunzehn Jahren unterzeichnete sie einen Vertrag als Reporterin und Komoderatorin bei einem Fernsehsender in Nashville, und von dort aus ging es weiter nach Baltimore. Sie erkannte, dass sie keine gute Nachrichtenreporterin war und sogar kurz davor stand, ihren Job zu verlieren. Doch der Sender beschloss, ihr eine Chance in einer Talkshow zu geben. Bald darauf zog sie nach Chicago, wo sie als Gastgeberin lokaler Talkshows auftrat und gleichzeitig einer anderen Leidenschaft folgte – der Schauspielerei. Für ihre Leistung in Steven Spielbergs Film »Die Farbe Lila« war sie sogar für einen Oscar nominiert.

Obwohl die seit 1986 ausgestrahlte »Oprah Winfrey Show« sofort ein Hit war, dauerte es einige Zeit, bis sich das heute vertraute Format herausgebildet hatte, das täglich zwanzig Millionen Zuschauer anzieht. Einige von Oprahs früheren Shows waren ausbeuterisch und voyeuristisch, aber sie wurde zur *diva of daytime discourse*, weil sie einen anspruchsvolleren Weg eingeschlagen hatte als viele ihrer Kollegen. Ihre Shows vermitteln den Eindruck von Kompromissbereitschaft, wenn sie sich heute auf Themen wie Kinder, die in Armut leben, die befreiende Kraft der Bildung und sexuellen Missbrauch konzentriert.

Im Alter von dreißig Jahren konnte diese kluge, hart arbeitende Geschäftsfrau jährliche Bruttoeinnahmen von dreißig Millionen Dollar vorweisen. Kürzlich bezeichnete *Forbes* sie als die erste schwarze Milliardärin.

»Ich bin in einem Haus ohne Wasseranschluss aufgewachsen – es gab nur ein Plumpsklo«, sagte sie. »Niemand hat im Traum daran gedacht, dass ich irgendetwas anderes tun könnte, als in einer Fabrik oder auf den Baumwollfeldern in Mississippi zu arbeiten. Wirklich niemand. Ich habe das intensive Gefühl, dass mein Leben als Beispiel dienen könnte, um den Leuten zu demonstrieren, was man tun kann.«

Oprah hilft ihren Gästen, sich zu öffnen, indem sie selbst ihnen gegenüber offen ist. Sie hält sich nicht zurück, wenn es darum geht, ihre persönliche Philosophie zu offenbaren:

für das Recht auf Abtreibung, gegen Waffen und sehr kritisch gegenüber Müttern, die ihre Kinder vernachlässigen, gegen Alkohol am Steuer, Rauchen, den Missbrauch von Sozialleistungen und jeden, der nicht die Verantwortung für sein eigenes Leben übernimmt. Sie gibt mehr von ihren persönlichen Kämpfen preis als andere Talkmaster. Ihr Publikum hat mit ihr triumphiert oder gelitten, wenn sie stark zu- oder abgenommen und über das Auf und Ab in ihren Beziehungen gesprochen hat.

Sie ist die Freundin Amerikas geworden, ein Vorbild und eine Therapeutin, die ihrem Publikum vermittelt, wie wichtig Entschlossenheit und Mitgefühl sind, und natürlich Bücher – denn Lesen bezeichnet sie als »mein größtes Vergnügen«. Wenn ein Buch in ihrem Fernseh-Buchclub vorgestellt wird, garantiert das fünf- bis siebenhunderttausend zusätzlich verkaufte Exemplare.

Was sie bewirkt, kann kaum überschätzt werden. Das Magazin *Time* zählt sie zu den hundert einflussreichsten Persönlichkeiten des zwanzigsten Jahrhunderts, und von Flugreisenden wurde sie als die Person gewählt, neben der man auf einem Langstreckenflug am liebsten sitzen würde. »Sie ist fast eine Religion«, behauptet ein Autor. Die Frau, die allein mit ihrem Vornamen weltweit bekannt ist, hat angeblich mehr Einfluss auf die amerikanische Kultur als jeder Universitätspräsident, Politiker oder religiöse Führer, ausgenommen vielleicht der Papst.

Den Einfluss, den sie auf das Leben der Menschen hat, nimmt Oprah Winfrey sehr ernst. »Aussagen können leicht falsch interpretiert werden, und deshalb achte ich bei jedem Thema darauf – sei es nun Geschwisterrivalität, Gewalt gegen Frauen oder Scheidungskinder –, dass die Leute die Verantwortung für ihr eigenes Leben erkennen und ihnen deutlich wird: Auch wenn es tragische Situationen in meinem Leben gibt, besteht doch immer die Möglichkeit, am Ende zu triumphieren. Und die Fähigkeit, zu triumphieren, beginnt bei einem selbst. Immer.«

Oprah Winfrey ist weit mehr als nur eine Inspiration. Sie ist ein Vorbild für Amerika und repräsentiert alles Gute in der Menschheit.

Das Gesetz von Ursache und Wirkung

Oprah hat zweifellos das Gesetz von Ursache und Wirkung verstanden. Intuitiv hat sie schon in sehr jungen Jahren erkannt, dass man für nichts auch nichts bekommt. Sei es eine Kleinaktie, ein Spielautomat oder ein Lotterielos, die Hoffnungen auf einen Gewinn scheinen sich nie zu erfüllen. Warum nicht?

Die Antwort liegt vielleicht in einem der grundlegendsten Gesetze des Lebens: *Wir bekommen nur, was wir geben. Wir bekommen nur das heraus, was wir investieren. Wir können nur ernten, was wir säen*. Die Belohnungen, die wir empfangen, stehen *immer* in einem direkten Verhältnis zu den Diensten, die wir leisten. Daran führt kein Weg vorbei.

Das gilt für alle Bereiche des Lebens. Sie können keinen gesunden Körper haben, wenn Sie nicht die Verhaltensweisen eines gesunden Menschen entwickeln. Sie können keine großartige Ehe führen, wenn Sie kein liebevoller Partner sind. Und Sie können nicht reich werden, wenn Sie nicht die Gewohnheiten der Reichen übernehmen. Ich hoffe aufrichtig, dass Sie sich diese Botschaft zu Herzen nehmen und das Prinzip in Ihr Leben integrieren – auch wenn ich jetzt ein Geständnis ablegen muss: Ich habe auch nicht immer nach dieser Regel gelebt.

Vor einigen Jahren lernte ich diese Lektion auf die harte Tour. Damals war ich ständig auf der Jagd nach dem schnellen Geld. Auch wenn es mir peinlich ist, muss ich zugeben, dass ich auf eine dieser »Werden-Sie-schnell-reich«-Maschen hereingefallen bin. Nachdem ich zweiunddreißigtausend Dollar und ein Jahr meiner Zeit verschwendet hatte, stellte ich fest, dass es nur einen Menschen gab, der bei dieser Sache wirklich reich wurde: der Kerl, der mit dem Schwindel hausieren ging!

Erst als ich mir die Gewohnheiten einiger der reichsten Leute der Welt näher angesehen hatte, wurde mir klar, warum ich nicht erfolgreich war: *Geld kann man nicht direkt suchen; es ist lediglich die Ernte unserer Produktivität.* Und man kann nicht ernten, was man nicht gesät hat.

Andrew Carnegie, Henry Ford, Sam Walton oder Bill Gates: Jeder hat sich darauf konzentriert, den Konsumenten einen höheren Wert, bessere Dienstleistungen und einen größeren Nutzen anzubieten. Ob Sie Angestellter oder Unternehmer sind, die einzige Möglichkeit, reich zu werden, besteht darin, mehr zu leisten als das, wofür Sie bezahlt werden. Und bevor wir nicht mehr leisten, haben wir kein Recht auf eine höhere Bezahlung. So einfach ist das.

Dasselbe gilt für leitende Angestellte und Manager. Wir können keine goldenen Eier erwarten, wenn wir die Gans nicht füttern. Henry Ford hat das erkannt, als er einen Lohn von fünf Dollar pro Tag ansetzte – eine damals unerhört hohe Bezahlung. Bill Gates und Paul Allen haben das erkannt, als sie Aktienoptionen für die Microsoft-Angestellten ausgaben. Howard Schultz hat das erkannt, als er die Sozialleistungen auf Teilzeitbeschäftigte von Starbucks ausdehnte.

Wenn Sie Erfolg haben und reich werden wollen, dann denken Sie darüber nach, wie Sie Ihren Kunden und Kollegen zu einem höheren Wert, besseren Dienstleistungen und mehr Vergnügen verhelfen können. Ihre Ideen werden sich reichlich auszahlen.

Nutzen Sie die Energie von sechzig Sekunden

Zeit ist ein Geschenk, aber sie kann auch ein Dieb sein. Wenn wir nicht aufpassen, stiehlt sie unsere Jugend, unsere Träume, unsere Chancen und die Menschen, die wir lieben. Und dann zerrinnt sie wie der Sand in einem Stundenglas. Unser Eiltempo mag zwar dazu führen, dass wir viele Punkte auf unserer Pflichtenliste abhaken können, aber am Ende bleibt oft ein Gefühl der inneren Leere.

Wenn wir unsere Begabung gut nutzen wollen, dann müssen wir besser mit unserer Zeit haushalten. Wir müssen lernen, jede Minute eines jeden Tages zu genießen. Zeit schätzen. Sie investieren. Sie ist eine der kostbarsten Ressourcen im Leben.

Erfolgreiche, glückliche Menschen wissen, wie sie die 1440 Minuten des Tages gut nutzen. Ihnen ist klar, dass Zeit zwar kostbar ist, aber nicht mit der Uhr gemessen werden kann. Stattdessen messen sie ihre Zeit und ihr Leben an der Zahl erstaunlicher Erfahrungen, die sie sammeln können. Wenn wir ganz darin aufgehen, etwas zu tun, was wir vollkommen lieben, haben wir das Gefühl, außerhalb der Zeit zu stehen, und empfinden eine unvorstellbare Erfüllung, Vollständigkeit und inneren Frieden.

Wie können Sie nun besser mit Ihrer Zeit haushalten? Indem Sie ständig Ihre Ziele überwachen, Ihre Leistungen analysieren und sehen, ob Ihr Verhalten und Ihre Aktivitäten mit dem Bild des Menschen übereinstimmen, der Sie werden wollen, und zu den Zielen passen, die Sie verwirklichen möchten. Mit anderen Worten: *Ihre oberste Priorität sollte es sein, an Ihre oberste Priorität zu denken!*

Sie bekommen Ihre Zeit auch dadurch unter Kontrolle, dass Sie Ihre Orientierung immer wieder durch bestimmte Fragen überprüfen: Was will ich aus dieser Situation herausholen? Wird mich diese Aktivität meinem Ziel einen Schritt näher bringen? Setze ich die richtigen Prioritäten? Was von dem, was ich tun kann, hat die größten Auswirkungen auf meinen langfristigen Erfolg?

Weise Worte

Je mehr man weiß, desto mehr weiß man,
dass man nichts weiß.

Brian Souza

Inspiration zur Erinnerung

Oprah Winfrey

Frage zum Nachdenken

Was können Sie tun – heute –, um der Verwirklichung Ihrer Träume einen Schritt näher zu kommen?

Teil V:
Die Begabung verschenken

27. Folgen Sie Ihrem inneren Kompass

Glaube ist ein soliderer Führer als Vernunft.
Vernunft hat ihre Grenzen,
aber der Glaube ist grenzenlos.
Blaise Pascal

Eines Tages bat eine alte Frau den Weisen des Dorfes um Rat.

»Sieh mal, junger Mann«, sprach sie in scharfem Ton, »ich werde bald sterben, und ich habe eine Menge Geld. Wenn du wirklich so klug bist, dann sag mir doch bitte, wie ich es mitnehmen kann.«

Während sie ein gieriges kleines Lachen von sich gab, schaute der Weise sie nur an.

»Nun, also?«, forderte sie. »Was kann ich mitnehmen auf die andere Seite?«

»Alles von Wert«, antwortete der Weise.

»Wie denn?«, fragte sie aufgeregt.

»In deinem Gedächtnis«, erwiderte er.

»Gedächtnis«, höhnte die Frau. »Das Gedächtnis kann keinen Reichtum tragen.«

»Ganz im Gegenteil, wir haben lediglich vergessen, was wirklich von Wert ist.«

Unser Verstand mag uns austricksen, aber tief in unserem Herzen wissen wir, was tatsächlich von Wert ist. Was halten *Sie* denn für das Wertvollste im Leben? Es ist eine der bedeutsamsten Fragen, die wir uns stellen können.

Unsere Werte sind der innere Kompass, mit dem wir durchs Leben steuern. Sie helfen uns, den Kurs zu halten und Unglück zu meiden. Sie weisen uns die Richtung, wenn wir uns verirrt haben. Um eine andere Metapher zu benutzen: Werte sind die Wurzeln unseres Lebensbaumes. Sie verbinden uns mit der Erde. Wir sind wie ein Baum: Wenn er nur flache Wurzeln hat, die in minderwertiger Erde stehen, dann kann er nicht stark werden und fällt leicht um. Aber wenn die Wurzeln tief reichen und in guter Erde verankert sind, dann wird der Baum immer weiter wachsen und fast jedem Sturm standhalten.

Reverend Theodore M. Hesburgh

»Ich bin überzeugt davon,
dass Glauben und Werte der Kompass sind,
der uns durch das Leben und zum Glück führt.«

Als Mitglied der neuen Civil Rights Commission war Reverend Theodore M. Hesburgh 1958 im Süden unterwegs, wo er Anhörungen über Wahlrechtsverletzungen abhielt. Die Mitglieder der Kommission fanden ganze Landkreise – in manchen waren die Einwohner zu siebzig bis achtzig Prozent schwarz –, wo es nicht einem einzigen Amerikaner afrikanischer Abstammung erlaubt war, sich als Wähler registrieren zu lassen.

In einem Fall berichtete ein schwarzer Zahnarzt aus Louisiana, der während des Zweiten Weltkriegs als Offizier in der Armee gedient hatte, er habe dem örtlichen Regierungsbeamten seine Papiere vorgelegt und ihm erklärt: »Ich bin ein amerikanischer Staatsbürger genau wie Sie, und ich möchte wählen.« Der Beamte hatte jedoch gefordert, er müsse zwei Wähler als Bürgen beibringen, was paradox war, denn nur Schwarze würden sich als Bürgen zur Verfügung stellen, aber gerade sie durften ja nicht wählen.

»Captain, ich glaube Ihnen«, sagte Hesburgh und drängte den Zahnarzt, am nächsten Tag noch einmal mit dem Regierungsbeamten zu sprechen. »Wenn man Sie nicht registriert, informieren Sie mich bitte sofort darüber, denn dann werde ich den Präsidenten der Vereinigten Staaten anrufen, der schließlich der höchste General der US-Armee war, und ich werde ihm sagen, dass man einen seiner Offiziere daran hindert, zur Wahl zu gehen. Ich kann Ihnen garantieren, dass der Präsident allen Verantwortlichen – dem Gouverneur, dem Bürgermeister und dem Beamten, der Sie nicht registrieren will – dermaßen einheizen wird, dass sie alle wünschen, sie hätten nie von Ihnen gehört.« Am nächsten Tag wurde der Zahnarzt als Wähler registriert.

Das ist typisch für Theodore M. Hesburgh, einen Bildungsaktivisten, der fünfunddreißig Jahre lang Präsident der University of Notre Dame war und in fünfzehn Kommissionen des US-Präsidenten mitgearbeitet hat, die einige der heikelsten Themen des Landes untersuchten, beispielsweise die Atomenergie, Studentenunruhen, die Behandlung von Vietnam-Deserteuren und Wehrdienstverweigerern, die Entwicklung der Dritten Welt und die Reform der Einwanderungsgesetze.

Als er 1987 von seinem Posten in Notre Dame zurücktrat, war Hesburgh der Universitätspräsident mit der längsten Amtszeit in ganz Amerika.

Im Alter von fünfunddreißig Jahren durch den Präsidenten ernannt, verdoppelte er die Zahl der Studenten, verdreifachte die Zahl der Fakultäten und steigerte die Einkünfte der Universität um das Dreiundachtzigfache, wodurch sie eine der größten katholischen Universitäten weltweit wurde. Er sorgte auch dafür, dass Frauen zum Studium zugelassen wurden und dass die Leitung der Universität von der religiösen Gemeinschaft, die sie gegründet hatte, auf ein überwiegend aus Laien bestehendes Kuratorium übertragen wurde.

Genauso wichtig war, wie er die Rolle einer zeitgemäßen katholischen Universität definierte: »[Sie ist] ein Ort, wo alle wichtigen Fragen gestellt werden, wo ständig anregende Diskussionen geführt werden, wo der Geist stetig wächst, während die Werte und Kräfte von Intelligenz und Weisheit in Ehren gehalten und in voller Freiheit ausgeübt werden.« Auf diese Weise kämpfte er gegen jede Art von Zensur und alle Ansätze, die akademische Freiheit und Auseinandersetzungen innerhalb der Universität zu beschneiden.

Aber er war – und ist immer noch – weit mehr als nur ein Elder Statesman der amerikanischen Bildung. Er ist so etwas wie das Gewissen der Nation und seiner Kirche.

Während er sechs US-Präsidenten und vier Päpsten diente, hat Hesburgh gegen den Hunger in der Dritten Welt gekämpft, Brücken zwischen Wissenschaftlern und religiösen Führern gebaut, bei der Reform der Einwanderungsgesetze geholfen und sich für den Weltfrieden eingesetzt. Außerdem hat er in Bereichen gearbeitet, in die sich nur wenige Priester vorwagen würden: Er war Vorsitzender der Rockefeller Foundation, im Vorstand der Manhattan Bank und Aufsichtsratsvorsitzender der Harvard University.

»Mein Grundprinzip«, so sagte er, »besteht darin, dass man keine Entscheidungen trifft, weil sie einfach sind, weil sie billig oder populär sind. Man trifft Entscheidungen, weil sie richtig sind.«

In seiner Autobiographie *God, Country and Notre Dame* schrieb er über schlichte Werte, die ihm in seiner Jugend vermittelt worden waren: »Man ist besser ehrlich statt unehrlich und freundlich statt grausam; es ist besser, jemandem zu helfen, als ihn zu verletzen, und man ist besser patriotisch als nicht ... Wo werden diese Werte in unseren heutigen Schulen gelehrt?«

Nach seiner Emeritierung als Präsident der Universität arbeitet er weiter daran, verschiedene Institute und Zentren von Notre Dame weiterzuentwickeln, zu deren Gründung er beigetragen hatte, beispielsweise das Kroc Institute for International Peace Studies, das Kellogg Institute for International Studies und das Center for Civil and Human Rights.

Als ich mit ihm in seinem Büro in der Bibliothek von Notre Dame saß, die seinen Namen trägt, fragte ich ihn, was er für die größte soziale Bedrohung halte, der sich unsere Nation gegenübersieht. Seine Antwort: »Ich denke, die größte soziale Bedrohung für uns und zukünftige Generationen ist der Verlust des Glaubens. Der Glaube macht uns offen für den christlichen Weg, der unser gesamtes Leben leiten sollte. Ohne den Glauben sind wir orientierungslos. Wir lösen dieses Problem, indem wir den Glauben in Ehren halten und den Herrn jeden Tag im Gebet darum bitten, unseren Glauben und die damit verbundenen Einsichten zu vertiefen.«

Viele Jahre war Reverend Hesburgh – oder Father Ted, wie er sich lieber nennen lässt – ein Vorbild für mich. Es war für mich eine Ehre und ein Privileg, persönlich mit einem der größten Menschenfreunde und Staatsmänner unserer Zeit sprechen zu dürfen.

Wenn wir beginnen, darüber nachzudenken, wie wir anderen am besten dienen können, sollten wir das Beispiel von Reverend Hesburgh nicht vergessen. Wenn schon ein einziger Mensch so viel für die Nachwelt leisten kann, wie gewaltig würden dann die Auswirkungen sein, wenn jeder von uns das Bedürfnis pflegte, anderen zu helfen?

Die Quelle der Werte

Reverend Hesburghs Werte wurzeln in seinem Glauben. Aber woher stammen Ihre Werte? Die meisten Psychologen behaupten, dass Kinder ihre grundlegenden Werte und Überzeugungen in den ersten fünf oder sechs Jahren ihres

Lebens lernen. Die Behavioristen gehen sogar davon aus, dass Kinder im Wesentlichen als »unbeschriebenes Blatt« auf die Welt kommen und sich ganz beliebig entwickeln können, je nachdem, welche Eindrücke sie aus ihrer Umgebung aufnehmen.

Wichtiger als unsere Erfahrungen ist jedoch die Entscheidung, wie wir diese Erfahrungen *interpretieren*. Sogar Eltern mit den besten Absichten gelingt es nicht immer, ihren Kindern all das zu geben, was sie für ihren Lebensweg brauchen. Früher hatten wir vielleicht nicht unter Kontrolle, welches Gepäck uns aufgebürdet wurde, aber *heute* ist das anders. Eine Inventur unserer Werte stellt sicher, dass wir alle Werkzeuge haben, die wir brauchen.

Warum rennen Sie?

Kennen Sie den Film »Chariots of Fire« (deutsch: »Die Stunde des Siegers«)? In seinem Mittelpunkt standen zwei Hauptpersonen: Harold Abrahams, ein schnoddriger jüdischer Student aus Cambridge, und der schottische Missionar Eric Liddell. Beide waren erstklassige Läufer aus Großbritannien, die darauf hofften, olympisches Gold zu gewinnen. Beide waren ungeheuer ehrgeizig, aber es gab einen wesentlichen Unterschied zwischen ihnen: den Grund, warum sie gewinnen wollten.

Abrahams lief nicht, weil es ihm Spaß machte. Er lief auch nicht für sein Team oder sein Land – er rannte für sich selbst. Sein Sieg sollte beweisen, dass Juden genauso gut waren wie jeder andere.

Liddell dagegen war überzeugt: »Gott hat mich zu einem bestimmten Zweck geschaffen. Er hat auch dafür gesorgt, dass ich schnell laufen kann. Und wenn ich laufe, dann spüre ich sein Vergnügen.« Er lief nicht für sich selbst, sondern weil er erkannt hatte, dass Laufen die Begabung war, die Gott ihm geschenkt hatte. Er fühlte sich verpflichtet, diese Begabung voll auszuschöpfen.

Liddell weigerte sich, auf Wunsch des Prince of Wales am Sabbat zu laufen, und erklärte: »Gott schafft Länder. Gott schafft Könige und die Regeln, nach denen sie herrschen. Und diese Regeln sagen, dass der Sabbat Gott gehört. Und ich für meinen Teil werde mich daran halten.« Sein Glaube und seine Werte reichten tiefer als sein Wunsch, die Goldmedaille zu gewinnen. Er tauschte lieber die Rennen mit einem Teamkollegen, als am Sabbat zu laufen.

Am Ende haben beide Männer eine Goldmedaille gewonnen. Die Kamera fängt Abrahams Heimkehr ein, den lediglich seine Freundin auf einem ansonsten leeren Bahnsteig erwartet. Aber als Liddell nach England zurückkehrt, drängeln sich Hunderte von Menschen vor dem Bahnhof, um ihn auf ihren Schultern fortzutragen.

Warum haben die Fans Liddell gefeiert und Abrahams ignoriert? Es hatte damit zu tun, dass Liddell das Rennen aus den richtigen Gründen heraus gelaufen war und sich in seinem Glauben und seinen Werten nicht hatte beirren lassen. *Er war nicht deshalb ein Held, weil er gewonnen hatte, sondern er hatte gewonnen, weil er ein Held war.* Er war nicht für sich selbst gelaufen, und genau das war der Unterschied – das machte ihn zum Sieger.

Der Wertewandel

Was geschieht mit unserer Lebensqualität, wenn uns Macht wichtiger ist als unsere Berufung, wenn wir lieber nehmen als geben, Materialismus höher schätzen als Menschlichkeit? Es gibt auf diese Frage keine kurze Antwort, aber wenn es eine gäbe, wäre sie nicht schön. Der Verrat an unseren Werten hat eine Krise von epidemischen Ausmaßen ausgelöst.

Es stimmt, dass viele von uns materielle Werte in den Mittelpunkt gestellt und moralische Werte an den Rand gedrängt haben. Viel zu viele Kinder wachsen heute ohne ein grundlegendes Wertesystem auf. Es ist nicht ihre Schuld, aber sie werden am Ende wahrscheinlich von der Gesellschaft *nehmen*, statt zum sozialen Leben *beizutragen*. Und dabei werden wir alle die Verlierer sein, weil ihre Begabungen nie genutzt und mit anderen geteilt wurden.

Progressive Regression

Wie überwinden wir diese Epidemie der Unzufriedenheit, der Frustration und des Unglücks, die dadurch verursacht wird, dass Menschen ihre Werte aufgeben? Ich schlage vor, es mit etwas zu versuchen, was ich als »progressive Regression« bezeichne.

Das bedeutet, dass wir unseren zukünftigen Erfolg wieder auf die Moralvorstellungen und Werte der Vergangenheit gründen. Wir sollten zurückfinden in eine Zeit, in der uns die Familie wichtiger war als unsere Finanzen und in der wir mehr gegeben als beansprucht haben.

Heute kichern wir angesichts der idealistischen Welt, die in alten Fernsehprogrammen wie der »Andy Griffith Show«, »Leave it to Beaver« und »I Love Lucy« dargestellt wird. Aber so albern uns diese Sendungen manchmal vorkommen, sagen sie uns doch etwas über das, was wir verloren haben und dringend wiederfinden müssen. Vielleicht können wir vom Leben in Mayberry das eine oder andere lernen (Mayberry ist eine fiktive Stadt in North Carolina, in der unter anderem Einstellungen für die »Andy Griffith Show« gedreht wurden [A. d. Ü.]).

Weise Worte

Für den Gläubigen gibt es keine Frage;
für den Ungläubigen gibt es keine Antwort.
Anonym

Inspiration zur Erinnerung

Reverend Theodore M. Hesburgh

Frage zum Nachdenken

Lassen Sie sich von Ihrem Glauben und Ihren Werten als Kompass durchs Leben leiten?

28. Die Essenz des Erfolgs

Wenn man zuversichtlich in Richtung auf seine Träume voranschreitet und ein Leben nach den eigenen Vorstellungen führt, dann wird sich der Erfolg ganz unerwartet im Alltag zeigen.
Henry David Thoreau

Was bedeutet es, erfolgreich zu sein? Im Detail hat jeder Mensch seine eigenen Vorstellungen davon, aber das Grundmuster ist wahrscheinlich für uns alle gleich. Jeder Erfolg wurzelt darin, dass wir unsere Begabungen bis zur allerletzten entdecken und entwickeln.

Unsere Kultur bombardiert uns mit Bildern einer Hollywoodsicht des Erfolgs: Attraktive Leute fahren schicke Autos, leben in wunderschönen Häusern und verbringen ihre Ferien an exotischen Orten. Wer würde nicht so leben wollen? Das Bild ist perfekt. Aber natürlich stecken hinter jedem glänzenden Bild verborgene Makel.

Ein typisches Beispiel dafür ist das Leben von Elizabeth Taylor. In den fünfziger und sechziger Jahren war diese talentierte brünette Schönheit der personifizierte Erfolg. Sie war hinreißend, elegant, reich und glanzvoll. Ihr Leben schien eine Ansammlung gutaussehender Männer, Pelze,

Yachten, Jets, Rolls-Royces, Diamanten und Schmeicheleien zu sein.

Aber die Hochglanzbilder zeigten nichts von dem inneren Drama: Alkoholmissbrauch, Drogensucht, Gewichtsprobleme und acht gescheiterte Ehen. Liz Taylor kämpfte gegen eine Reihe schrecklicher Krankheiten, darunter ein Gehirntumor, und ihr Leben schien völlig außer Kontrolle zu geraten. »Wie kommt es nur, dass alle diese guten Menschen immer sterben, während ich weiterlebe?«, hat sie einmal gefragt. Sie war lange Zeit zu sehr mit sich selbst beschäftigt, um zu erkennen, dass sie ständig an den falschen Orten nach Liebe suchte.

Erst als ihr guter Freund Rock Hudson an Aids gestorben war, entdeckte sie endlich den Sinn und das Ziel ihres Lebens. Sie nutzte ihre Leidenschaft, Energie und Berühmtheit zur Gründung der Rock Hudson Aids Foundation, die das Bewusstsein für Aids geschärft und Tausende von Menschenleben gerettet hat. Nachdem sie jahrzehntelang in Medizinschränken und Wodkaflaschen danach gesucht hatte, entdeckte Taylor endlich, dass der Sinn ihres Lebens nicht in Genusssucht bestand, sondern darin, anderen zu dienen.

Ganz ähnlich stellen viele Menschen erst gegen Ende ihres Lebens fest, dass man mit Geld zwar ein riesiges Haus, aber kein Heim kaufen kann. Mit Geld kann man einen wunderschönen Diamantring bezahlen, aber keine glückliche Ehe. Mit Geld erwirbt man die beste Erziehung, aber keine Erfahrungen. Geld verhilft einem zum Facelifting, aber nicht zu mehr Lebenszeit. Geld kann die äußeren Lebensbedingungen verbessern, aber man kann damit nicht die Dinge kaufen, die das Leben wirklich lebenswert machen.

Arnold Schwarzenegger

»Wenn man seine Ernährung und sein Fitnessprogramm so umstellen kann, dass man dadurch einen anderen Körper erhält, dann kann man dieselben Prinzipien auch auf alles andere anwenden.«

Während er in einem kleinen Dorf in Österreich aufwuchs, machte Arnold Schwarzenegger kaum den Eindruck, als würde er dreizehnmal die Weltmeisterschaft der Bodybuilder erringen, ein berühmter Filmstar, erfolgreicher Unternehmer und Gouverneur von Kalifornien werden. Als Kind war er oft krank und spielte neben seinem älteren Bruder Meinhard nur die zweite Geige.

Sein strenger Vater, der Polizeichef des Ortes, verordnete seinen Söhnen Disziplin und harte Arbeit. Obwohl Arnold schwächer war als sein Bruder, standen beide im Wettbewerb miteinander, sowohl beim Lernen als auch im Sport. Arnold arbeitete hart, um sich das Lob seines Vaters zu verdienen. Auf diese Weise wurde er zum erfolgreichen Sportler, der sich vor allem für Individualsportarten wie Schwimmen, Boxen und Leichtathletik begeisterte.

Ein einschneidendes Ereignis war die Entscheidung seines Fußballtrainers, die Mannschaft zum Krafttraining in ein Fitnesszentrum zu schicken. Voller Ehrfurcht beobachtete Arnold die starken Männer, die dort an sich arbeiteten. »In diesem Moment sah ich es vor mir«, sagte er später, »mein Leben, das, wonach ich gesucht hatte.« Er war entschlossen, aus sich den Größten und Besten zu machen, der er überhaupt nur werden konnte.

Er trainierte das Gewichtheben mit einer Intensität und Konzentration, die später sein Markenzeichen werden sollte. Während die örtlichen Bodybuilder zwei- oder dreimal wöchentlich übten, stemmte er die Gewichte an sechs von sieben Tagen. Einmal brach er sogar in das Fitnesszentrum ein, als er es verschlossen vorfand.

Obwohl sein Muskelkater manchmal so heftig war, dass er nicht einmal die Arme heben konnte, um sich zu kämmen, hatte er ein Programm, das er als seinen Masterplan bezeichnete: »Ich will der Mann mit den besten Muskeln der Welt sein«, sagte er seinen Eltern. »Und dann will ich nach Amerika reisen und dort in Filmen mitspielen.«

Mit achtzehn Jahren meldete er sich zum Wehrdienst. Noch während der Grundausbildung erhielt er eine Einladung zum Juniorenwettbewerb für den Mr. Europa in Deutschland. Rekruten durften die Kaserne nicht verlassen; also kletterte er über die Mauer und machte sich ohne Erlaubnis davon. Die Teilnahme am Wettbewerb trug ihm nicht nur den Sieg, sondern auch sieben Tage Bau ein.

Im Jahr 1966 versuchte er zum ersten Mal, Mr. Universum zu werden – und verlor. Er trainierte noch intensiver und gewann im folgenden Jahr. »Ich hatte eine klare Vision, in der ich sah, wie ich Mr. Universum wurde«, sagte er später. »Es war in gewisser Weise eine spirituelle Angelegenheit, denn ich habe so fest an den Weg geglaubt, dass ich nie den geringsten Zweifel an meinem Erfolg hatte.«

Der Titel, den er im Jahr darauf erneut gewann, brachte ihn auf Seite eins der europäischen Illustrierten und ins Fernsehen. Aber er hatte schon die nächste Stufe im Blick: Er wollte in die Vereinigten Staaten reisen und gegen die Größten und Besten der Welt antreten.

Bodybuilder sind echte Selfmademen, die sich ernsthaft darum bemühen, ihre Stärken zu maximieren und ihre Schwächen zu überwinden. Sie lernen, sich Ziele zu setzen und über die normalen Schmerzschwellen hinauszugehen. Freunde von Schwarzenegger berichteten, sie hätten ihn dabei beobachtet, wie er die Muskeln seiner Unterarme vor einem Spiegel spielen ließ, um zu sehen, ob sie dicker sein mussten, was er zu tun hatte, um einen bestimmten Muskel stärker hervorzuheben, und wie er dann wochenlang daran arbeitete, dieses Ergebnis punktgenau zu erzielen. Genauso intensiv kümmerte er sich um sein Leben außerhalb des Fitnesszentrums.

Die Gelegenheit, über den Großen Teich zu reisen und seinen amerikanischen Traum zu verfolgen, kam, als ihn der Fitnessguru Joe Wieder nach Kalifornien einlud. Bodybuilding war damals noch kein besonders hoch angesehener Sport. Aber Schwarzenegger hat sein Image fast im Alleingang verbessert, während er drei weitere Titel als Mr. Universum und sieben Wettbewerbe als Mr. Olympia ebenso gewann wie den Titel des Mr. World. Seine Liste von dreizehn großen internationalen Siegen ist bis heute beispiellos.

Als er allmählich mit dem Bodybuilding Geld verdiente,

investierte er es in Immobilien – Mietshäuser, Bürogebäude und Restaurants. 1975 hatte er genug Geld, um sich zur Ruhe zu setzen. Aber das gehörte nicht zu seinem Masterplan. Er wollte sich auch noch seinen zweiten Traum erfüllen – und Filmstar werden.

Er hatte schon in einigen Filmen mitgespielt und sogar einen Golden Globe als »Most Promising Newcomer« für seine Rolle als europäischer Bodybuilder in »Stay Hungry« (deutsch: »Mr. Universum«) bekommen. Seine Bewerbung um einen weiteren Titel als Mr. Olympia war außerdem zu einer erfolgreichen Dokumentation unter dem Titel »Pumping Iron« verfilmt worden.

Aber die Hollywoodmoguln bezweifelten, dass Schwarzenegger zum Star werden könnte – sie hielten seinen österreichischen Namen und seinen starken Akzent für ein Problem. Um ihnen das Gegenteil zu beweisen, nahm er Schauspiel- und Sprechunterricht und landete 1981 einen großen Hit mit »Conan the Barbarian« (deutsch: »Conan der Barbar«). Nach einer Reihe von Erfolgen in Actionfilmen mit viel Gewalt spielte er später auch komische Rollen.

Schließlich wandte sich Schwarzenegger einer weiteren Seite seines Lebens zu und engagierte sich im Public Service. Nachdem er bei Innenstadtpogrammen, den Special Olympics und im President's Council on Physical Fitness and Sports mitgearbeitet hatte, startete er eine erfolgreiche Initiative zur Unterstützung der Nachmittagsbetreuung von Schulkindern in Kalifornien. Im Jahr 2003 wurde er schließlich nach einem erdrutschartigen Wahlsieg Gouverneur dieses Bundesstaates.

Wenn es eine Lektion gibt, die wir von Arnold Schwarzenegger lernen können, dann ist es diese: Der sicherste Weg zu dauerhaftem Erfolg führt über die Entwicklung des Charakters. Beharrlichkeit, Geduld, Begehren, Entschlossenheit, Disziplin, Mut und eine positive Einstellung sind Eigenschaften, die nach ihrer Integration in das Muster unseres Charakters jedes Vorhaben zum Erfolg führen werden.

Regeln aufstellen

So wie wir alle Regeln haben, die über unser Glück herrschen, haben wir auch alle Regeln, nach denen wir entscheiden, wen wir als erfolgreich betrachten. Ungeachtet unserer persönlichen Sichtweise sind wir uns wahrscheinlich darüber einig, dass Arnold Schwarzenegger nicht nur der Inbegriff von Erfolg ist, sondern auch perfekt den amerikanischen Traum verkörpert.

Doch leider reservieren wir die strengsten Regeln für uns selbst. Ich kenne beispielsweise einen Geschäftsmann, der mehr als sechs Millionen Dollar im Jahr verdient, aber der Meinung ist, dass er es nicht »geschafft« hat, solange sein Einkommen nicht zehn Millionen Dollar beträgt. Ich habe auch einen Mann interviewt, der mehr als eine Million Dollar im Jahr verdiente, eine liebevolle Familie hatte und in der besten Form seines Lebens war – sich aber immer noch nicht auf der Gewinnerseite sah.

Wie ist es möglich, dass Menschen erstaunliche Leistungen vollbringen, sich aber dennoch nicht als erfolgreich wahrnehmen? Vermutlich hat es damit zu tun, dass ihre Maßstäbe zu streng sind. Wenn der Sinn des Lebens darin besteht, glücklich zu sein, warum stellen wir dann keine Regeln auf, nach denen wir garantiert gewinnen – heute? Erfolg sollte nicht streng am Ergebnis gemessen werden, sondern auch an der Mühe, die wir dafür aufwenden. Meine Empfehlung lautet: Solange Sie Fortschritte in Richtung auf ein besseres Leben machen, sollten Sie sich für erfolgreich halten. Denn solange Sie auf Ihren Erfolg hinarbeiten, haben Sie gute Aussichten, ihm eines Tages zu begegnen.

Wenn Erfolg Ihr Ziel ist, dann müssen Sie zunächst einmal wissen, was Ihnen am wichtigsten ist – Sie müssen Ihre Werte definieren. Aber denken Sie daran, dass »Erfolg« nicht nur eine Dimension hat. Sie sind nicht erfolgreich, wenn Sie geschäftlich vorankommen, während Ihre Ehe, Ihre Gesundheit oder Ihr spirituelles Leben verdorren. Ihr langfristiges Ziel sollte darin bestehen, in allen wichtigen Bereichen Ihres Lebens ein erfolgreicher und ausgeglichener Mensch zu werden.

Ich denke, wir können etwas aus Ralph Waldo Emersons Definition des Erfolgs lernen: *Erfolg heißt oft und viel lachen; die Achtung intelligenter Menschen und die Zuneigung von Kindern gewinnen; die Anerkennung aufrichtiger Kritiker verdienen und den Verrat falscher Freunde ertragen; Schönheit bewundern, in anderen das Beste finden; die Welt ein wenig besser zurücklassen, ob durch ein gesundes Kind, ein Stückchen Garten oder einen kleinen Beitrag zur Verbesserung der Gesellschaft; wissen, dass wenigstens das Leben eines anderen Menschen leichter war, weil du gelebt hast. Das bedeutet, nicht umsonst gelebt zu haben.*

Der Weg des geringsten Widerstands und die Folgen

Haben Sie schon bedacht, dass wir uns selbst mit jeder Entscheidung täglich neu erfinden und erschaffen? Da ist beispielsweise der kurzsichtige Entschluss eines jungen Mannes, der mit besten Aussichten das College besuchen könnte, diese vier Jahre aber nicht an Bildung »verschwenden« will, wo er doch jetzt schon Geld verdienen kann, wenn er für den Mindestlohn arbeitet. Oder die Entscheidung der Eltern, die ihre eigene Karriere für wichtiger halten als ihren Nachwuchs und darüber die Gelegenheit verpassen, ihre Kinder zu besonderen Menschen zu erziehen. Unser Leben ist ein Mosaik aus mehr oder weniger »kleinen« Entscheidungen, die wir bewusst oder unbewusst jeden Tag treffen.

Erfolglose Leute gehen den Weg, der kurzfristig am einfachsten ist, statt den zu wählen, der langfristig der richtige wäre. Sie lassen sich von Launen statt von Werten beherrschen. Anstelle von Lösungen suchen sie Entschuldigungen. Bei Herausforderungen geben sie eher auf, als beharrlich zu sein. Sie verlassen sich auf äußere statt auf innere Motivationen. Ihre Worte stimmen nicht mit ihren Taten überein.

Wie treffen *Sie* Ihre Entscheidungen? Wurzeln sie in Ihren Werten und Lebenszielen? Oder improvisieren Sie lieber und lassen Sie Ihren Weg von anderen Leuten und den aktuellen Umständen bestimmen?

Aristoteles hat darüber nachgedacht: »Was ist das oberste Ziel des menschlichen Lebens?« Seine Antwort lautete, das oberste Ziel bestehe darin, glücklich zu sein, aber das könnten nur »tugendhafte Menschen« erreichen. Tugend definierte er dabei ungefähr so, wie wir heute gute Gewohnheiten erklären würden – eine erlernte Fähigkeit, bestimmte Aufgaben gut zu erfüllen. Tugenden im Sinne von Aristoteles sind Fähigkeiten, die man lernen und durch Übung trainieren kann.

Emerson sagte: »Die Natur lässt jeden Menschen das zu ihm passende Schicksal finden, indem sie es zur Frucht seines Charakters macht.« Wenn wir verstehen, dass unser Erfolg oder Misserfolg im Leben mehr von unserem Charakter als von allem anderen abhängt, dann wird uns allmählich auch klar, was Aristoteles uns zu sagen versuchte: Um erfolgreich zu werden, müssen wir die Charaktereigenschaften eines erfolgreichen Menschen entwickeln und die Gewohnheiten einer tugendhaften Person praktizieren.

Was ist Charakter?

Die Entwicklung des Charakters ist die Grundlage von lebenslangem Erfolg. Charakter ist die Essenz dessen, woraus wir bestehen. Ihn zu entwickeln ist ungefähr so, als würde man einen Eintopf kochen: Man gibt die rohen Zutaten in den Topf und lässt sie köcheln, bis eine schmackhafte Suppe daraus geworden ist.

Was sind nun die wichtigsten Zutaten? Es gibt viele Möglichkeiten. Meine Liste mit den dreizehn grundlegenden Bestandteilen sieht so aus: Integrität, Glaube, Beharrlichkeit, Mut, Geduld, Dankbarkeit, positive Einstellung, Ehrgeiz, Begehren, Mitgefühl, Wissen, Disziplin und Leidenschaft.

Um Erfolg zu haben, müssen wir uns mehr auf das *Sein* als auf das Tun konzentrieren. Wir können uns das so vorstellen, dass unser inneres Selbst den Raum schafft, in den unser äußeres Selbst hineinwachsen kann. Wir müssen ständig eine Inventur der Bereiche vornehmen, die verbesserungsbedürftig sind.

Unsere Entwicklung zu einer »vollständigen« Person endet nie. Das Leben ist ein ständiger Arbeitsprozess. Unsere Begabung oder unser Talent ist nur der Ausgangspunkt. Wir müssen uns der Mühe unterziehen, Charaktermängel zu überwinden, damit wir unsere Begabung gut nutzen können.

Die Leute meinen oft, Erfolg könnte man passiv erlangen. Aber ein junger Mann von siebenundzwanzig Jahren wusste es besser. Nachdem er seine Aktiva und Passiva bilanziert hatte, griff er nach seinem Tagebuch und notierte darin dreizehn »Tugenden« oder Eigenschaften, die er entwickeln wollte. »Jedes Mal, wenn ich eine dieser Tugenden verletze«, sagte er, »werde ich sie für den betreffenden Tag mit einem kleinen schwarzen Punkt markieren. Mein Ziel besteht darin, keine schwarzen Punkte mehr auf der Liste zu haben. Dann werde ich wissen, dass ich diese Tugenden wahrhaft lebe.«

Diese schlichte Strategie zur Persönlichkeitsentwicklung

machte aus einem gewöhnlichen jungen Mann einen der außergewöhnlichsten Menschen dieser Welt. Wenn dieses Verfahren, Zeit für die Verbesserung seines Charakters zu investieren, gut genug für Benjamin Franklin war, meinen Sie dann nicht auch, dass es für Sie ebenfalls gut genug ist?

Weise Worte

Jeder Mensch ist manchmal begeistert. Beim einen dauert das dreißig Minuten, beim anderen dreißig Tage. Erfolgreich ist derjenige, der sich seine Begeisterung dreißig Jahre lang bewahrt.

Edward B. Butler

Inspiration zur Erinnerung

Arnold Schwarzenegger

Frage zum Nachdenken

Wie können Sie Ihre Erfolgsregeln so aufstellen, dass Sie sich jeden Tag als Sieger fühlen?

29. Das Geheimnis von Glück, Freude und innerem Frieden

Wir bereiten uns immer auf das Leben vor,
aber wir leben nie.
Ralph Waldo Emerson

Wie definieren wir Glück, Freude und inneren Frieden? Hat es damit zu tun, wie wir uns fühlen, wenn unsere Aktien steigen, unsere Steuern sinken, unsere Kinder gute Noten schreiben oder wir gut durch den morgendlichen Berufsverkehr kommen? Das sind großartige Erfahrungen, aber sie schenken uns kein tiefes, dauerhaftes Gefühl echter Heiterkeit – was vielleicht eine gute Nachricht ist, denn die Wahrscheinlichkeit, dass alle diese Dinge gleichzeitig geschehen, ist ziemlich gering.

Wahrhaft glücklich ist man, wenn man sich an die Vergangenheit erinnert, sich auf die Zukunft freut – und gern in der Gegenwart lebt. Viele Leute verlieren sich so tief in die Probleme der Vergangenheit und die Ungewissheiten der Zukunft, dass sie darüber das Leben im Jetzt nicht mehr genießen können.

Ich erinnere mich an meinen Besuch bei Lester Tenney, den in diesem Buch vorgestellten ehemaligen Kriegsgefangenen. Ich war sofort beeindruckt von seiner ansteckenden positiven Haltung und seiner optimistischen Sicht des Lebens, die er trotz seiner tragischen Vergangenheit ausstrahlte. Als ich ihn nach seinem Geheimnis des Glücks fragte, sprang er auf, winkte mir, ihm in sein Arbeitszimmer zu folgen, griff nach einem Blatt Papier und las mir dieses wundervolle Gedicht vor:

Der Mensch im Spiegel

Wenn du hast, was du willst, im Kampf um dich selbst,
und die Welt dich für einen Tag zum König macht,
so stell dich vor den Spiegel und schau dich dort an,
und sieh, was der Mensch dir zu sagen hat.

Es ist weder dein Vater, deine Mutter, deine Frau
vor deren Urteil du bestehen musst.
Der Mensch, dessen Meinung für dich am meisten zählt,
ist der, der dich aus dem Spiegel anschaut.

Einige Menschen halten dich für entschlossen und aufrecht
und nennen dich einen wundervollen Kerl.
Doch der Mensch im Spiegel nennt dich einen Strolch,
wenn du ihm nicht offen in die Augen sehen kannst.

Auf ihn kommt es an; kümmere dich nicht um den Rest,
denn er ist bis ans Ende bei dir.
Du hast die schwierigste Prüfung bestanden,
wenn der Mensch im Spiegel dein Freund ist.

Auf dem ganzen Lebensweg kannst du die Welt betrügen
d dir anerkennend auf die Schultern klopfen lassen.

Doch dein Lohn werden Kummer und Tränen sein,
wenn du den Mensch im Spiegel betrogen hast.

Dale Wimbrow

Zurück in die Zukunft

Unglückliche Seelen scheinen entweder in der Vergangenheit oder in der Zukunft zu wohnen. Sie meiden die Gegenwart, weil sie einfach so verflixt schmerzhaft ist: schlechte Ehen, unglückliche Familien, der falsche Job oder gar keiner – oder ganz einfach die altbekannte Unzufriedenheit mit dem Leben. Für solche Leute ist die Flucht vor den harten Realitäten der Gegenwart dasselbe wie ein Schluck Fusel für einen Alkoholiker.

Für andere, die sich in der Zukunft verstecken, wird morgen kein neuer Tag sein, sondern nur eine Wiederholung des Gestern. Und nächstes Jahr wird nicht besser sein, ebenso wenig wie übernächstes Jahr, ganz gleich, wie sehr sie sich das auch wünschen. *Die Zukunft wird nie so sein, wie wir sie erhoffen, solange wir nicht die Gegenwart in Ordnung bringen.*

Was uns in Angst versetzt: Das Leben in der Gegenwart ist auch nicht immer leicht. Die beste Möglichkeit, es leichter zu machen, besteht darin, die Wahrheit zuzugeben, auch wenn wir uns dann vielleicht eingestehen müssen, dass unsere Ehe in einer Krise steckt, unsere Kinder ziemlich abgedreht sind, unser Geschäft am Rande einer Pleite steht, dass wir nicht nur ein bisschen übergewichtig, sondern wirklich fett sind, dass wir unseren Job verabscheuen oder aus dem Ruder laufen und die Orientierung verloren haben.

So wie Ärzte keine Krankheiten behandeln können, die sie nicht diagnostiziert haben, werden wir unsere Probleme nicht lösen können, solange wir sie nicht klar definiert haben. Sobald wir das Problem erst eindeutig identifiziert und verstanden haben, dann – und nur dann – ist es auch möglich, die richtige Lösung zu finden.

Keine Reue – keine Sorgen

Ich bin zu dem Schluss gekommen, dass es wirklich keiner Magie bedarf, um sich glücklich zu fühlen. Man findet sein Glück, wenn man tut, was einem Freude bereitet, Zeit mit geliebten Menschen verbringt, seiner Leidenschaft folgt, im Einklang mit den eigenen Werten lebt und seine Begabungen nutzt, um seine Lebensaufgabe zu erfüllen. Aufs Wesentliche reduziert, ist es wirklich so einfach.

Ich habe aber eine direkte und doch sehr wirksame Strategie entdeckt, die mir als Leitlinie für meine alltäglichen Lebensentscheidungen dient. Ich nenne sie »keine Reue«.

Ich betrachte jede Entscheidung – gleich, wie klein oder trivial sie scheinen mag – immer vor dem Hintergrund der Frage, wer ich wirklich sein will und wohin ich gehe. Es ist ähnlich wie eine Filmvorschau, bei der man am Ende anfängt und sich bis zum Anfang durcharbeitet. Die meisten von uns treffen zu viele kurzfristige Entscheidungen, ohne an die langfristigen Folgen zu denken: nur schnell eine Zigarette, dann werde ich mich besser fühlen. Noch einen kleinen Drink, der schadet niemandem. Okay, ich war die ganze Woche brav, also darf ich mir jetzt einen Burger und eine Portion Pommes erlauben …

Indem wir jede Entscheidung genau analysieren und *bewusst* unsere Wahl treffen, welchen Weg wir für den richtigen zu unserem langfristigen Glück halten, erhöhen wir unsere Chancen, dieses Ziel zu erreichen. Wenn Sie meinen, dass Sie irgendwann in der Zukunft eine Entscheidung bereuen könnten, die Sie jetzt gerade in Erwägung ziehen, dann sollten Sie einen anderen Weg wählen. Diese Strategie hilft auch, die kurzfristige Denkweise zu überwinden, die uns immer wieder veranlasst, auf Kosten der Zukunft einen Weg zu gehen, der uns heute als der einfachste erscheint. *Wenn Sie am Anfang das Ende im Sinn haben, stehen Ihre Chancen besser, dass Ihnen dieses Ende auch tatsächlich gefallen wird.*

Richard Branson

»Ich unterscheide nicht zwischen Arbeit und Spiel.
Alles ist Leben.«

Herausforderungen bildeten immer die Nahrung für Richard Bransons Feuer. Als er vier Jahre alt war, stellte seine Mutter beispielsweise das Auto einige Meilen entfernt von ihrem Haus in England ab und ließ ihn selbst seinen Heimweg über die Felder finden.

Als Erwachsener fand Branson seine Herausforderungen

auf andere Weise – bei Flügen mit Heißluftballons über den Atlantik und Pazifik (er wurde viermal von einem Hubschrauber gerettet), bei Bootsrennen, als Fallschirmspringer, indem er einige hundert Gäste zu einer Party auf seine Karibikinsel flog und (wie ein Bilderstürmer) sein sieben Milliarden Dollar schweres Virgin-Geschäftsimperium leitete, mit dessen Aufbau er schon als Teenager begonnen hatte.

»Ich will das Leben so intensiv wie möglich auskosten«, sagt Branson, dessen vielleicht großartigste Schöpfung sein eigener Lebensstil ist. Er verbindet Arbeit und Spiel so gründlich, dass es manchmal schwer auszumachen ist, wo die Pflichten enden und das Vergnügen beginnt. Welcher andere CEO würde schon ein Brautkleid tragen, um PR für eine Bekleidungsfirma zu machen? Einen Aktenkoffer für eine Sporttasche im Stich lassen? Auf einen Computer verzichten und seine Notizen auf den Handrücken schreiben? Oder mit einem Panzer auf den Times Square fahren, um eine Schlacht gegen die blinkenden Reklamezeichen seines Konkurrenten Coca-Cola vorzutäuschen?

Teils ein Bill Gates, teils ein P.T. Barnum, genießt Branson sein Leben, und er genießt es, dieses Leben nach seinen eigenen Vorstellungen zu führen. Als Büro bevorzugt er eine Hängematte, und sein liebstes Kleidungsstück ist eine Badehose. Kleingeld muss er sich oft von Freunden borgen, und einmal wurde er in Schuhen fotografiert, die nicht zueinander passten.

»Er ist nicht ehrgeizig wie andere Leute«, sagt einer seiner Kompagnons. »Er muss einfach seine Sache machen.«

Sir Richard (im Jahr 2000 zum Ritter geschlagen und in Großbritannien so berühmt wie ein Rockstar) war ein kurzsichtiges Kind aus einer Familie der Mittelschicht, das an Legasthenie litt, eine Schule fast nicht geschafft hätte, von einer anderen verwiesen wurde und die Highschool ohne Abschluss verließ. Ein Lehrer sagte ihm schon seinerzeit voraus: »Er landet entweder im Knast, oder er wird Millionär.«

Voller Ideen und begierig darauf, es dem schwerfälligen Establishment zu zeigen, startete Branson im Alter von sechzehn Jahren ein Magazin für junge Leute, von dem er hoffte, es würde die Schüler angesichts rigider Schulregeln zu gemeinsamen Aktionen verbinden. Zur Finanzierung gründete er einen kleinen Versandhandel für Schallplatten: Virgin Records. Als ein Poststreik diesem Geschäft ein Ende bereitete, ließ er es als kleinen Laden wiederaufleben, aus dem eine Kette von Plattengeschäften wurde. Der nächste Schritt war ein Tonstudio, und danach kam das Virgin-Records-Label, das fünf Millionen Exemplare seiner ersten Aufnahme verkaufte. Unter diesem Label veröffentlichten später unter anderen die Sex Pistols, Phil Collins, Janet Jackson und die Rolling Stones ihre Songs.

Bransons Neugier und seine Lust auf Überraschungen ließen ihn einen Zickzackkurs einschlagen, bei dem einige der weltweit führenden Markennamen entstanden. Zu seiner Virgin-Gruppe gehören heute über zweihundertzwanzig Unternehmen – von Fluggesellschaften bis zu Gastronomiebetrieben, von Handyproduzenten bis zu Eisenbahngesellschaften. Unter den bekanntesten Namen findet man seine Internationale Airline Virgin Atlantic, die Musikläden der Kette Virgin Megastores und die britische Handyfirma Virgin Mobile Telecoms. Aber es gab auch Blindgänger: Virgin Cola, Virgin Vodka und Virgin Cosmetics beispielsweise, die alle wieder von der Bildfläche verschwunden sind.

Was für Branson noch aussteht auf seiner lange Liste von Projekten, ist die Gründung einer kostengünstigen und leistungsstarken US-Airline, die Einführung von Hochgeschwindigkeitszügen in Florida sowie ein Film, der auf seiner Autobiographie *Losing my Virginity* basiert und für den er einen Anteil am Kartenverkauf erhält.

»Spaß«, so sagt er, »ist das Geheimnis von Virgins Erfolg.« Es war nie seine Absicht, reich zu werden oder auch nur ein eigenes Geschäft zu eröffnen. Wenn er die Chancen für sein nächstes Abenteuer einschätzt, verlässt er sich lieber auf sein Bauchgefühl als auf irgendwelche finanziellen Analysen. Er hat keine große Konzernzentrale mit einer Riesenbelegschaft, und es gibt auch nur wenige Vorstandssitzungen. Er zieht es vor, jedes Unternehmen relativ klein zu halten und sich auf die magische Inspiration zu verlassen, die nicht nur ihm selbst, sondern auch anderen Leuten zu neuen Ideen verhilft. Als eine Flugbegleiterin ihm beispielsweise über ihre Vision von einer Firma im Hochzeitsbusiness erzählte, gab er ihr grünes Licht und zog ein Abendkleid zur Förderung der Publicity an.

Nur wenige Unternehmer waren so erfolgreich darin, Vergnügen zum Grundstein ihrer Geschäftspläne zu machen. Aber Branson versucht offenbar, nach dem Credo seiner Großmutter zu leben. Im Alter von neunundneunzig Jahren hatte sie ihm gesagt, ihre letzten zehn Jahre seien ihre besten gewesen. »Du hast nur ein einziges Leben, also mach das Beste daraus«, riet sie ihm.

Augenblicke wie Wellen

Wir könnten wahrscheinlich einiges von Sir Richard lernen. Immer nur im Augenblick zu leben klingt so einfach. Aber den meisten Menschen fällt gerade das ungeheuer schwer, weil es die Augenblicke gibt, solange wir denken können. Sie rollen einfach heran wie Wellen, die eine nach der anderen auf den Strand auflaufen. Wir halten sie für selbstverständlich und behandeln sie wie etwas Belangloses – nur selten machen wir das Beste aus ihnen. Wie ein unhöflicher Gesprächspartner, der unkonzentriert mit uns plaudert, während er auf jemanden wartet, der interessanter ist, schauen wir gewöhnlich über die Gegenwart hinweg und richten unsere Aufmerksamkeit auf die Vergangenheit oder die Zukunft.

Das Gefühl, glücklich zu sein, liegt in der geistigen Verfassung eines Menschen begründet, nicht in dem, was in seinem Umfeld geschieht. Umfragen kommen immer wieder zu dem nicht überraschenden Ergebnis, dass glückliche Menschen meist mehr positive Erfahrungen machen als unglückliche. Auffallend ist dabei jedoch, dass sich der Alltag glücklicher und unglücklicher Menschen, objektiv betrachtet, kaum voneinander unterscheidet – Erstere erleben ungefähr dasselbe wie Letztere. Der eigentliche Unterschied liegt darin, was sie als positiv oder negativ *definieren*. Glückliche Menschen haben eine niedrigere Wahrnehmungsschwelle bei positiven Ereignissen – sie sind sehr viel eher geneigt, ein Geschehen wohlwollend zu interpretieren, als unglückliche Zeitgenossen.

Innere Ausgeglichenheit finden

Ein Junge schnitt den Mädchen auf dem Spielplatz Grimassen, und seine Lehrerin wollte ihn bewegen, damit aufzuhören. Mit einem süßen Lächeln sagte sie: »Billy, als ich ein Kind war, hat meine Mutter mir erklärt, wenn ich weiterhin Grimassen schneide, dann bleibt mein Gesicht für immer so.«

Billy sah sie eindringlich an und antwortete: »Nun ja, Mrs. Smith, Sie können nicht behaupten, man hätte Sie nicht gewarnt.«

Auch uns hat man gewarnt. Allzu oft werden unsere Gesichter durch Sorgen, Stress, Furcht und Unzufriedenheit verzerrt. Warum? Weil wir all die erstaunlichen Phänomene in unserer Umgebung nicht wirklich gehört, gesehen oder genossen haben: *Die Sonne wird auf- und untergehen, die Vögel werden zwitschern, die Blätter werden ihre Farbe verändern, Blumen werden blühen, Babys werden lachen – aber achten wir eigentlich darauf?*

Das Wesentliche zu verpassen, weil wir den Kern des Lebens nicht erkennen und verstehen, ist für viele Menschen ein Problem. Während das Leben uns in die verschiedensten Richtungen zieht, widmen wir jedem Augenblick immer nur einen Teil unseres besten Selbst. Folglich sind wir blind gegenüber einigen der schönsten Begebenheiten in unserem Umfeld und taub gegenüber dem, was unsere Seele singen lassen könnte.

Vor einiger Zeit sprach ich mit dem Eigentümer einer sehr erfolgreichen Hypothekenfirma am Stadtrand von Boston. Nach außen hin wirkte er wie der glücklichste Mensch der Welt. Aber als ich ihn nach seinen Hobbys oder Interessen *außerhalb der Arbeit* fragte, erstarrte er. Nach einem tiefen Atemzug sagte er: »Ich fahre wirklich gern Ski oben in Vermont.« Als ich dann weiterfragte, wie oft er sich dort aufhielt, gab er zu, das letzte Mal vor sieben Jahren dort gewesen zu sein. *Vor sieben Jahren?* Seine Entschuldigung: »Ich habe zu viel zu tun.«

Allzu oft versagen wir uns gegenwärtiges Glück in der Hoffnung darauf, es irgendwann später auf unserem Weg zu finden. Wir glauben: »Ich werde glücklich sein, sobald ich diesen neuen Job bekommen habe.« Oder: »Ich werde glücklich sein, sobald ich mir das neue Haus leisten kann.« Für Menschen, die so denken: Die Zeit, glücklich zu sein, ist *jetzt*!

Wenn Sie ein bisschen mehr Glück in Ihrem Leben erfahren wollen, dann finden Sie hier einige Ideen, die dazu beitragen könnten, Ihren Tag heller zu machen:

- *Erlauben Sie sich gelegentlich ein wenig Langeweile.* Legen Sie das Handy weg, fahren Sie den Computer runter und ziehen Sie sich zurück. Gönnen Sie Ihrem wunderbaren Geist eine Erfrischung. Geben Sie ihm hier und jetzt eine Pause. Gehen Sie hinaus in die

Natur und nehmen Sie sich ein wenig Zeit, um in Ruhe nachzudenken und zu überlegen. Fragen Sie sich: »Wie kann ich regelmäßig mehr Freude und Glück empfinden? Wie kann ich meine Leidenschaft zu meinem Beruf machen?« Nach einer solchen Pause werden Sie sich immer gestärkt fühlen, besser konzentrieren können und mehr Energie haben.

- *Konzentrieren Sie sich darauf, sich selbst eine Freude zu machen, nicht anderen.* Je mehr Freude Sie sich bereiten, desto leichter wird es Ihnen fallen, mit der eigenen Person einverstanden zu sein. Davon profitieren alle. Eine glückliche Mutter hat glückliche Kinder. Ein glücklicher Lehrer hat produktivere Schüler. Eine glückliche Ehe macht das Paar zu besseren Eltern. Sie können andere nicht glücklich machen, wenn Sie selbst nicht glücklich sind. Wo sind die wirklich glücklichen Menschen? Sie werden sie wahrscheinlich dabei beobachten können, wie sie im Garten arbeiten, in der Garage werkeln, einem Kind das Radfahren beibringen oder vielleicht zum Angeln gehen. Sie werden sie nicht damit beschäftigt finden, nach dem Glück zu suchen, so wie man nach einem verlegten Autoschlüssel sucht. *Glück kann man nicht wie ein Ziel behandeln, nach dem man direkt sucht. Es ist ein »Nebenprodukt«, das man nur indirekt erlangt – indem man etwas tut, was einem Freude bereitet, mit jemandem zusammen ist, den man liebt, oder etwas erreicht, was man zutiefst ersehnt hat!*

Weise Worte

Genieße die kleinen Dinge, denn eines Tages schaust du vielleicht zurück und erkennst, dass sie die großen Dinge waren.

Robert Brault

Inspiration zur Erinnerung

Richard Branson

Frage zum Nachdenken

Was müssten Sie ändern, um mehr Glück und Freude im Leben empfinden zu können?

30. Sind wir hier, um zu dienen oder uns bedienen zu lassen?

Wir bestreiten unseren
Lebensunterhalt mit dem,
was wir bekommen, aber wir leben
von dem, was wir geben.
Winston Churchill

Weit draußen auf dem Land litt ein Junge an einer seltsamen Infektion, und es sah so aus, als würde er bald daran sterben. Sein Arzt fühlte sich hilflos und flehte einen Spezialisten aus der nächsten großen Stadt an, sofort zu kommen.

»Ich bin schon unterwegs«, versprach der Spezialist, sprang in sein Auto und fuhr los. Aber als er vor einer Ampel hielt, riss ein Mann mit einer grauen Kappe und einer braunen Lederjacke die Autotür auf und hielt dem Arzt eine Pistole unter die Nase.

»Raus aus dem Auto!«, rief er.

»Aber das geht nicht«, beschwor ihn der Doktor, »ich muss doch nach …«

Der Mann mit der Waffe schnitt ihm das Wort ab. »Mir ist egal, wohin du musst. Raus hier, oder ich bring dich um!«

Der Arzt stieg aus und sah den Fremden mit seinem Auto davonfahren. Dann rannte er auf der Suche nach einem Telefon hektisch durch die Straßen. Schließlich fand er eins, rief ein Taxi und erreichte sein Ziel – zwei Stunden zu spät.

Der Hausarzt empfing ihn an der Tür und sagte: »Ich bin so dankbar, dass Sie gekommen sind, aber der Junge ist vor zwanzig Minuten gestorben. Wenn Sie nur rechtzeitig hier gewesen wären, hätten Sie ihn bestimmt retten können. Aber kommen Sie doch bitte herein und helfen Sie mir, die Eltern zu trösten.«

Der Spezialist begab sich ins Schlafzimmer, und dort saß der Vater des Jungen, ein Mann mit einer grauen Kappe und einer braunen Lederjacke. In seiner Eile, nach Hause zu kommen, hatte der Vater das Auto des einzigen Mannes geraubt, der seinen Sohn hätte retten können.

Das Leben zerrt uns manchmal hin und her und stellt uns vor Alternativen, die eigentlich keine sind. Wie können wir in einer solchen Situation die richtige Entscheidung treffen?

Wir können uns fragen, ob wir wirklich im Leben unserer Partner, Kinder, Eltern, Kollegen oder Nachbarn von Bedeutung sind. Sind sie glücklicher und fühlen sie sich vollständiger, weil wir ein Teil ihres Lebens sind? Unterstützen wir sie, wenn sie schwach sind, und helfen wir ihnen, den Weg zu finden, wenn sie sich verirrt haben? Oder stehlen wir ihnen unabsichtlich etwas von ihrem Leben, statt es zu bereichern? Die ehrliche Antwort lautet wahrscheinlich, dass wir ein bisschen von beidem tun.

Mutter Teresa

»Das Leben ist nicht lebenswert,
wenn man es nicht für andere lebt.«

Eines Tages im Jahr 1922 betete die zwölfjährige Agnes Gonxha Bojaxhiu am Fuß einer Statue in ihrem kleinen Heimatort in den mazedonischen Bergen, als sie einen Ruf von Gott erhielt, »mich seinem Dienst und dem Dienst an meinen Nächsten zu weihen«. Sie erkannte, dass es ihre Aufgabe war, den Armen zu dienen, auch wenn sie noch nicht wusste, wie oder wo sie Gottes Willen ausführen würde.

Eines Tages sollte man diese kleine Frau im schlichten weißen Sari mit ihrem unvergesslichen Lächeln als »lebende Heilige« und sogar als »die mächtigste Frau der Welt« bezeichnen.

Einige Jahre nach ihrer Berufung durch Gott reiste die junge Agnes nach Irland, um Nonne zu werden. Im irischen Kloster hörte sie von der entsetzlichen Armut und den Krankheiten, unter denen die Armen in Indien litten.

In Kalkutta angekommen, lehrte Schwester Teresa (wie sie zunächst genannt wurde) Geschichte und Geographie an den dortigen Ordensschulen. Aber trotz der Missbilligung ihrer Kirchenoberen machte sie auch immer wieder Ausflüge in die überfüllten Slums, um mit eigenen Augen zu sehen, wie die Massen zwischen Abfällen und menschlichen Exkrementen auf den Straßen lebten. Pocken, Ruhr und Tuberkulose grassierten dort, und sie wusste, das war das Umfeld, in dem ihre Begabung am dringendsten gebraucht wurde.

Im Jahr 1948 erhielt sie die Erlaubnis, außerhalb des Konvents zu arbeiten, und gründete eine Schule für die Armen, deren Leben sie jetzt teilte. Solange ihr das Geld für ein richtiges Klassenzimmer fehlte, unterrichtete sie ihre Schüler im Freien, wo der schmutzige Boden eine Tafel und Stöcke die Kreide ersetzten. Als sie genug Spenden gesammelt hatte, richtete sie Klassenzimmer ein und kaufte die dringend benötigte medizinische Ausrüstung.

Nachdem sie rasch bekannter geworden war, folgten andere ihrem Beispiel; und 1950 erlaubte ihr der Papst die Gründung ihres eigenen religiösen Ordens, der Missionarinnen der Nächstenliebe. Die Gruppe leistete die üblichen Gelübde der Armut, der Keuschheit und des Gehorsams, denen sie ein viertes hinzufügte – den »ernsthaften und kostenlosen Dienst an den Ärmsten der Armen«.

Außerdem gab es für die Ordensmitglieder noch eine weitere – inoffizielle – Anforderung: eine positive Einstellung. »Ein freudiger Geber ist ein großartiger Geber«, sagte Mutter Teresa.

Der Orden wuchs, und Mutter Teresa gründete Waisen- und Sterbehäuser für die Armen. Ihren Anhängern verordnete sie die Prinzipien der bedingungslosen Liebe und des Mitgefühls. Während andere vor Indiens drei Millionen Leprakranken flohen, die oft ansteckend und schwer entstellt waren, nahm Mutter Teresa sie mit offenen Armen und einem offenen Herzen auf. »Die schlimmste Krankheit unserer Zeit«, erklärte sie, »ist nicht Lepra, Krebs oder Tuberkulose, sondern das Gefühl, unerwünscht, unversorgt und von allen verlassen zu sein.«

Ihre Philosophie lautete: »Wenn wir die Armen wirklich kennenlernen wollen, dann müssen wir wissen, was Armut ist.« So lebte sie beispielsweise ohne Klimaanlage oder einen Ofen und gab alles, was sie besaß, den Armen. Als der Papst ihr seinen weißen Lincoln Continental schenkte, verloste sie den Wagen für das Fünffache seines Werts und bekam auf diese Weise hunderttausend Dollar für die Versorgung der Leprakranken zusammen.

Der Papst erlaubte den Missionarinnen der Nächstenliebe, auch außerhalb von Indien zu arbeiten. Schließlich umfasste der Orden über viereinhalbtausend Nonnen, die sechshundert Einrichtungen in mehr als hundertdreißig Ländern betrieben.

In den sechziger Jahren war Mutter Teresa international bekannt und ihr Orden einzigartig geworden – eine Organisation, die über eine Milliarde Dollar verfügte und sich auf Hilfe für die Armen konzentrierte. Noch immer arbeitete sie unermüdlich, kümmerte sich um die Hungernden in Äthiopien, in Südafrika, im Gazastreifen und dem vom Krieg zerrissenen Libanon oder wo immer man sie brauchte, und dabei predigte sie stets die Notwendigkeit, den Umständen zu trotzen. »Wenn du nicht hundert Menschen ernähren kannst«, so lautete ihre Anweisung, »dann ernähre wenigstens einen.«

Im Jahr 1979 erhielt sie den Friedensnobelpreis. Sie überredete das Komitee, das Essen zu ihren Ehren abzusagen und mit dem dafür vorgesehenen Geld stattdessen

»ein Jahr lang vierhundert arme Kinder in Indien zu verköstigen«.

Obwohl sie so viele Jahre lang körperlich und emotional schwere Arbeit geleistet hatte, weigerte sich Mutter Teresa, ihre Aktivitäten zurückzufahren. »Ich habe Jesus niemals nein gesagt, und ich werde damit auch jetzt nicht anfangen«, erklärte sie. Obwohl mittlerweile gebrechlich und gebeugt und trotz zahlreicher gesundheitlicher Beschwerden stand sie immer noch jeden Morgen um halb fünf auf, um ihren Tag mit einem Gebet zu beginnen. Sie arbeitete bis spät in den Abend und nutzte die Nachtstunden oft, um Briefe an Leute zu schreiben, von denen sie sich Unterstützung für ihre Sache erhoffte. Als sie fünfundachtzig Jahre alt war, hatte sie drei schwere Herzinfarkte hinter sich.

Sie starb 1997 als eine Ikone des Glaubens und der Liebe. Sie hatte mit Präsidenten, Premierministern, Königen und Königinnen gesprochen, um deren Aufmerksamkeit auf die Bedürfnisse der Armen zu lenken. Aber nie hat sie zugelassen, dass ihr Ruhm die Dringlichkeit ihrer Aufgabe in den Hintergrund drängte. »Wohltätigkeit beginnt heute«, sagte sie. »Heute leidet jemand, heute liegt jemand auf der Straße, heute ist jemand hungrig … Wartet nicht auf morgen.«

Was sagt Ihr Herz?

Es ist offensichtlich, dass ihre innere Stimme Mutter Teresa zum Dienst an den Armen ermutigt hatte. Aber worüber spricht die innere Stimme der meisten anderen Menschen am häufigsten? Über das Vorwärtskommen? Seinen Anteil zu ergattern? Steht das Erhalten an erster Stelle? Wenn es das ist, worauf sich die innere Stimme überwiegend konzentriert, hat man sich eine Welt geschaffen, in der man von Fremden, Konkurrenten und potenziellen Feinden umgeben ist. In diesem Fall werden Frieden und Glück schwer zu finden sein.

Wir sind erfüllt von vielem, was unser inneres Leben klein und eng hält. Den meisten Schaden richten die hohen Mauern und die verschlossenen inneren Türen an, die unser Herz verengen und dazu führen, dass wir »uns« gegen die »anderen« abgrenzen. Wen schließen wir da aus? Schauen wir mit schmalen Augen auf jene, die sich von uns unterscheiden, deren Ideen, Einstellungen oder Ziele nicht zu unseren eigenen passen?

Es ist unser Herz, mit dem wir die Welt wirklich sehen. Wenn unser Herz verbittert, gemein oder kleinlich ist, dann wird es sein eigenes hässliches Bild auf die Welt projizieren. Wir werden dort draußen genau das finden, was wir erwarten: nichts Gutes. Wir werden Freunde zu Feinden schrumpfen lassen und Chancen in Probleme verwandeln. Und währenddessen wird unser Herz selbst noch kleiner werden und sich immer mehr der Freundschaft und Liebe verweigern, die andere uns anbieten.

Viele von uns könnten einiges von der kleinen Alexandra Scott aus Pennsylvania lernen. Sie war erst ein Jahr alt, als die Ärzte ungefähr in Höhe der Nieren einen großen Tumor in ihrem Rückenmark fanden. Man diagnostizierte ein Neuroblastom, einen Krebs des Nervensystems. Als sie später ins erste Schuljahr ging, eröffnete sie einen Limonadenstand und spendete ihre gesamten Einnahmen (fünfzig Cent pro Becher) für die Erforschung und Behandlung von Krebserkrankungen.

Auf die Frage, warum sie das Geld nicht nur für die weitere Erforschung ihrer eigenen Krebsart sammelte, sagte Alexandra, sie wolle, dass die Tumoren aller Leute geheilt würden, nicht nur ihr eigener. Ihr Mitgefühl inspirierte andere Kinder, ebenfalls zu helfen. Allmählich wurde die Aktion bekannt, und immer mehr Kinder errichteten Limonadenstände und spendeten ihre Einnahmen für Alexandras Stiftung. Heute werden im ganzen Land Tausende von Limonadenständen betrieben. Die nationale Kampagne hatte bis Dezember 2005 Spenden in Höhe von fünf Millionen Dollar für die Erforschung von Krebserkrankungen bei Kindern eingebracht.

Die Macht der Vergebung

Ein Mann, der schon sehr lange krank war, ging endlich zum Arzt. »Tut mir leid«, sagte der Doktor, »Sie haben Tollwut, und weil Sie zu spät zu mir kommen, kann ich Ihnen jetzt nicht mehr helfen. Sie werden in den nächsten Tagen sterben.«

Der Mann war schockiert, und so zog sich der Arzt zurück, um ihm die Gelegenheit zu geben, sich zu fassen. Als der Doktor wieder ins Zimmer kam, sah er den Mann wütend schreiben. »Schreiben Sie denn Ihr Testament?«, fragte er.

»Nein«, erklärte der Mann, »ich mache eine Liste von allen Leuten, die ich jetzt beißen werde!«

Ja, Rache ist eine große Versuchung! Ganze Diebesbanden lauern in unseren Köpfen und Herzen: Lähmende Ängste lassen uns erstarren; wir klammern uns an alten Hass und Gram, als wären sie kostbare Schätze; tote, vertrocknete Ideen, die uns blind machen für den Reichtum des Lebens; rein mechanische Reaktionen auf bestimmte Reize, die so geistlos sind wie das ständige »Nein« eines Zweijährigen; vergiftete Beziehungen, an denen wir wider alle Vernunft festhalten.

Vergebung beginnt damit, dass wir diese Diebe beim Namen nennen und dann beschließen, dass wir sie nicht mehr brauchen. Wir vergeuden zu viel Zeit unseres Lebens damit, zornig zu werden und zornig zu bleiben. Welch eine Verschwendung! Benennen Sie Ihre Verletzung, Ihre Scham, Ihre Trauer, Ihren Ärger oder was immer Sie zu benennen haben – und beginnen Sie mit der Suche nach Frieden. Eins ist gewiss: Sie werden ihn nicht finden, wenn Sie nicht anfangen, danach zu suchen.

Wir schaffen es nicht allein

Es gibt Menschen, die sind grundsätzlich so verbittert und verärgert, dass sie davon jeden ihrer Tage bestimmen lassen. Andere sind so mit ihren eigenen Plänen und Gedanken beschäftigt, dass sie nur selten an ihre Mitmenschen denken. Wieder andere sind besessen von ihrer Furcht und leben allein hinter dicken Mauern. Und manche geben sich damit zufrieden, einfach die Zeit totzuschlagen und auf das Ende zu warten.

Wir alle wissen, wie es sich anfühlt, in einer Sackgasse zu stecken. Wir wissen, wie es sich anfühlt, sein Bestes zu geben und elend zu versagen. Wir wissen, wie frustrierend es ist, in alten Gewohnheiten oder Lebensmustern festzustecken, die uns einfach nicht loslassen wollen. Wir kennen die Müdigkeit, die aufkommt, wenn wir allein arbeiten; und auch die Traurigkeit des Wortes »unmöglich« ist uns vertraut. Diese Gefühle gehören zum menschlichen Leben, aber unsere Geschichte muss damit nicht enden.

Das Leben sagt uns, dass wir jemanden oder etwas brauchen, der oder das größer ist als wir, um uns darin zu verankern. Wir sind nicht dafür geschaffen, den Weg allein zu gehen. Wir alle wissen das. Aber die meiste Zeit gehen wir trotzdem allein, gehen in der Dunkelheit und niedergedrückt von vielen Lasten, nicht, weil Gott sich von uns abgewendet hätte, sondern weil wir ihn einfach nicht in unser Leben lassen – jedenfalls nicht vollständig.

Woran klammern wir uns fest, das so wenig Raum lässt für die Menschen, die uns am meisten lieben? Welcher Zorn, welche Furcht, welche Denkweise, welche Art von Dasein ist es, die uns gefangen hält und nicht zulässt, dass wir das Leben führen, für das wir geschaffen wurden?

Die Begabungen, mit denen wir gesegnet sind, verleihen uns eine enorme Kraft, doch wir bemerken nur selten, wie wir damit die Menschen in unserer Umgebung beeinflussen. Wir können Leute dazu bringen, sich ein Herz zu fassen oder es zu verlieren. Wir können andere befreien und ihnen Energie verleihen. Oder wir können sie manipulieren, kontrollieren und benutzen, um sie anschließend wie einen schmutzigen Putzlumpen wegzuwerfen. Wir können Menschen helfen, zu gedeihen, aber wir können auch dazu beitragen, dass sie welken und sterben.

Was wir mit unserer Macht anfangen, ist eine große Frage, die noch nicht endgültig entschieden ist. Aber wohin auch immer uns die Entscheidung führen mag – wir werden den Weg nicht allein gehen.

Mitgefühl

Für eine junge Mutter war dies einer der schlimmsten Tage ihres Lebens: Ihr Mann verlor seinen Job, der Wasserboiler explodierte, der Postbote brachte einen Stapel Rechnungen, die sie nicht bezahlen konnte, ihr Haar war völlig durcheinander, und sie fühlte sich fett und hässlich. Kurz vor dem Zusammenbruch hob sie ihr kleines Kind in den Hochstuhl und lehnte ihren Kopf gegen das Tablett. Sie begann zu weinen, und ohne einen Laut von sich zu geben, nahm der Junge den Schnuller aus *seinem* Mund und steckte ihn in *ihren*. Das ist Mitgefühl: Er kannte das Wort zwar noch nicht, aber sein Herz wusste, was sie brauchte.

In jeder Minute erschaffen wir die Welt, in der wir zusammenleben. Und die meiste Zeit haben wir gar keine Ahnung, wie groß unsere Macht ist, Freude, Leid, Heilung oder Verletzung zu verbreiten. Mit dem Anheben einer Augenbraue oder einem missbilligenden Blick können wir einem anderen den Tag verderben, ohne es auch nur zu merken. Mit einem einzigen Wort können wir eine Tür zuschlagen oder eine Hoffnung zerstören, ohne zu erkennen, was wir gerade getan haben. Indem wir nicht zuhören oder immer nein sagen, uns nie bedanken oder ständig kritisieren, können wir Herzen schrumpfen lassen und Menschen die Freude rauben, die sie empfinden könnten und sollten.

Wie können wir aufmerksamer werden? Wir können damit beginnen, dass wir genau darauf achten, was unsere Worte und Taten bewirken. Geben wir anderen Leben oder nehmen wir es ihnen? Bereichern wir die Menschen oder machen wir sie arm?

Wir werden es nie genau wissen, solange wir uns nicht in die Köpfe und Herzen der anderen versetzen können, um zu sehen, was sie sehen, zu hören, was sie hören, und zu fühlen, was sie fühlen. Wir müssen über ihre Freude jubeln und unter ihren Schmerzen leiden. Wir müssen anderen genauso viel Fürsorge und Verständnis entgegenbringen wie uns selbst. Das ist der einzige Weg, um ein verständnisvolles Herz zu entwickeln – der einzige Weg, auf dem wir lernen können, unseren Nächsten zu lieben.

Weise Worte

Ich habe festgestellt, dass Geben, neben anderen Vorzügen, auch die Seele des Gebers befreit.

Maya Angelou

Inspiration zur Erinnerung

Mutter Teresa

Frage zum Nachdenken

Wie können Sie Ihre Begabung – heute – einsetzen, um Positives im Leben eines anderen Menschen zu bewirken?

31. Verschenken Sie Ihre Begabung

Das einzige Geschenk ist ein Teil deiner selbst.
Ralph Waldo Emerson

Der reichste Mann in der Stadt war auch der geizigste. Als die Zeit für die alljährliche Wohltätigkeitsveranstaltung heranrückte, sprach der Vorsitzende diesen Mann deshalb persönlich an. »Sir«, sagte er, »aus unseren Unterlagen geht hervor, dass Sie trotz Ihrer beträchtlichen Mittel offenbar nie etwas für die örtlichen Wohltätigkeitsveranstaltungen spenden.«

»Ach *wirklich*?«, schnaubte der reiche Mann. »Nun, geht aus Ihren Unterlagen denn auch hervor, dass ich eine alte Mutter habe, die beim Tod meines Vaters mittellos zurückblieb? Geben Ihre Unterlagen Auskunft darüber, dass ich einen kranken Bruder habe, der nicht arbeiten kann? Und steht in Ihren Unterlagen auch, dass ich eine verwitwete Schwester habe, die kaum weiß, wie sie ihre drei kleinen Kinder satt bekommen soll? Steht in Ihren Unterlagen irgendetwas *darüber*?«

»Nein, Sir«, stotterte der Vorsitzende verlegen. »Von alldem hatten wir keine Ahnung.«

»Wenn ich nun also *denen* nichts gebe, warum sollte ich *Ihnen* irgendetwas geben?«

Diesem Mann hat eindeutig etwas gefehlt – im Kopf *und* im Herzen.

Wir alle haben irgendwo in unserem Bewusstsein einen winzigen Platz, an dem die Angst wohnt. Solche Ängste haben die verschiedensten Formen und Größen. Zu den gefährlichsten gehört eine, die großen Schaden in unserem Leben anrichtet: Das ist die Furcht davor, dass wir nicht genug haben oder eines Tages nicht genug haben könnten.

Dieses Gift tötet unser Mitgefühl für andere Menschen. Es erzeugt die Illusion, dass wir nichts zu verschenken haben, weil sonst für uns selbst nicht mehr genug übrig bleibt. Wir fürchten, wenn wir anderen auch nur die geringste Summe Geld geben, dann würde uns nicht mehr ausreichend bleiben, um unsere eigenen Bedürfnisse zu erfüllen. Wir fürchten, wenn wir auch nur ein wenig Zeit für andere aufbringen, dann würde uns nicht mehr genug bleiben, um das zu tun, was wir wollen. *Aber tief im Herzen wissen wir: Wenn wir uns selbst geben, dann werden wir mehr, nicht weniger*. Ja, das klingt paradox, aber es ist eine der größten Lebenswahrheiten.

Wo investieren Sie Ihr Herz?

Ein Mann ging in eine Bar und sah dort einen alten Freund ziemlich niedergeschlagen vor einem Drink sitzen. »Du siehst ja ziemlich fertig aus«, sagte er zu ihm.

»So fühl ich mich auch«, antwortete der Freund. »Meine Mutter ist im April gestorben – und hat mir fünfzigtausend Dollar hinterlassen. Im Mai starb dann mein Vater. Er hat mir hunderttausend Dollar hinterlassen.«

»Oje, das ist aber hart, beide Eltern innerhalb von zwei Monaten zu verlieren.«

»Letzten Monat starb dann meine Lieblingstante und hat mir fünfzigtausend Dollar hinterlassen.«

»Das tut mir aber wirklich leid«, antwortete der Mann. »Ich kann verstehen, warum du so traurig bist.«

Der Freund nickte: »Und ob ich traurig bin – *diesen* Monat gab es bisher noch nichts!«

»Wo dein Schatz ist, da ist auch dein Herz«, heißt es im Neuen Testament. Doch es sieht so aus, als würden eine Menge Leute sich wirklich irrsinnige Orte für ihr Herz aussuchen. Wo befindet sich *unser* Schatz? Wissen wir überhaupt, woran wir unser Herz hängen? Das ist eine entscheidende Frage, denn unser Glück und sogar unser Leben hängen davon ab, dass wir unser Herz am rechten Fleck haben.

Der reiche Geizhals aus der Geschichte am Anfang dieses Kapitels hat nie erkannt, dass die schönste Seite des Besitzes darin besteht, ihn mit anderen teilen und gemeinsam mit ihnen genießen zu können. Zu spät kommt die Einsicht, dass es die Hölle ist, allein dazusitzen und auf ein verschwendetes Leben zurückzublicken, das ihn bis in alle Ewigkeit mit leeren Händen und einem leeren Herzen zurücklässt.

Glück und Erfüllung beginnen mit der Entdeckung aller unserer Begabungen. Vielleicht haben Sie das Talent, Musik zu machen. Oder es ist Ihre Begabung, für gute Laune zu sorgen, zu nähren, zu heilen oder etwas zu erbau-

…n; vielleicht sind Sie stark und ausdauernd und können schwere Lasten tragen; oder Sie haben die Begabung, klar zu sehen, weise zu sein, laut zu sprechen oder still zu schweigen. Was es auch sei und welche anderen Begabungen Sie sonst noch haben mögen, auf alle Fälle müssen Sie das Talent zur Liebe haben – so viele Fähigkeiten, die alle von anderen Menschen gebraucht werden und die alle geteilt werden müssen. Nennen Sie also Ihre Begabungen beim Namen und sagen Sie Dank dafür. Teilen Sie sie, ohne aufzurechnen, und Ihr Herz wird glücklich sein. Die Ewigkeit sorgt für sich selbst.

Mahatma Gandhi

»Die beste Möglichkeit, sich selbst zu finden, besteht darin, sich im Dienst an anderen zu verlieren.«

Mohandas Gandhi war ein gleichgültiger Schüler, schüchtern und unsportlich, und er ließ in jungen Jahren nicht erkennen, zu welcher Größe und Spiritualität er einmal fähig sein würde. Als Junge rauchte er, und er stahl sogar kleine Geldbeträge, um sich Zigaretten kaufen zu können. Nach hinduistischer Tradition mit dreizehn Jahren verheiratet, erwies er sich als eifersüchtiger, dominierender Ehemann, der sogar mit Freunden ein Bordell besuchte (wo er dann jedoch auf Liebesdienste verzichtete). Er dachte über Selbstmord nach, und im Alter von sechzehn Jahren erlitt er ein schweres Trauma: Während er seinen kranken Vater pflegte, stahl er sich für ein Schäferstündchen mit seiner Frau nach draußen, und sein Vater starb während seiner Abwesenheit.

Am Boden zerstört, begab er sich nach London, um Rechtsanwalt zu werden und seine Familie finanziell zu unterstützen. Dort führte er das Leben eines englischen Gentlemans. Er kaufte einen Abendanzug in der Bond Street, legte sich einen Zylinder und eine goldene Uhrenkette zu, nahm Tanzstunden, lernte Französisch, das Geigespielen und Rhetorik. Nichts ließ erkennen, dass er entschlossen gewesen wäre, einer der angesehensten politischen und spirituellen Führer des zwanzigsten Jahrhunderts zu werden.

Er war Mitte zwanzig, als er nach Indien zurückkehrte und von dort aus für ein Jahr als Jurist nach Südafrika reiste. Sein Leben änderte sich schlagartig, als die britischen Kolonialherren ihn wegen seiner dunklen Hautfarbe – trotz seines Erste-Klasse-Tickets – aus einem Zug warfen. Er weigerte sich, in das schmutzige Abteil eines Gepäckwagens zu steigen, der für »farbige« Arbeiter vorgesehen war.

Nicht bereit, solche Zustände zu akzeptieren, schwor er, für die Rechte der Inder in Südafrika zu kämpfen, und versuchte, Herz und Sinn der Unterdrücker zu ändern. In dieser Situation entwickelte er sein Konzept des Widerstands, das die Anwendung von Gewalt ausschließt, bekannt als »Satyagraha« oder das Festhalten an der Wahrheit. »Erst ignorieren sie dich, dann lachen sie über dich, dann bekämpfen sie dich«, sagte er. »Dann wirst du gewinnen.«

Aus der Erkenntnis heraus, dass ein Beispiel die stärkste Inspiration sein kann, wurde Gandhi nun zu einem Asketen, der sich den Kopf rasierte, ein Baumwolltuch um die Hüften schlang und eine billige Brille trug. »Sei du selbst die Veränderung, die du dir wünschst«, sagte er oft. Und so fastete, betete und meditierte er und bezahlte seine gewaltfreien Aktionen oft mit Gefängnisaufenthalten.

»Opfer ist das Gesetz des Lebens«, erklärte er. »Wir können nichts tun und nichts bekommen, ohne einen Preis dafür zu zahlen.« Also marschierte er mit seinen Demonstranten, obwohl er im Auto hätte fahren können, und er verzichtete auf Gewürze in seiner Nahrung, weil viele seiner armen Anhänger sie sich nicht leisten konnten. Oft schlief er wie die Obdachlosen im Freien. Und seine Beharrlichkeit und moralische Klarheit zermürbte seine Feinde.

Über zwanzig Jahre lang kämpfte er für Gerechtigkeit in Südafrika. Nachdem seine Arbeit dort beendet war, kehrte er 1915 nach Indien zurück, um das Land in seinen langen Unabhängigkeitskampf zu führen. Sein erstes Ziel war die Salzsteuer der Briten und das Salzmonopol der Kolonialherren. Im Alter von einundsechzig Jahren marschierte er mit seinen Anhängern fast vierhundert Kilometer weit zur Küste, wo sie Salz sammelten und damit gegen das britische Gesetz verstießen.

Dann organisierte er einen Marsch, um die Eigentumsrechte an den salzverarbeitenden Betrieben einzufordern, und erklärte den Briten, er würde die Erstattung der Salzsteuer fordern. Erneut wurde Gandhi ins Gefängnis geworfen, aber seine Rebellion trieb seine Anhänger auf die Straße. Sechzigtausend Satyagrahis wurden verhaftet, und bald war jede Gefängniszelle in Indien belegt.

Gandhi inspirierte Millionen und wurde als »Mahatma« bekannt, als »große Seele«. Er schwankte nie in seiner Verpflichtung zur Gewaltlosigkeit und seinem Glaube daran, dass die persönliche Veränderung der gesellschaftlichen vorausgehen müsse.

Wenn Hindus und Moslems gewaltsam gegeneinander oder gegen die Briten vorgingen, fastete Gandhi, bis die Kämpfe beendet wurden, und als Indien 1947 endlich die Unabhängigkeit erlangte, war das kein militärischer Sieg, sondern ein Triumph des menschlichen Willens, der die Nation auf diesen Weg geführt hatte.

Aber der Erfolg war nicht vollkommen. Die Briten teilten die ehemalige Kolonie in zwei Staaten, das hinduistische Indien und das moslemische Pakistan – ein schwerer Schlag gegen Gandhis Ideal der religiösen Toleranz. Es folgten Unruhen zwischen Hindus und Moslems, und Gandhi begann erneut zu fasten, um dem Blutvergießen ein Ende zu bereiten. Nach fünf Tagen gelobten die Anführer der gegnerischen Parteien, die Waffen ruhen zu lassen, und Gandhi beendete seine Nahrungsverweigerung.

Aber als er zwölf Tage später durch den Garten ging, kniete ein Hindu, dem Gandhis Toleranz gegenüber den Moslems ein Dorn im Auge war, vor ihm nieder und schoss. Gandhi war tot.

Gandhi führte mehr als ein Fünftel der Weltbevölkerung in die Freiheit, indem er das mächtige britische Empire besiegte. Er lebte als persönliches Beispiel seiner Überzeugung, dass jeder Mensch, egal, wie machtlos er sich fühlt, sich und seine Umgebung formen kann. Oder, wie er es manchmal ausdrückte: »Auf sanfte Weise kann man die Welt erschüttern.«

Mitgefühl

Vor einigen Jahrzehnten schickte ein Collegeprofessor in Baltimore seine Studenten in die Slums, um Fallstudien von zweihundert Jungen anzufertigen. Er wies die Studenten an, für jeden Jungen eine Einschätzung seiner Zukunftsperspektiven abzugeben. Alle zweihundert Einschätzungen besagten dasselbe: »Dieser Junge hat keine Chance.«

Fünfundzwanzig Jahre später entdeckte ein anderer Professor die alte Studie und beschloss, ein Folgeprojekt zu initiieren. Von den zweihundert Jungen waren zwanzig gestorben oder weggezogen. Aber von den restlichen einhundertachtzig hatten alle bis auf vier bemerkenswerte Erfolge erzielt. Erstaunt ließ der Professor jedem Mann eine weitere Frage stellen: »Wie erklären Sie sich Ihren Erfolg wider alle Erwartungen?«

Jeder der Männer antwortete aus tiefstem Herzen: »Da war diese Lehrerin …« Wie sich herausstellte, hatten sie alle Unterricht bei derselben Lehrerin gehabt, die zum Zeitpunkt der zweiten Untersuchung noch lebte. Also suchte der Professor sie auf und fragte sie nach der magischen Formel, mit deren Hilfe sie die Jungen aus den

Slums herausgeholt und zu erfolgreichen Männern gemacht hatte.

»Es ist wirklich nicht schwierig«, erklärte sie sanft. »Ich habe diese Jungen geliebt. Ich habe sie ganz einfach geliebt.«

Sie trug ihr Licht mitten in diesen Slum und ließ es dort leuchten. Ihr Mitgefühl und ihr Glaube an ihre Schüler hielt sie davon ab, in der Hässlichkeit zu versinken, die sie umgab. Die Lehrerin schenkte ihnen Hoffnung und zeigte ihnen die Möglichkeiten, sich ein besseres Leben aufzubauen.

Was, wenn sie nicht dort gewesen wäre? Was, wenn sie ihr Licht unter den Scheffel gestellt hätte? Was wäre dann mit diesen Jungen passiert? Wir können mit ziemlicher Sicherheit davon ausgehen, dass sich die ursprünglichen Einschätzungen der Studenten dann als richtig erwiesen hätten: Die Jungen hätten wohl »keine Chance« gehabt.

Und so geht es uns allen. In genau diesem Augenblick sind wir das erklärte Licht für ganz bestimmte Menschen. Auf eine Art und Weise, die uns vielleicht gar nicht in den Sinn kommt, können wir ihr Leben ändern und sie sogar retten.

Jeden Tag zum Feiertag machen

Der »Herr dort oben« spricht durch unsere Begabungen zu uns. Wenn wir genau hinschauen, beginnen wir, zu verstehen, dass unsere Talente uns sehr starke Hinweise darauf geben, was wir mit unserem Leben anfangen sollen. Weitere Hinweise finden wir, wenn wir uns umschauen und sehen, wer das braucht, was wir haben.

Begabungen werden uns immer geschenkt, damit wir sie weitergeben – wir sollen sie nicht festhalten. Die besten Gaben – Liebe, Lachen, gute Ideen und große Visionen – gehen nie verloren, wenn wir sie mit anderen teilen. Sie bleiben uns für immer erhalten.

Aber viele Zeitgenossen denken nur an sich und daran, was sie selbst glücklich macht. Es gibt verschiedene Ebenen von Freude und Glück, doch die höchste erreichen wir dann, wenn wir uns selbst zu Freude und Glück verhelfen, indem wir sie anderen geben.

Erkunden Sie Ihre Begabungen. Nehmen Sie sich beispielsweise einen Tag, an dem Sie nichts anderes tun, als nach Möglichkeiten zu suchen, wie Sie das Dasein eines anderen Menschen besser machen können. Versuchen Sie es einfach. Sie sind umgeben von Gelegenheiten, Gutes zu tun. Da ist beispielsweise die Fahrerin auf der Nebenspur, die einscheren möchte, damit sie die nächste Ausfahrt nehmen kann – schaffen Sie ihr einfach die nötige Lücke. Oder überlegen Sie einmal: Wann haben Sie Ihrem Partner oder Ihrer Partnerin zuletzt einen kleinen Zettel mit ein paar lieben Worten hinterlassen?

Stellen Sie sich vor, dass jeder Tag ein »Feiertag« ist. Schenken Sie einem Passanten ein freundliches Lächeln, lassen einem Fahrer die Vorfahrt, machen Sie einem Fremden ein Kompliment, spendieren Sie einem Obdachlosen eine Mahlzeit oder freuen Sie sich über den Erfolg eines anderen. Es ist so einfach, mehr Licht in den Tag der Mitmenschen zu bringen. Alles, was Sie geben, erhalten Sie zurück – in welcher Form auch immer.

Gebe, und dir wird gegeben

Zum Abschied möchte ich Ihnen eine starke Passage aus der Bibel mit auf den Weg geben, die eines der grundlegendsten Geheimnisse des Glücks in wenige kurze Sätze fasst. Als ich diesen Abschnitt zum ersten Mal las, hatte ich schon unzählige Stunden der Recherche hinter mir – Hunderte von Büchern gelesen, mich mit Dutzenden von Experten getroffen, ein Seminar nach dem anderen besucht –, immer auf der Suche nach dem Geheimnis des erfolgreichen Lebens. Ich bin ein spiritueller Mensch und besuche regelmäßig die Kirche, aber ich würde mich nicht unbedingt als »bibelfest« bezeichnen. Deshalb erschien es mir fast wie eine Ironie, dass ich nach so vielen Gesprächen mit Experten und Fachlektüre das Geheimnis letzten Endes im Buch der Bücher entdeckte.

Diese Passage ist der Grundstein des von mir entwickelten Systems und meiner Philosophie über ein erfolgreiches Leben. Wenn Sie mir in allem, was ich in diesem Buch bisher geschrieben habe, widersprechen, dann verletzt das vielleicht mein Ego, aber es verletzt nicht mein Herz, solange Sie Ihr Herz öffnen und dieser Botschaft gestatten, Ihre Seele zu erfüllen:

Und richtet nicht, so werdet ihr auch nicht gerichtet.
Verdammt nicht, so werdet ihr nicht verdammt.

Vergebt, so wird euch vergeben.
Gebt, so wird euch gegeben.
Ein volles, gedrücktes,
gerütteltes und überfließendes Maß
wird man in euren Schoß geben;
denn eben mit dem Maß, mit dem ihr messt,
wird man euch wieder messen.
Lukas 6, 37-38

Weise Worte

Sieh, wie viel Gott dir gegeben hat, und nimm davon,
was du brauchst; den Rest brauchen andere.
Augustinus

Inspiration zur Erinnerung

Mahatma Gandhi

Frage zum Nachdenken

Wie wollen Sie anderen im Gedächtnis bleiben?

Dank

Wenn ich über den Umfang dieses Projekts nachdenke, dann muss ich demütig eingestehen, dass meine Anstrengungen ohne die Hilfe, Führung, Liebe und Unterstützung unglaublich vieler Menschen wohl vergeblich gewesen wären.

Meiner Frau und meinen beiden Töchtern danke ich für all die Liebe, Unterstützung und Geduld, die sie mir gegenüber gezeigt haben, und für die Zeit und den Raum, die sie mir gelassen haben, um zu entdecken, wozu ich geboren bin.

Ich danke meinen Eltern Larry und Sandy für ihre bedingungslose Liebe und ihre Unterstützung während vieler Jahre. Ihr habt mir die Saat und die Wurzeln für ein erstaunliches Leben geschenkt.

Ich danke Msgr. Dennis R. Clark, der mich an seiner Weisheit teilhaben ließ, für die Großzügigkeit, einiges vom Material seiner Sonntagspredigten verwenden zu dürfen.

Meiner Verlegerin Shaye Areheart und ihrem Team bei Harmony danke ich für ihre Unterstützung und ihren Glauben an mich und dieses Buch. Meiner Lektorin Julia Pastore danke ich für ihre Fachkompetenz und Geduld.

Meiner Agentin Margret McBride und ihrem Team danke ich dafür, dass sie sich mit Leidenschaft für dieses Projekt engagiert haben. Ohne euch hätte ich es nicht geschafft.

Allen Männern und Frauen, die bei der US-Armee Dienst tun oder getan haben und ihr eigenes Leben dafür aufs Spiel setzen, dass so gewöhnliche Leute wie ich die Chance haben, ein außergewöhnliches Leben zu führen – ich ziehe meinen Hut vor euch.

Allen meinen neuen Freunden, die ich aufgrund dieses Buches kennenlernen werde, danke ich für ihr Vertrauen und die Bereitschaft, mir auf dieser erstaunlichen Reise zu folgen, um ihre Begabung zu entdecken und mit der Welt zu teilen.

Quellen

Academy of Achievement, John Grisham, Interview, 2. Juni 1995, www.achievement.org/autodoc/page/gri Oint-1.

Academy of Achievement, Oprah Winfrey, Interview, 21. Februar 1991, www.achievement.org/autodoc/page/winOint-1.

Armstrong, Lance, und Sally Jenkins: *It's Not About the Bike: My Journey Back to Life*, G.P. Putnam's Sons, New York 2000; deutsch: *Tour des Lebens. Wie ich den Krebs besiegte und die Tour de France gewann*, Lübbe, Bergisch Gladbach 2001.

Bane, Harry, persönliches Interview, 11. April 2003.

Bond, Michael: »The Pursuit of Happiness«, *New Scientist*, 4. Oktober 2003, S. 40–43.

Branson, Richard: *Losing My Virginity,* Three Rivers Press, New York 1998; deutsch: *Losing My Virginity. Business ist wie Rock 'n' Roll. Die Autobiographie,* Heyne, München 2005.

Caplow, Theodore, Louis Hicks, und Ben J. Wattenberg: *The First Measured Century,* AEI Press, Washington, D.C., 2001.

Carter, Jimmy: *Why Not the Best?*, Bantam Books, New York 1976; deutsch: *Das Beste geben*, Scm Collection, Witten 2002.

Clark, Dennis R.: *Sunday Morning: Food for the Soul*, Church of the Nativity, Rancho Santa Fe, Ca., 1999.

–, *Sunday Morning: Food for the Soul 2,* Church of the Nativity, Rancho Santa Fe, Ca., 2001.

Cox, W. Michael, und Richard Alm: *Myths of Rich & Poor,* Basic Books, New York 1999.

Crawley, Mike: »›Lost Boys‹ of Sudan Find New Life in America«, *Christian Science Monitor,* 7. November 2000.

Daly, Marsha: *Sylvester Stallone,* St. Martin's Press, New York 1986; deutsch: *Sylvester Stallone. Vom Außenseiter zum Superstar*, Lübbe, Bergisch Gladbach 1986.

Daniels, Cora: »The Last Taboo«, *Fortune,* 28. Oktober 2002, S. 137–144.

Diener, Ed, und Eunkook M. Suh: *Cultural and Subjective Well-Being,* A Bradford Book, Cambridge, Mass., 2000.

Donald, David Herbert: *Lincoln,* Touchstone, New York 1995.

Easterbrook, Gregg: *The Progress Paradox,* Random House, New York 2003.

»Emeril Lagasse: Bam!«, *Biography,* A&E Network, 2000.

Ericksen, Gregory K.: *Women Entrepreneurs Only,* John Wiley & Sons, New York 1999.

Freeze, Nancy und Dennis, persönliches Interview, 12. Januar 2004.

Gaines, Charles: »Staying Hungry«, *Men's Journal,* Januar 2004, S. 41–43.

Gandhi, Mohandas K.: *Gandhi: An Autobiography,* Beacon Press, Boston 1993; deutsch: *Eine Autobiographie oder Die Geschichte meiner Experimente mit der Wahrheit,* Hinder & Deelmann, Gladenbach 2001.

»Garth Brooks Story«, *Inside Fame,* CMT Network, 27. April 2003.

Gelb, Michael J.: *Discover Your Genius,* Harper Collins, New York 2002.

Glassner, Barry: *The Culture of Fear,* Basic Books, New York 1999.

»Great Inventions«, *Time,* Sonderausgabe, Oktober 2003.

Gries, Jeffrey, persönliches Interview, 26. Juni 2003.

Hayden, Thomas: »Locksmith of the Universe«, *US News & World Report,* 27. April 2004, S. 40–63.

Herrmann, Dorothy: *Helen Keller: A Life,* Alfred A. Knopf, New York 1998.

Hesburgh, Theodore M., persönliches Interview, 18. März 2004.

Hesburgh, Theodore M., und Jerry Reedy: *God, Country, Notre Dame,* Fawcett Columbine, New York 1990.

Inglehart, Ronald, und Pippa Norris: *Rising Tide: Gender Equality and Cultural Change Around the World,* Cambridge University Press, Cambridge, Mass., 2003.

Isaacson, Walter: *Benjamin Franklin: An American Life,* Simon & Schuster, New York 2003.

Kasser, Tim: *The High Price of Materialism,* A Bradford Book, Cambridge, Mass., 2002.

Kayira, Legson: *I Will Try*, Doubleday, Garden City, New York 1965.

Kersey, Cynthia: *Unstoppable,* Sourcebooks, Naperville, Ill., 1998.

Knelman, Martin: *The Jim Carrey Story. The Joker Is Wild,* Penguin Books, Toronto 1999.

Krull, Kathleen, und David Diaz: *Wilma Unlimited,* Voyager Books, Orlando, Fl., 1996.

Lepper, Heidi S.: *In Pursuit of Happiness and Satisfaction in Later Life,* unveröffentlichte Dissertation, Department of Psychology, University of California, Riverside, Ca., 1996.

Lionel Robbins Memorial Lectures 2003: »Chasing the Dream«, *Economist,* 9. August 2003, S. 62.

Lord, Lewis: »The Explorers«, *U.S. News & World Report,* 1. März 2004, S. 52–85.

Lowe, Janet: *Oprah Winfrey Speaks: Insights from the World's Most Influential Voice,* John Wiley & Sons, New York 1998.

Lowry, Beverly: *Her Dream of Dreams: The Rise and Triumph of Madame C.J. Walker,* Alfred A. Knopf, New York 2003.

»Mahatma Gandhi: Pilgrim of Peace«, *Biography*, A&E Network, 1997.

Manning, Robert D.: *Credit Card Nation*, Basic Books, New York 2000.

Mitchell, W.: *It's Not What Happens to You, It's What You Do About It,* Phoenix Press, Denver, Col., 2001.

Monaghan, Tom, und Robert Anderson: *Pizza Tiger,* Random House, New York 1986.

Moore, Stephen, und Julian L. Simon: *It's Getting Better All the Time,* CATO Institute, Washington, D.C., 2000.

»Mother Teresa: A Life of Devotion«, *Biography,* A&E Network, 1997.

Panati, Charles: *Panati's Extraordinary Origins of Everyday Things,* Perennial Library, New York 1987; deutsch: *Universalgeschichte der ganz gewöhnlichen Dinge*, Eichborn, Frankfurt 2002.

Pepper, John, persönliches Interview, 28. Juli 2003.

Rawicz, Slavomir: *The Long Walk: The True Story of a Track to Freedom*, Lyons Press 2006; deutsch: *Der lange Weg. Meine Flucht aus dem Gulag*, Ullstein, Berlin 1999.

Schlosser, Eric: *Fast Food Nation,* Perennial, New York 2002; deutsch: *Fast Food Gesellschaft*, Riemann, München 2002.

Schultz, Howard, und Dori Jones Yang. *Pour Your Heart into It: How Starbucks Built a Company One Cup at a*

Time, Hyperion, New York 1997; deutsch: *Die Erfolgsstory Starbucks. Eine trendige Kaffeebar erobert die Welt*, Signum, Seedorf 2003.

Serwer, Andy: »Hot Starbucks to Go«, *Fortune*, 26. Januar 2004, S. 61–74.

Sgammato, Jo: *American Thunder: The Garth Brooks Story*, Ballantine Books, New York 1999.

Spanos, Alex, Mark Seal, und Natalia Kasparian: *Sharing the Wealth: My Story*, Regnery Publishing, Washington, D.C., 2002.

Sullivan, Teresa A., Elizabeth Warren und Jay Lawrence Westbrook: *The Fragile Middle Class*, Yale University Press, New Haven, Ct., 2000.

Taylor, Timothy: *A History of the U.S. Economy in the 20th Century*, The Teaching Company, Chantilly, Va., 2004.

Tenney, Lester I.: *My Hitch in Hell: The Bataan Death March*, Brassey's, Washington, D.C., 2000.

–, persönliches Interview, 22. Januar 2004.

Wann, David, John De Graaf und Thomas H. Naylor: *Affluenza*, Berrett-Koehler Publishers, San Francisco 2002; deutsch: *Affluenza. Zeitkrankheit Konsum*, Riemann, München 2002.

Warner, Kurt, und Michael Silver: *All Things Possible*, Zondervan, San Francisco 2000.

Warren, Elizabeth, und Amelia Warren Tyagi: *The Two-Income Trap*, Basic Books, New York 2003.

Weathers, Beck, und Stephen G. Michaud: *Left for Dead*,

Dell, New York 2000; deutsch: *Für tot erklärt*, dtv, München 2000.

Weihenmayer, Erik: *Touch the Top of the World: My Story,* Plume, New York 2002.

Williams, Pat und Ruth, und Michael Mink: *How to Be Like Women of Influence,* Health Communications, Deerfield Beach, Fl., 2003.

Zannos, Susan: *Real-Life Reader Biography: Arnold Schwarzenegger,* Mitchell Lane Publishers, Hockessin, Del., 1999.

Zimmerman, Mike: »Balancing Act«, *Men's Health,* Oktober 2003, S. 90f.

Weitere Informationen über Produkte und Dienstleistungen finden Sie unter www.BORNTOBE.com (in Englisch).

Herzlichen Dank dafür, dass Sie sich die Zeit genommen haben, mein Buch zu lesen. Über Ihre Vorschläge und Rückmeldungen würde ich mich freuen. Sie erreichen mich persönlich per E-Mail unter brian@borntobe.com.